Sidra Stone

ES IST ZEIT, DASS DU GEHST

Sidra Stone

ES IST ZEIT, DASS DU GEHST

Frauen befreien sich vom Inneren Patriarchen

Kösel

Die Originalausgabe erschien unter dem Titel »The Shadow King. The Invisible Force that Holds Women Back« bei Nataraj Publishing, Mill Valley, Ca.
Übersetzung aus dem Amerikanischen: Karin Petersen, Berlin

ISBN 3-466-30445-8

Druck und Bindung: Kösel, Kempten
Umschlag: Elisabeth Petersen, München
Umschlagfoto: Mauritius Mittenwald. Fotograf: Kupka

1 2 3 4 5 · 01 00 99 98 97

Gedruckt auf umweltfreundlich hergestelltem Werkdruckpapier (säurefrei und chlorfrei gebleicht)

Inhalt

Für Hal,
der Frauen mit seiner Weisheit,
Stärke und Unterstützung
so viel gegeben hat, und dessen Liebe
mir den Mut und die Sicherheit
schenkte, die ich brauchte,
um dem Schattenkönig zu begegnen.

Dank

Mein herzlicher Dank geht an die vielen Frauen und Männer, die mich an ihren Voice-Dialogue-Sitzungen teilhaben ließen und mir ihre Träume, Einsichten und Ideen mitgeteilt haben. Sie haben das Material geliefert, aus dem die Arbeit mit dem Inneren Patriarchen hervorgegangen ist. Auch wenn ich nicht jeder und jedem von ihnen persönlich danken kann, haben sie uns ein unschätzbares Geschenk gemacht.

Meinen Kolleginnen und Kollegen überall in der Welt, die diese Arbeit in ihr eigenes Leben und ihren eigenen Unterricht eingebracht haben, danke ich für den spannenden Gedankenaustausch und ihre Unterstützung. Es ist wunderbar zu wissen, dass es sie gibt und sie den Inneren Patriarchen weiter erforschen, ihr Wissen über ihn an andere Menschen weitergeben und mir ihre Beobachtungen mitteilen.

Ich kann nicht alle einzeln erwähnen, möchte aber einer Reihe von Menschen danken, die einen speziellen Beitrag geliefert haben.

An erster Stelle möchte ich Marian Von Riemsdijk Dank sagen, die von Anfang an in Holland dabei war und ihre eigene Art entwickelt hat, mit dem Inneren Patriarchen zu arbeiten. Veeta Gensberger in Deutschland sowie Robin Gale und Di Scambler in Australien haben mich mit ihrem Feedback und ihren Informationen persönlich sehr unterstützt. Außerdem haben sie im Leben der Frauen, denen sie etwas über den Inneren Patriarchen vermittelten, wirklich etwas bewirkt. Susan Schwartz in Norwegen hat mir im Laufe der Jahre immer wieder ihre eigenen Beobachtungen mitgeteilt, die meine Sicht bereichert haben. In den Vereinigten Staaten hat Judith Tamar Stone in Los Angeles die wichtige Rolle betont, die der Innere Patriarch in Beziehungen spielt. Dassie Hoffman in New York hat sich auf den Austausch zwischen dem Inneren Patriarchen und Aphrodite konzentriert. Miriam Dyak in Seattle hat ebenfalls ihr Wissen, ihre Begeisterung und ihren Humor zu diesem Prozess beigesteuert. Judith Hendin in Wilkes-Barre hat mit Hilfe der Inspiration ihres eigenen Inneren Patriarchen und dem von anderen Poesie gesichtet, unterrichtet und geschrieben sowie atemberaubende Tanzvorstellungen gegeben. Unter all diesen Frauen gibt es einen Mann, John Cooper aus Chicago, der im Laufe der Jahre kontinuierlich ein besonderes Interesse an dieser Arbeit gezeigt und vorgeschlagen hat, dass ich auch der Inneren Matriarchin ihre wohl verdiente Aufmerksamkeit widmen solle.

Eine ganze Reihe von engen Freundinnen und Kollegen hat zur Entstehung dieses Buches beigetragen. Ich möchte Shakti Gawain, Jim Burns und Jane Hogan für ihre unermüdliche Ermutigung danken, die sie mir von Anfang an haben zukommen lassen. Als das Buch dann fertig war, war es eine wunderbare Hilfe, dass Carolyn Conger, Shakti Gawain, Hal Bennett und Susan Swallow das Manuskript gelesen und mir großartige Gedanken für seine Verbesserung geliefert haben. Ich habe sehr gern mit ihnen allen zusammengearbeitet.

Mein Dank geht auch an Lora O'Connor für ihre begeisterte und harte Arbeit an der Gestaltung des Buches und seiner Herausgabe; Jill Kramer für die Leitung der Produktion und Mary Lou Brewer, die mit ihrer Arbeit einen Raum für mich geschaffen hat, den ganzen Text zusammenzustellen.

Und schließlich geht mein Dank an Hal, meinen Mann, Partner und besten Freund, ohne den dieses Buch niemals geschrieben worden wäre!

Einleitung

Ich war am Gewinnen, und das machte mir solchen Spaß! Ich konnte spüren, wie mein Kopf auf Hochtouren arbeitete, während ich den Jungen, der mir an dem kleinen Tisch gegenübersaß, mit Leichtigkeit überholte. Ich fühlte mich wie Atalanta, eine griechische Heldin, die ich zu der Zeit sehr bewunderte. Sie konnte schneller rennen als alle anderen Frauen und auch Männer, und ich wünschte mir nichts sehnlicher, als wie sie zu sein. Aber unsere Mütter kamen an dem Zimmer vorbei, in dem wir spielten, und erfassten die Lage mit einem Blick. Meine Mutter rief mich beiseite und flüsterte mir verschwörerisch zu: »Lass ihn gewinnen, Liebes, dann fühlt er sich gut. Weißt du, Jungen verlieren nicht gern gegen Mädchen.« Also setzte ich mich wieder an den Spieltisch und machte mich pflichtbewusst daran, das Buchstabenrätsel zu verlieren. Meine Mutter brachte mir in gutem Glauben die subtilen Regeln bei, die ich für den Rest meines Lebens befolgen sollte. Sie verhalf meinem Inneren Patriarchen zum Leben, der mein Verhalten als Frau bestimmen würde.

In den fünfzig Jahren, die seit diesem Buchstabenspiel vergangen sind, hat sich für Frauen vieles verändert. Heute dürfen Frauen gewinnen. Wir reden mit unseren Töchtern anders als unsere Mütter mit uns geredet haben. Die Regeln haben sich geändert. Dank der Aktivitäten der Feministinnen und Feministen ist das Spielfeld gerechter aufgeteilt als früher. Das patriarchalische System, das unsere Gesellschaft prägte, ist in Frage gestellt worden und hat sich grundlegend gewandelt. Dabei gibt es immer noch viel zu tun, doch dieses Buch handelt nicht davon, die Gesellschaft zu verändern.

In diesem Buch geht es darum, uns selbst zu verändern. Obwohl das äußere System ein anderes geworden ist, sind unsere Glaubenssysteme die gleichen geblieben. In jeder von uns lebt ein Innerer Patriarch, der an den alten patriarchalischen Regeln und Werten festhält, die unsere Mütter uns beigebracht haben. Wir müssen nicht unbedingt von ihm wissen, denn er agiert jenseits unserer Wahrnehmungsgrenzen. Er regiert im Schatten unseres Unbewussten, deswegen nenne ich ihn manchmal auch den Schattenkönig. Wird dieser Schattenkönig nicht erkannt, dann bleibt er unser Feind.

Der Feind befindet sich nicht mehr »da draußen«, sondern tief im Inneren jeder einzelnen Frau. Das hat im Grunde nur Vorteile. Da wir es mit unseren eigenen Überzeugungen und nicht mit denen anderer Menschen zu tun haben, liegt es in unserer Macht, diese Glaubenssysteme nach eigenem Belieben zu verändern.

Über dieses Buch

Dieses Buch wurde vor allem für Frauen geschrieben, aber es ist auch für Männer aufschlussreich. Sie werden als Mann nicht nur etwas über Ihren eigenen Patriarchen erfahren, sondern bekommen mit Sicherheit auch mehr Verständnis für die Frauen in Ihrem Leben. Sie erhalten das Wissen und das Handwerkszeug, das Sie brauchen, um Ihren eigenen Inneren Patriarchen zu entdecken und zu verändern. Das Buch wirft Licht in das Unbewusste, wo der Schattenkönig regiert, so dass Sie Ihre eigenen Überzeugungen entdecken und anfangen können, sie bewusst einzuschätzen. Außerdem bekommen Sie wirksame Hilfen, so dass Sie die Veränderungen, die Sie vornehmen möchten, auch erreichen.

Im ersten Teil des Buches wird der Schattenkönig vorgestellt. Hier können Sie sich als Leserin oder Leser ein Bild machen von dem subtilen Einfluss, den er auf uns Frauen und auf die Werte unserer Gesellschaft ausübt. Ich schildere meine anfänglichen Begegungen mit diesem Schattenkönig oder Inneren Patriarchen und beschreibe, wer er ist und wie er vorgeht. Im zweiten Teil des Buches widme ich mich der gründlichen Erforschung des Inneren Patriarchen, wie ich ihn kennen gelernt habe. Im dritten Teil wird gezeigt, welches Verhältnis wir Frauen in der Vergangenheit zu ihm hatten. Das restliche Buch beschäftigt sich mit der Frage, wie wir mit dem Inneren Patriarchen anders umgehen können. Das schließt sowohl die Wertschätzung seiner positiven Aspekte als auch verschiedene Methoden ein, mit deren Hilfe wir ihn von einem Feind zu unserem Verbündeten machen können. Am Ende eröffnet sich uns ein neuer Weg, der zu einer echten und kreativen Partnerschaft zwischen Männern und Frauen führt.

Der Hintergrund

Lange Jahre habe ich diesen schwer fassbaren Regenten erforscht. Ich habe sowohl meine persönlichen Erfahrungen mit ihm gemacht als auch mit Tausenden von Frauen und Männern über ihren Inneren Patriarchen gesprochen. Das Material für dieses Buch beruht auf diesen direkten Erfahrungen. Die Namen der betroffenen Personen wurden geändert, um ihre Privatsphäre zu schützen.

Als ich meinen eigenen Inneren Patriarchen und den von anderen Frauen allmählich besser kennen lernte, zeichnete sich ein deutliches Muster ab. *Ich konnte sehen, dass die Inneren Patriarchen uns in einer Unterlegenheitsposition halten, wenn nicht bei unserer Arbeit, dann in unseren Beziehungen. Sie arbeiten darauf hin, unser Selbstvertrauen zu untergraben. Noch wichtiger war die Entdeckung, dass sie uns auch Misstrauen anderen Frauen gegenüber einflößen.* Ihr

Vertrauen in Männer und traditionell männliche Werte ist weitaus größer und sie schätzen diese höher als Frauen und alles traditionell Weibliche. Ich habe immer wieder erlebt, wie der Innere Patriarch uns und unser Handeln abwertet, nur weil wir Frauen sind. Auch wenn wir von dem Recht auf gleichen Lohn für gleiche Arbeit ausgehen können (einmal abgesehen davon, wie die Realität aussieht), haben wir den Punkt noch nicht erreicht, wo wir *uns selbst* für unsere Arbeit ebenso viel Anerkennung geben wie den Männern. Unsere Inneren Patriarchen spenden den Männer für ihre Leistungen viel mehr Lob als uns. Unsere Arbeit ist nicht so wichtig wie die der Männer; auch wenn sie die gleiche Tätigkeit verrichten wie wir, gilt ihre Arbeit mehr. Diese Maßstäbe legen wir sowohl an unsere eigenen Leistungen als auch an die von anderen Frauen an. Hier werden keine persönlichen Unterschiede gemacht; der Innere Patriarch begegnet allen Frauen und allem Weiblichen mit der gleichen Haltung.

Früher war mein größter Stolz, nicht so zu sein wie andere Frauen. Ich war besser, weil ich mich eher männlich verhielt. Als berufstätige Frau und vernünftiger, hart arbeitender Leistungsmensch ließ ich mich von meinen Gefühlen an nichts hindern. Bevor ich selbst Kinder bekam, fühlte ich mich Müttern und Hausfrauen ziemlich überlegen. Sie kamen mir ein wenig vor wie selbstzufriedene Kühe, die größeren Herausforderungen aus dem Weg gingen. Meine Arbeit hingegen war wirklich wichtig. Zu meiner eigenen Beschämung erinnere ich mich noch an meine erste Reaktion auf Betty Friedans Buch *Der Weiblichkeitswahn.*[1] »Dieses Buch wird Staub aufwühlen. Die Frauen, die es lesen, werden aufbegehren. Wer soll sich denn um Kinder und Familie kümmern, wenn alle Frauen anfangen, sich selbst zu verwirklichen (das meinte ich ironisch)?« Ich ging natürlich außer Haus arbeiten, aber ich betrachtete mich ja als Ausnahme. Der Platz der Durchschnittsfrau aber war grundsätzlich zu Hause, wo sie sich um andere zu kümmern hatte.

Heute sind diese Einstellungen für mich ein Hinweis auf einen prächtig entwickelten Inneren Patriarchen, der zu der Zeit in meinem Leben eine wichtige Rolle spielte, ohne dass ich überhaupt davon wusste. Mein Innerer Patriarch bestimmte, wie ich mich in Ehe und Berufsleben verhielt. Er sorgte dafür, dass ich die Männer in meinem Leben »angemessen« rücksichtsvoll behandelte und beschnitt meine Einflussmöglichkeiten in der Welt. Er flößte mir Misstrauen gegen Frauen ein und wies mich an, nur Männern Vertrauen entgegenzubringen. Er hinderte mich an sämtlichen Verhaltensweisen, die er als schwach, irrational und weiblich betrachtete. Meine Weiblichkeit war nur dann richtig am Platz, wenn ich den Männern in meinem Leben damit Freude bereitete.

Als ich mehr über meinen Inneren Patriarchen erfuhr – und von ihm lernte –, konnte ich die Richtung seiner Einflussnahme auf mich verändern. Das war besonders in zwei Bereichen hilfreich: 1. in meinen intimen Beziehungen zu Männern und 2. was meine Macht in der Welt betraf. Ich konnte sehen, dass viele Werte meines Inneren Patriarchen durchaus schätzenswert waren und dass er viel über die Welt wusste, vor allem über die Welt der Männer. Er wusste, was akzeptabel war und was nicht. Und er konnte mir zeigen, wie ich mir meine traditionell weiblichen Qualitäten auch dann erhalten konnte, wenn ich Macht entwickelte.

Die Veränderungen waren sehr erfreulich. Meine Beziehung zu meinem Mann, die gut war, wurde noch besser, sie wurde vorurteilsloser und gleichberechtigter. Wir waren jetzt echte Partner. Das war der eigentliche Grund dafür, dass ich nach vierzehn Jahren Ehe ein gutes Gefühl dabei hatte, seinen Namen anzunehmen. Ich empfand diese Namensänderung als Bestätigung unserer Partnerschaft und nicht als einen Schritt, der mich zu seinem Anhängsel oder Besitz ohne eigene Identität machte.

Was das Thema Macht betrifft, so fühlte ich mich zunehmend wohl dabei, meinen weiblichen Einfluss in der Welt zur Geltung zu bringen. Bislang war meine Wirkungskraft auf die Art von Macht begrenzt gewesen, die der Innere Patriarch akzeptabel fand, die Macht des Verstandes. Ich hatte versucht, mit den Männern mitzuhalten, konnte sie aber, da ich eine Frau war, lediglich imitieren. Als mein Innerer Patriarch sich veränderte, entwickelte ich mich zu einer Frau, die weibliche Macht besaß. Ich konnte meine eigene Form von Macht und meine eigene Form des Daseins, die anders aussahen als die traditionell männliche Spielart, in der Welt zum Ausdruck bringen.

Veränderungen vornehmen

Viele der patriarchalischen Glaubenssysteme und Regeln, die unser Innerer Patriarch vertritt, sind für uns von großem Wert; wir müssen also vorsichtig und respektvoll vorgehen, wenn wir Veränderungen vornehmen. Wir können die Geschenke annehmen, die der Schattenkönig uns macht, und die Demütigungen und Einschränkungen, die er uns auferlegen will, zurückweisen. Wir können beibehalten, was für uns von Nutzen ist, und verändern, was uns einengt. Wir können die Würde und Macht des Gleichgewichts zwischen männlichen und weiblichen Kräften in uns wieder herstellen. Statt mechanisch zu reagieren, können wir bewusst wählen, welche Schritte wir unternehmen wollen. Wenn wir das Glaubenssystem des Inneren Patriarchen allmählich verändern, kann dessen Fähigkeit, sein Terrain gegen Widerstände zu behaupten, für jede Einzelne von uns von großem Wert sein.

Um diese Veränderungen vornehmen zu können, müssen wir zunächst einmal Näheres über unseren Inneren Patriarchen erfahren. Woher kommt er? Wie redet er? Welchen Einfluss hat er auf unser Leben? Sie werden ihn sprechen hören und seine Überzeugungen, Regeln und Werte kennen lernen. *Wir werden ihn aus dem Schattenreich hervorholen, um seinem Dasein als Schatten-*

könig ein Ende zu bereiten. Auf diesem Weg bekommen Sie direkten Zugang zu ihm. Sie werden ins Bewusstsein bringen, was bislang unbewusst war. Und damit werden reale Veränderungen möglich.

Voice Dialogue und die Psychologie der inneren Personen

Zunächst einmal möchte ich Ihnen die grundlegenden Werkzeuge vorstellen, die ich benutzt habe, um den Schattenkönig zu erforschen. Wir Menschen sind nicht so einfach gebaut, wie wir gerne glauben möchten. Unsere Psyche ist sehr vielschichtig. Einige Bereiche sind uns bekannt, andere sind im Unbewussten verborgen. Wir alle sind auf einige Seiten von uns stolz und schämen uns anderer. Mein Mann Hal und ich sind beide Psychologen und haben in den letzten 24 Jahren diese »Seiten« der menschlichen Psyche, die wir als »innere Personen« bezeichnen, erforscht. Andere sprechen von »inneren Stimmen«, »Subpersönlichkeiten« oder »den vielen Ichs«. Wir alle bestehen aus diesen »inneren Personen«. Die Erforschung dieser inneren Gestalten und ihrer Rolle in unserem Leben bezeichnen wir als »Psychologie der inneren Personen«. Meine Arbeit mit dem Inneren Patriarchen ist aus unserer gemeinsamen Arbeit mit diesen inneren Personen hervorgegangen. Da sie auf der Grundlage aufbaut, die Hal und ich gemeinsam entwickelt haben, möchte ich Ihnen unsere Arbeit kurz beschreiben.[2]

Anfangs waren wir ziemlich überrascht, als wir diese inneren Personen entdeckten und erfuhren, wie real sie sind und wie sie im Leben von Menschen (uns eingeschlossen natürlich) agieren. Im Laufe der Jahre sind sie für uns zu einer Quelle unendlicher Faszination geworden! Wir haben festgestellt, dass jede dieser verschiedenen Personen einzigartig ist; jede hat ihre eigene Art und ihre eigene Geschichte, ihre eigenen Werte und ihr eigenes spezielles Wissen. Für uns gibt es keine Einteilung in gute und schlechte innere Personen. Jede hat ihre guten und ihre schlechten Seiten. So habe ich zum Beispiel eine innere Person, die ich meine Antreiberin nenne. Sie möchte, dass ich anstehende Aufgaben erledige und dieses Buch schreibe. Meine Antreiberin war es, die mich an diesem köstlichen Frühlingstag gerade aus der Hängematte gezerrt und an meinen Computer gescheucht hat. Ich kann Ihnen versichern, dass ich ohne sie nichts zustande bringen würde! In Augenblicken wie diesen brauche ich sie wirklich, damit sie mich vor all den Ablenkungen bewahrt, die meine Umgebung bereithält. Aber sie kann mich auch zum völlig falschen Zeitpunkt gnadenlos gängeln und mir das Gefühl vermitteln, dass ich auch dann arbeiten müsste, wenn es gar nicht notwendig ist. Meine Antreiberin kann nicht akzeptieren, dass ich mich entspanne oder einfach nur »bin«. Sie ist immer darauf aus, etwas zu »tun«.

Unser Leben wird beherrscht von den Personen in uns, die wir als »primäre innere Personen« bezeichnen. Das sind die Stimmen in uns, die bestimmen, wer wir sind und was wir tun. Sie sind, was wir glauben zu sein. Meine Antreiberin gehört zu diesen »primären inneren Personen«. Auf der anderen Seite gibt es in uns Gestalten, die wir als unsere »verdrängten inneren Personen« bezeichnen. Das sind die inneren Stimmen, die wir verleugnen oder unterdrücken. In diesem Falle wäre die verleugnete innere Person meine Faulenzerin. Die primären inneren Personen verurteilen und fürchten diese verdrängten inneren Personen. Meine Antreiberin hat Angst vor meiner Faulenzerin; sie befürchtet, dass ich die Arbeit völlig vergesse und zu nichts mehr nutze bin, wenn ich der Stimme meiner Faulenzerin nachgebe. Ein nutzloser Mensch aber ist für die Antreiber dieser Welt völlig unakzeptabel.

Wenn meine Antreiberin also meine primäre innere Person ist und ich keinen Zugang zu meiner Faulenzerin oder meinem

Partygirl habe, arbeite ich den ganzen Urlaub durch. Meiner Antreiberin verdanke ich Ideen, wie auf eine Südseereise sämtliche langweiligen, ungelesenen Zeitungsartikel mitzunehmen, denn ihrer Meinung nach habe ich auf einer Südseeinsel nichts zu tun und hätte endlich Zeit, das ganze Zeug zu lesen. Sie wäre stolz auf sich, weil sie so effektiv ist. Sie würde nicht berücksichtigen, dass mein Mann vielleicht etwas Zuwendung möchte oder dass mir eine kleine Liebelei gut täte. Nebenbei bemerkt können wir ja mit den neuen elektronischen Geräten unser Büro überallhin mitnehmen und in alle Teile der Welt schreiben, faxen, telefonieren und per E-Mail korrespondieren. Das sind für die Antreiber und Antreiberinnen dieser Welt – meine eingeschlossen – wirklich paradiesische Zustände.

Wenn ich von diesen inneren Personen nichts weiß, kann ich mich in meinem Leben nicht frei entscheiden. Ich verhalte mich automatisch. Meine Antreiberin beherrscht mein Leben, und sobald ich nichts zu tun habe, fühle ich mich unwohl. Wir alle können diese inneren Personen kennen lernen, uns von ihnen lösen und entscheiden, welcher inneren Stimme wir in unserem Leben in verschiedenen Situationen den Vorrang geben möchten. Ich möchte meine Faulenzerin nicht um mich haben, wenn es Zeit ist, am Schreibtisch zu arbeiten, und ich möchte, dass meine Antreiberin sich zurückzieht, wenn es Zeit für die Liebe ist.

Wie können wir diese inneren Personen kennen lernen? Mit Hilfe eines einfachen und erstaunlich wirksamen Werkzeugs, das wir entdeckt haben, einer Methode, die wir als *Voice Dialogue* bezeichnen. Wir sprechen einfach direkt mit den verschiedenen inneren Personen. Nehmen wir zum Beispiel meine Antreiberin. Wenn ich etwas über sie herausfinden möchte, würde ich einfach jemanden bitten, sie zu befragen. Wir bezeichnen diesen Interviewer als »Begleiter«. Ich hingegen bin die »Person, die arbeitet«. Die Antreiberin ist die innere Person, die befragt wird. Wir haben festgestellt, dass die verschiedenen inneren Personen überglücklich sind, wenn sie reden dürfen.

Wie sieht eine *Voice-Dialogue-Sitzung* aus? Die Begleiterin oder der Begleiter bittet mich (die arbeitende Person), mich dorthin zu stellen, wo meine Antreiberin stehen würde, und ich begebe mich an einen anderen Platz im Raum. Ich kann meinen Stuhl umstellen, mich in einen anderen Stuhl setzen, mich auf den Boden begeben, stehen – was immer sich richtig anfühlt. Meine Antreiberin sitzt nicht dort, wo ich sitze. Das hilft mir, mich von ihr zu lösen. Dann spricht die Begleiterin mit meiner Antreiberin und fragt sie aus. Wenn die Begleiterin von den inneren Personen weiß, aufrichtig an ihnen interessiert ist und ihnen respektvoll begegnet, antwortet die befragte innere Person völlig offen. In diesem Fall wird meine Antreiberin der Begleiterin stolz erzählen: »Ich habe sehr viel geleistet. Ich bin verantwortlich für ihre Abschlüsse, ihre Bücher und ihre gute Zeiteinteilung bei der Kindererziehung. Ich habe niemals Zeit, Gelegenheiten oder Geld vergeudet. Ich bin außerordentlich gut in dem, was ich tue.« Ich kann garantieren, dass meine Antreiberin am liebsten immer so weiter reden und sich für alles, was ich in meinem Leben jemals getan habe, den Verdienst zuschreiben würde.

Hal und ich haben mit Hilfe von Voice Dialogues viel über die verschiedenen inneren Personen und ihren Einfluss auf das Verhalten von Menschen erfahren. Der größte Teil des Materials in diesem Buch stammt aus Voice-Dialogue-Sitzungen. Ich werde sowohl längere Abschnitte als auch kürzere Zitate aus diesen Sitzungen zitieren.

Träume sind eine weitere wichtige Möglichkeit, etwas über diese inneren Personen zu erfahren. Die Gestalten in unseren Träumen stehen für unsere verschiedenen inneren Personen. Wir können unsere Träume nutzen, um diese Personen in uns kennen zu lernen und herauszufinden, wie sie unser Leben bestimmen. Sagen wir zum Beispiel, ich werde für den Rundfunk interviewt und trete entschieden, energisch und stark auf. Mein Innerer Patriarch ist unglücklich über mein Verhalten, da er es als unweiblich betrachtet, aber davon weiß ich nichts. Als ich mich an diesem Abend schlafen lege, träume ich, dass ich von einem autoritären, rationalen, kaltherzigen Mann (meinem Inneren Patriarchen) ins Gefängnis gesperrt werde, weil ich mich nicht an die Vorschriften gehalten habe. So zeigen mir meine Träume ein deutliches, objektives und eindringliches Bild dessen, was im verborgenen Schatten meines Alltagsbewusstseins vor sich geht. Deswegen habe ich viele Aspekte des Inneren Patriarchen mit Hilfe von Träumen illustriert, die sowohl von mir als auch von anderen Frauen stammen.

Mit dieser Einleitung habe ich Ihnen den Rahmen vorgestellt, in dem die Arbeit mit dem Inneren Patriarchen entwickelt wurde. Da die Bühne jetzt vorbereitet ist, wollen wir mit dem Drama vom Schattenkönig beginnen.

Teil I

VORSTELLUNG DES INNEREN PATRIARCHEN

Das Reich des Schattenkönigs

Niemand stellte Forderungen von außen an sie, also musste jede der Frauen selbst für diesen Verlust verantwortlich sein. Etwas war unbewusst am Wirken, im Schatten.

Eine knisternden Spannung lag in der Luft, während alle sich vorbeugten und gespannt zuhörten, was Lucille zu erzählen hatte. Die Frauengruppe saß jetzt seit über einer Stunde zusammen und der Austausch der eigenen Lebenserfahrungen hatte allmählich immer tiefere Ebenen berührt. Es war, als ob jede Frau Fotos von besonders wichtigen Stationen ihres Lebens vorlegte und davon erzählte. Da nur Frauen anwesend waren, konnten sie völlig offen sprechen. Die Stimmung war ernst, aber es wurde auch viel gelacht.

Die Frauen sprachen über Geburt, Leben und Tod. Ein Gefühl von Ehrfurcht breitete sich aus. Gerade beschrieb Lucille eine Abtreibung, die als eine gewöhnliche, routinemäßige Krankenhausprozedur begonnen hatte und damit endete, dass sie mit dem abgetriebenen Fötus in einer Lache von Blut in ihrem Bett lag. Es schien, als hätte das Krankenhausteam sie absichtlich allein gelassen; niemand antwortete auf ihr Rufen. Alle in der Gruppe saßen in betroffenem Schweigen da und nahmen voller Mitgefühl an Lucilles Schmerz, ihrer Isolation und ihrem Schrecken Anteil. Jede der anwesenden Frauen hatte ihre eigenen Erfahrungen mit Abtreibungen gemacht und konnte sich in Lucilles Situation hineinversetzen.

Die Gruppe fühlte sich an wie ein einziger Organismus, der in einem Rhythmus atmete. Die Frauen begannen wieder zu sprechen, diesmal gedämpft und ehrfürchtig. Die Stimmung hatte fast etwas Andachtsvolles. Plötzlich hörte man aus einem anderen Teil des Gebäudes rufende, lachende Stimmen. Die Männergruppe machte offensichtlich Schluss. Die Reaktion der Frauen war erstaunlich. Sie wandten sich sofort von ihren Themen ab, als seien sie völlig bedeutungslos. Eben noch ein einziger Organismus, waren sie jetzt lauter einzelne Frauen, von denen jede auf die Stimme des eigenen Mannes lauschte. Das andächtige Gefühl war verschwunden, die Macht der Frauen verpufft.

Was war geschehen? Wer hatte sie so völlig von sich weggebracht? Niemand stellte Forderungen von außen an sie, also musste jede der Frauen selbst dafür verantwortlich sein, dass sie sich verlor. Etwas war unbewusst am Wirken, im Schatten. Ich hatte keinen Namen dafür, aber die Erfahrung ließ mich nicht mehr los. Ich wusste, dass ich einen kurzen Einblick in etwas ganz Wichtiges gewonnen hatte, aber es war mir nicht klar, was es war. Also wartete und beobachtete ich, mich fragend, ob sich etwas Ähnliches wiederholen würde. Und das war tatsächlich der Fall.

Ein paar Monate später war ich in Holland. Ich saß gerade mit einer Gruppe von Frauen zusammen. Plötzlich begann ich, mich unwohl zu fühlen. Die meisten der anwesenden Frauen waren mir bekannt, aber während ich mich umschaute, hatte ich das Gefühl, von einer Gruppe überkritischer, humorloser fremder Männer umgeben zu sein, einer Gruppe von Patriarchen, die mit Frauen oder Frauengruppen überhaupt nichts im Sinn hatte. Mir war klar, dass es hier einen Zusammenhang mit dem plötzlichen Selbstverlust gab, der mir schon einmal aufgefallen war. Ich fragte nach, und tatsächlich dachten die anwesenden Frauen, eine Frauengruppe könne nichts Wichtiges zustande bringen. Lieber wären sie mit Männern zusammen. Glücklicherweise hatte ich über dieses Thema viel nachgedacht und nahm die Ablehnung der Frauen nicht persönlich. Da ich wirklich neugierig war und wir uns in einem *Voice-Dialogue-Workshop* befanden, fragte ich, ob ich mit der inneren Person sprechen könne, die so über Frauen dachte. Einige Frauen waren einverstanden, mit mir zu diesem Thema zu arbeiten.

Eine junge, begabte und sehr intelligente holländische Frau mit Namen Mara bot mir an, mit der Person in ihr zu sprechen, die von Frauen so wenig hielt. Das war für uns beide eine erstaunliche Erfahrung! Mara war schön, charmant und sehr weiblich, was für ihren Inneren Patriarchen keineswegs galt. Er war männlich, humorlos und überkritisch und hatte sehr viel Macht. Er war ihr Schattenkönig, der Innere Patriarch, der im Schatten ihres Unbewussten am Wirken war und ihr Verhalten in vielen Lebensbereichen bestimmte. Meine Suche war beendet; ich hatte die mysteriöse Stimme gefunden, nach der ich seit einiger Zeit Ausschau hielt.

Maras Innerer Patriarch war streng und unerbittlich; fast konnte man seine langen, fließenden biblischen Gewänder sehen. Seine Autorität verlangte Respekt. Man konnte ihn einfach nicht ignorieren. Seine Ansichten standen felsenfest, und man konnte ihn nicht verändern, beschwichtigen oder mit ihm argumentieren. Er war absolut davon überzeugt, genau zu wissen, wie die Welt aussah und wie sie regiert werden musste – nämlich von Männern. Frauen hingegen hatten ihre natürliche Unterlegenheit zu akzeptieren.

Dieser Innere Patriarch war anders als der Innere Kritiker, dem ich zuvor oft begegnet war. Mir ist es wichtig, dass Sie den Unterschied zwischen diesen beiden inneren Personen sehen. Der Innere Kritiker ist die kritsche Stimme in jeder und jedem von uns, die ständig kommentiert, wer wir sind und was wir tun. Ihm ist es jedoch egal, ob Sie ein Mann oder eine Frau sind. Er kritisiert einfach gerne; das ist seine Aufgabe im Leben. Die Stimme des Inneren Kritikers ist viel individueller und persönlicher als die des Inneren Patriarchen und hat ebenfalls großen

Einfluss auf unser Leben.[3] Während ihn Maras Geschlecht nicht interessiert, ist es jedoch für den Inneren Patriarchen von großer Bedeutung. Er hält für Männer völlig andere Erwartungen, Meinungen und Maßstäbe bereit als für Frauen und zwar ganz unabhängig von Mara und seinen speziellen Gefühlen für sie. Der Innere Patriarch erwartet deswegen von Mara und von jeder anderen Frau generell nichts Gutes, weil sie Frauen sind. Seine Grundeinstellung ist, dass Frauen Männern unterlegen sind und an dieser feststehenden Tatsache nichts ändern können.

Der Innere Kritiker hingegen vermittelt uns meistens den Eindruck, dass wir selbst verantwortlich sind für das, was mit uns »nicht stimmt«, dass wir uns durch harte Anstrengung aber zum Guten verändern können, auch als Frauen. Shelly, zum Beispiel, hat gerade einen langen Bericht für ihre Abteilung geschrieben. Ihr Innerer Kritiker zerpflückt ihn und zeigt ihr, wie sie es hätte besser machen können. Nachdem sie alles korrigiert hat, was er bemängelt, teilt der Innere Kritiker ihr mit, dass es noch mehr zu tun gibt. Er weist jetzt darauf hin, dass ihr Bericht nicht so gut ist wie der von Alicia. Shelly arbeitet weiter an dem Bericht, bis ihr nichts mehr einfällt, was sie noch verbessern könnte. Tatsächlich ist der Bericht ziemlich gut. Ihr Innerer Kritiker meint jedoch, der Bericht sei jetzt zwar besser als der von Alicia, aber nicht so gut wie Shellys erste Berichte, die sie zu Beginn ihrer Laufbahn verfasst hat und denen sie ihre Beförderung zur Abteilungsleiterin verdankt. Ihr Innerer Kritiker ist nie zufrieden, sondern drängt sie immer weiter und geht dabei von der unausgesprochenen Annahme aus, dass sie eine Spitzenleistung erbringen kann, wenn sie sich noch mehr anstrengt. In den Augen ihres Inneren Patriarchen hingegen ist der Bericht für eine Frau gut genug. Seiner Meinung nach kann Shelly mit ihrer Arbeit niemals an das heranreichen, was Männer leisten.

Der Umsturz weiblicher Macht

Als ich Maras Innerem Patriarchen zuhörte, war mir klar, dass er ein innerer Fürsprecher des äußeren Patriarchats war. Ich erkannte, dass er großen Einfluss auf das Bild hatte, das wir Frauen von uns selbst und von unserer Rolle in der Welt haben. Er spaltete die Menschheit in Frauen und Männer und betrachtete beide als grundsätzlich verschieden. Jedes Geschlecht hatte sein eigenes Terrain, seinen eigenen Einflussbereich und seine eigenen Gaben, die es in die Welt trägt. Der Beitrag der Männer war wichtiger als der der Frauen. Die traditionelle männliche Macht wurde unterstützt, die traditonelle weibliche Macht gestürzt.

Ich konnte sehen, dass das zwei praktische Folgen hatte. Zuerst definiert der Innere Patriarch uns als Frauen und erzählt uns, was es heißt, eine richtige Frau zu sein und was wir als solche zu tun und zu lassen haben. Und zweitens spielt er alles herunter, was wir sind und tun. Er wertet alles traditionell Weibliche ab, und zwar sowohl bei Frauen als auch bei Männern. Wir erfahren als menschliche Wesen, dass die Hälfte der Gaben, die wir der Welt bringen, das heißt, die Gaben, die als traditionell weiblich gelten, unwichtig oder wertlos sind. Da diese Einstellung tief greifende gesellschaftliche Auswirkungen hat, wollen wir über diese Gaben oder Qualitäten einmal nachdenken.

Die Gaben

Ich träume, dass ich vor einen Richter treten muss. Er ist eine Autorität und macht einen zuverlässigen und verantwortungsbewussten Eindruck. Ich habe ein Paket mit einem kostbaren und machtvollen Inhalt bei mir; es fühlt sich an, als enthielte es das Geschenk meines innersten weiblichen Wesens. Ich habe mich sehr bemüht, dieses Geschenk richtig einzupacken. Ich habe Platz um den Inhalt gelassen, damit er nicht beschädigt wird, und muss gut Acht geben, damit das ganze Paket nicht zusammengedrückt wird. Ich trage außerdem einen sorgfältig polierten Kerzenständer aus Messing mit einer Kerze bei mir.

Mein Dilemma ist Folgendes: Soll ich mein Paket abliefern und zulassen, dass eine andere Person es öffnet und den Inhalt benutzt, oder soll ich meine Kerze anzünden und mein eigenes Lied singen? Es würde mir Sicherheit schenken, wenn ich das ungeöffnete Paket diesem Richter übergäbe, denn dann wäre ich nicht verantwortlich für seinen Inhalt. Aber wenn ich das tue, kann er über den Inhalt bestimmen, und ich verwirke das Recht, meine eigene Kerze anzuzünden und mein eigenes Lied zu singen.

Dieser Richter ist mein Innerer Patriarch, und der Traum zeichnet ein klares Bild meines Dilemmas als Frau. Wenn ich mein Paket dem Inneren Patriarchen überreiche, wird er den Inhalt verurteilen und mein Leben in die Hand nehmen. Er geht davon aus, dass ich Männern unterlegen bin, aber ich lebe in Sicherheit und bin vor Vorwürfen geschützt. Wenn ich seinen Anweisungen folge, gerate ich nicht in Schwierigkeiten. Behalte ich aber mein Paket, bewahre ich mir auch meine Macht und meine Individualität, bin jedoch verantwortlich für diese Gaben.

Wie sehen die besonderen weiblichen Gaben und die Machtquellen aus, die sich in diesem Paket befinden? Ich habe mir über diese Frage als Frau, Tochter, Mutter von Töchtern und Psychologin Gedanken gemacht. Für mich sind diese Gaben die Macht weiblicher Sexualität und Anziehungskraft, das tiefe Bedürfnis nach Beziehungen, die Fähigkeit, andere zu nähren und zu umsorgen und Kinder zu gebären. Aber der Patriarch in uns, der tief in der patriarchalischen Kultur verwurzelt ist, die uns erhalten und beschützt hat, nimmt uns das Recht, uns an diesen Gaben zu freuen. Im besten Falle spielt er sie herunter; im schlimmsten Falle bringt er uns dazu, uns ihrer zu schämen.

Man bringt uns nicht bei, diese tradionell weiblichen Gaben als wirkliche Quellen von Macht zu achten und zu pflegen, sondern wertet sie ab. Wir lernen auch nicht, uns in unserer Entwicklung die traditionell männlichen Eigenschaften zu eigen zu machen. Als Mädchen, die zu Frauen heranwuchsen, kannten wir, wenn überhaupt, nur wenige Mythen oder erwachsene Heldinnen, die uns Vorbilder hätten sein können. Wir haben fast überhaupt keine Beispiele für Frauen, die sowohl ihre Weiblichkeit als auch ihre Macht entwickelt haben. In unserer Kultur scheint beides sich auszuschließen. Wenn eine Frau schön, liebevoll und sinnlich ist, gehen wir automatisch davon aus, dass sie weder weise ist noch Macht besitzt. Aber auch das Gegenteil gilt: Bei einer Frau voller Weisheit und Macht vermuten wir selten, dass sie auch liebevoll und sinnlich sein könnte (selbst wenn das real der Fall ist).

Auch Mutterschaft und Macht scheinen nicht miteinander vereinbar zu sein, was für Vaterschaft und Macht keinesfalls gilt. Es gibt viele Märchen von weisen, gütigen, gut aussehenden und mächtigen Königen oder sogar Göttern, die Väter sind, aber keine Geschichten von reifen Frauen wie zum Beispiel einer gütigen, weisen, sinnlichen, schönen und mächtigen Königin, die auch Mutter ist. Königinnen werden, vor allem als Müttern, viel häufiger dunkle Eigenschaften zugeschrieben als großen Führern. Die »böse Königin« ist ein fast ebenso geläufiges Bild wie der »gute König«.

Das ist nicht überall auf unserem Planeten so. In einigen älteren Eingeborenenkulturen bringt man der natürlichen Macht von Frauen Respekt entgegen. Frauen können durch und durch weiblich sein und trotzdem Macht besitzen. Carolyn Conger, eine unserer amerikanischen weisen Frauen, erzählte mir von ihren Kontakten mit den Maoris, den Eingeborenen Neuseelands. Als sie das Land besuchte, wurde eine Gruppe führender Heilerinnen und Heiler der Maori zusammengerufen, um ihr als ehrenwertem Mitglied der internationalen Heilergemeinschaft zu begegnen.

Bevor sie den Versammlungsplatz betrat, wurde Carolyn angewiesen, niemals über die Beine eines am Boden sitzenden Mannes hinwegzusteigen. Als Begründung sagte man ihr, die Kräfte in ihrer Vagina seien so stark, dass den Männern dadurch Macht genommen würde. Während der Versammlungen konnte der oberste Schamane ihr nie direkt in die Augen schauen. Er konnte ihre Macht sehen und fürchtete, sie könne ihn schwächen. Ich plädiere hier nicht dafür, diese Haltung der Maori zu übernehmen, aber ich glaube, dass wir etwas Wichtiges von ihnen lernen können.

Schauen wir einmal die einzigartigen Gaben an, die Frauen an uns weitergegeben haben und die in diesem Augenblick noch dem Wertesystem und der Kontrolle unseres Inneren Patriarchen unterliegen.

Die Gaben des Lebens, der Beziehungen und des Sorgens für andere

Frauen sind verantwortlich für den Fortbestand menschlichen Lebens auf diesem Planeten. Sie werden gebraucht, um Leben zu schaffen, sie können aber auch Leben zerstören. Wenn Frauen beschließen, keine Kinder mehr zu bekommen, ihre Kinder nicht zu nähren, sterben zu lassen oder tatsächlich zu töten, gäbe es auf diesem Planeten kein menschliches Leben mehr (wie wir es kennen). Diese Tatsache wurde von der vorherrschenden patriarchalischen Gesellschaft lange Zeit übersehen. Auch der Innere Patriarch, der Frauen im Wesentlichen als hilflose Wesen betrachtet, die in der Welt keinerlei natürliche Macht besitzen, ignoriert diese Gegebenheit.

Wir Menschen sind in unserem beängstigenden wissenschaftlichen Fanatismus so weit gegangen, dass wir die künstliche Erschaffung von Leben möglich gemacht haben. Wenn wir wollten, könnten wir genetisch perfekte Wesen ausbrüten. Aber wir haben noch keinen Ersatz für die Rolle gefunden, die die Frau bei der pränatalen Versorgung und Entwicklung des menschlichen Fötus übernimmt, und noch keinen anderen Weg, für die Zuwendung zu sorgen, die das Kind nach der Geburt durch die liebevolle Beziehung zu den Eltern erhält.

Damit ein Kind nach der Geburt gedeiht und gesund aufwächst, braucht es dringend liebevollen, nährenden menschlichen Kontakt. Ist dieser nicht gegeben, entwickeln Kinder sich zu gestörten, unzivilisierten Menschen, die im besten Falle persönlich unglücklich sind und im schlimmsten Falle eine Gefahr für andere darstellen. Diese Fähigkeit, sich anderen zuzuwenden, sich liebevoll um sie zu kümmern und ihren emotionalen und körperlichen Bedürfnissen Vorrang zu geben, gilt in unserer Gesellschaft als grundlegend weibliche oder frauliche Eigenschaft. Da der Innere Patriarch darin ebenfalls eine selbstverständliche weibliche Fähigkeit sieht, gilt diese natürlich als unwichtig. Es würde ihm nicht einfallen, Müttern für ihre gute Arbeit ein gutes Gehalt zu zahlen. Dass eine Mutter Lohn für ihre Hausarbeit erwarten könnte, übersteigt völlig seine Vorstellungen, auch wenn er einer Frau, die ein neues Produkt entwickelt oder für ihre Firma eine neue Einkommensquelle erschlossen hat, ganz sicherlich einen entsprechenden Bonus zugestehen würde.

Die vielschichtige Aufgabe, einen Haushalt zu führen und sich den Bedürfnissen von Kindern zu widmen, wird erst in jüngster Zeit gesellschaftlich schätzen gelernt, aber der Innere Patriarch hinkt wieder einmal hinterher. Mein eigener Innerer Patriarch war von der Kindererziehung völlig unbeeindruckt, selbst als ich Mutter wurde und er sehen konnte, was diese Arbeit bedeutete. Er gab mir niemals viel Anerkennung für das Aufziehen der Kinder und betrachtete diese Arbeit immer als kleinen Urlaub vom »richtigen Leben«. Er gab zu, dass ich zu Hause eine gute, verantwortungsbewusste und aufmerksame Mutter war, aber wirkliche Bewunderung brachte er mir nur für meine beruflichen Aktivitäten entgegen.

Eine berufliche Erfahrung führte dazu, dass ich mich von meinem Inneren Patriarchen löste und seine Werte zum ersten Mal in Frage stellte. Ich war leitende Direktorin eines therapeutischen Wohnheims für heranwachsende Mädchen geworden, eine Position, die mich sehr forderte. Ich war sowohl für ein Team von 35 Mitarbeiterinnen und Mitarbeitern verantwortlich als auch für die Finanzen der Einrichtung (das erforderliche Kapital auftreiben und vernünftig ausgeben), das Gebäude, das Programm und die Beaufsichtigung einer Gruppe von weiblichen Jugendlichen, denen wir ein Zuhause, eine eigene Schule und rund um die Uhr therapeutische Betreuung boten. Ich wurde oft gefragt, wie ich den Überblick behalten könne, und meine ehrliche Antwort lautete: »Diese Arbeit ist mit viel Aufregung verbunden und stellt große Anforderungen an mich, aber sie ist bei weitem leichter, als die ganze Zeit zu Hause zu bleiben und drei Kinder großzuziehen! Und nicht nur das, ich habe auch ein ausgezeichnetes Team, das mich unterstützt und sich die Arbeit mit mir teilt, ich werde bezahlt und bekomme sehr viel Anerkennung für meine Tätigkeit.« Das wusste ich aus eigener Erfahrung, und mein Innerer Patriarch konnte es mir nicht ausreden.

Dieses Beispiel macht deutlich, wie der Innere Patriarch die Werte des äußeren Patriarchats widerspiegelt und uns Frauen die Sicht auf unsere eigenen Fähigkeiten und Talente vernebelt. Vor der Zerstörung der matriarchalischen Gesellschaft und der Errichtung des Patriarchats sahen die Dinge anders aus. In den alten matriarchalischen Agrargesellschaften waren viele oder sogar die meisten Gottheiten weiblich, und die Große Mutter wurde als oberste Gottheit verehrt. Es gab sowohl Priesterinnen als auch Priester. Nicht nur die Religion, auch das Gesellschaftssystem ehrte und achtete die Frauen und alles Weibliche. Sowohl die familiäre Abstammung als auch das Erbschaftsrecht orientierten sich an der Mutter, und Frauen hatten auf politische, religiöse und ökonomische Entscheidungen den gleichen, wenn nicht sogar den überwiegenden Einfluss. Unser patriarchalisches System hat diese Ordnung vor etwa 6.000 Jahren umgekehrt. Diese Veränderungen brachten ihre eigenen Vorteile mit sich, aber das, was vorher war, wurde abgewertet.

Die Gabe wird zum Fluch

> *Ich will dir viel Beschwerden machen in deiner Schwangerschaft; mit Schmerzen sollst du Kinder gebären! Nach deinem Mann wirst du verlangen; er aber soll dein Herr sein!*
>
> Genesis

Mit diesen Worten werden unsere einzigartigen Gaben als Frauen gleich im allerersten Kapitel der Bibel in einen Fluch verwandelt. Unsere ureigensten Fähigkeiten – Leben zu gebären, zu schätzen und zu erhalten sowie unsere tiefe Sehnsucht nach Beziehungen – werden zur Last für die Frauen, die sie besitzen. Wenn wir uns diese Entwicklung anschauen, betreten wir das Reich des Schattenkönigs.

Bis vor gar nicht langer Zeit war eine Frau in unserer patriarchalischen Gesellschaft gezwungen zu heiraten und Kinder zu gebären, und der Schattenkönig vertritt diese Auffassung bis heute. Das war die Aufgabe, die Frauen in dieser Welt zugewiesen wurde, ob es ihnen gefiel oder nicht. Aber das Bemühen um die Partnerbeziehung galt nicht mehr als Gabe, sondern als angstbesetzter Fluch. Die meisten Frauen befürchteten, dass sie in der Gesellschaft keinen angemessenen Platz finden würden, wenn sie nicht den richtigen Mann heirateten. Die Mehrzahl der Frauen – und mit ihnen ihr Innerer Patriarch – betrachtete Heiraten und Kindergebären als primäres Ziel im Leben und verbrachte den Großteil ihrer Zeit damit, sich schon in jungen Jahren einen

Mann »zu angeln«. Für Frauen, die ihre Freiheit und Unabhängigkeit schätzten, war der Zwang zu heiraten und Kinder zu bekommen, nicht besonders reizvoll.

Die Zeiten haben sich geändert, und heute sind wir zum entgegengesetzten Standpunkt übergegangen. In unserem augenblicklichen gesellschaftlichen und politischen Klima fühlen sich Frauen, die den Wunsch nach einer monogamen festen Beziehung haben – wie wir sie früher als »Ehe« bezeichneten –, oft unbehaglich. Sie fragen sich, ob ihnen innerlich etwas fehlt, wenn sie das Bedürfnis nach einem Menschen empfinden, mit dem sie ihr Leben teilen möchten. Diese Einstellung verrät, dass der Innere Patriarch im Schatten des Unbewussten arbeitet. Er stellt damit Frauen jedoch eine böse Falle. Obwohl er fordert, dass eine »richtige« Frau verheiratet sein muss, sieht er in der Sehnsucht nach einer Beziehung etwas typisch Weibliches und betrachtet sie deswegen als Schwäche. Es käme ihm nie in den Sinn, dass dieses Bedürfnis nach einer Beziehung, nach einem Partner, eine Gabe sein könnte.

Ich habe mit vielen intelligenten und fähigen Frauen über dreißig und vierzig gesprochen, die sich schämen, weil sie aktiv auf der Suche nach einem Ehemann sind und das als Zeichen von Schwäche werten. Sie fühlen sich unbehaglich, weil ihr Innerer Patriarch diese Suche als Beweis für ihre Unterlegenheit betrachtet und in der Ehe ein weibliches und kein männliches Anliegen sieht. Diesen Frauen ist es peinlich, andere wissen zu lassen, dass sie gern heiraten möchten und sich nach einem Ehemann umschauen. Ihre Freunde und Freundinnen oder Familien machen sich meistens Sorgen um sie und finden diese Suche problematisch oder betrachten sie im besten Falle als schwieriges Unterfangen.

Nur selten bekennt sich eine Frau zu dieser Suche nach einem Mann als einem Ziel, das ihrem Alter entspricht, das sie wie ein berufliches Anliegen systematisch verfolgt und dabei sämtliche Hilfsmittel einsetzt, die ihr zur Verfügung stehen. Stattdessen überlassen die meisten diese Suche dem Glück und unternehmen im günstigsten Falle sporadische und unsystematische Versuche, einen geeigneten Mann kennen zu lernen. Ein berufliches Ziel würden sie mit Sicherheit anders angehen!

Wenn ein Mann über dreißig oder vierzig hingegen beschließt zu heiraten, wird seine Ankündigung freudig begrüßt, so als hätte er einen reifen Entschluss gefällt und sei nun bereit, sich niederzulassen. Seine Freunde und seine Familie helfen ihm nur allzu gerne und sind zuversichtlich, dass er früher oder später eine passende Frau finden wird. Man geht davon aus, dass er einige Zeit brauchen wird und mehrere Anläufe nehmen muss, aber das ist kein Grund zur Sorge. Der gleiche Entschluss, der bei Frauen als Beweis für ihre Schwäche und Bedürftigkeit gewertet wird, gilt bei einem Mann als Zeichen von Reife und Männlichkeit. Diese Diskrepanz ist immer ein Hinweis darauf, dass der Innere Patriarch am Wirken ist.

Interessant ist in diesem Zusammenhang einmal nachzuvollziehen, wie die traditionell weibliche Gabe, andere zu umsorgen, in einen Fluch verwandelt wurde, zuerst vom äußeren Patriarchat und jetzt vom Inneren Patriarchen. Einerseits ist das natürliche Bedürfnis von Frauen, sich auf andere zu beziehen, immer geschätzt worden. Bis vor kurzem wurden Frauen noch ermutigt, sich um andere liebevoll und verantwortlich zu kümmern. Andererseits wurde genau dieses Bedürfnis, sich anderen zuzuwenden, als Schwäche betrachtet und oft als Mittel benutzt, um Frauen zu manipulieren, auszubeuten und zu beherrschen. Man erwartete dieses Verhalten von Frauen, denn darin zeigte sich ihre wahre Natur. Deswegen sollten sie für die Gabe der Liebe und Zuwendung, die sie anderen schenkten, auch keine Gegenleistung verlangen. Der Innere Patriarch vertritt diese Werte noch immer, und das gesellschaftliche Resultat haben wir greifbar vor uns: Frauen gehen davon aus, dass sie für andere da sein müssen, und genau aus diesem Grund werden sie von anderen oft ausgenutzt.

Durch diese Rolle der Betreuerin und Hüterin von Beziehungen und Familie haben Frauen die Eigenschaft entwickelt, über ihre eigenen Bedürfnisse hinwegzugehen, um die von anderen zu erfüllen. Das ist in vieler Hinsicht eine kreative und wunderbare Eigenschaft, aber Frauen haben dafür einen hohen Preis gezahlt. Wir haben die Fähigkeit verloren, bewusste Entscheidungen zu treffen, uns Ziele zu setzen und an uns zu denken. Es ist, als herrsche im Reich des Schattenkönigs ein Gesetz, das besagt: »Andere kommen zuerst.« Frauen können sich ihren eigenen Wünschen erst dann widmen, wenn alle Menschen um sie herum versorgt sind.

Genau die Frauen jedoch, die sich an dieses Gesetz nicht halten, die ihre weiblichen Gaben, Beziehungen zu pflegen und andere zu umsorgen, nicht nutzen, haben in der Außenwelt am ehesten Erfolg. Sie haben viel größere Chancen auf Anerkennung und finanzielle Entlohnung als Frauen, die ihr Leben der Familie, geliebten Menschen und ihren Freundschaften widmen. Frauen, die sich von den traditionellen Rollen freigemacht haben, werden vom Inneren Patriarchen viel höher geschätzt. Sie führen in seinen Augen ein produktives, erfülltes und erfolgreiches Leben.

Erfolg und Produktivität werden im Allgemeinen nicht gleichgesetzt mit dem, was wir als höchsten Akt von Kreativität bezeichnen könnten – neues Leben hervorzubringen. Stattdessen kam im Reich des Schattenkönigs die Fähigkeit, Leben zu gebären, bis noch vor kurzem einem Urteil gleich, dem eine Frau sich zu beugen hatte, ob sie wollte oder nicht. Es war ihre Pflicht, schwanger zu werden und das Kind auszutragen. Diese Überzeugung vertritt der Schattenkönig auch dann, wenn eine Frau überhaupt kein Kind will, weil ein Baby sie in eine unzumutbare Lebenssituation bringen würde.

Sich gegen eine ungewollte Schwangerschaft aufzulehnen und sie abzubrechen, galt als Sünde und wird von unseren Gesetzen als illegal verurteilt. Um neues Leben zu schützen, übergeht man sowohl die Entscheidungsfreiheit der Frau in dieser Angelegenheit als auch ihre eigenen Bedürfnisse und ihre eigene Lebenssituation. Meiner Meinung nach wird ihre Ehrfurcht gebietende – ja, wirklich Ehrfurcht gebietende – Fähigkeit, Leben zu erschaffen und zu zerstören, als etwas Gefährliches betrachtet, das die patriarchalische Gesellschaft kontrollieren muss. Dass diese Fähigkeit eine reale Macht ist, streitet der Innere Patriarch ab.

Für mich ist die Angst vor dieser Macht über Leben und Tod das eigentliche Thema beim Kampf um die Abtreibung. Ja, abtreiben heißt, ein ungeborenes Kind töten. Leben zu zerstören, ist eine Sünde. Dieser Schritt muss äußerst sorgfältig bedacht werden. Aber den meisten Frauen ist es unangenehm, diese Gedanken laut auszusprechen und eine Abtreibung zu vertreten. Die sorgfältig erwogene Entscheidung einer Frau zu töten, gilt im Reich des Schattenkönigs als zu bedrohlich und böse.

Ich finde es interessant, dass diese moralischen Erwägungen niemals auftauchen, wenn wir als Nation beschließen, einen Krieg zu führen. Auch hier wird Leben vernichtet, das ganz konkrete Leben vieler Menschen. Aber ich habe nie erlebt, dass heiße Diskussionen über die Rechte der Menschen stattfinden, die wir in unserem Krieg umzubringen beschließen. Hier ist immer nur die Rede davon, wie hoch die Zahl unserer eigenen Opfer geschätzt wird. Und mit dem automatischen Einsatz der Luftwaffe töten wir nicht nur die Soldaten, die beschlossen haben, Krieg zu führen, sondern bringen auch Unschuldige um, die sich an den Kämpfen nicht beteiligen. Ich spreche nicht nur von der äußeren Welt der politischen Entscheidungsträger und der Männer, wenn ich mich dieser Diskrepanz der Wertungen zuwende, sondern auch von unseren Inneren Patriarchen. Ein Krieg für die richtigen Zwecke gilt selbst in der Bibel als legaler Machtakt, während eine Abtreibung als höchster Machtakt einer Frau (wenn wir zugestehen, dass es sich dabei um Töten handelt) immer als Sünde betrachtet wird.

Aphrodites Gaben der Sexualität und Anziehungskraft

Aphrodites Gaben der sinnlichen Freuden, der Schönheit, Beziehungsfähigkeit und Anziehungskraft, sind kostbar. Es gibt kaum einen Anblick, der verführerischer und bezaubernder wäre als der eines kleinen Mädchens, das beginnt, diese Macht zu spüren. Sie flirtet völlig hemmungslos, sie zieht sich schön an, schmust und genießt ihre Wirkung auf andere. Andere sind gern mit ihr zusammen. Die Mutter genießt es, sich von ihr die Haare kämmen zu lassen, und der Vater liebt es, wenn sie sich in seinen Schoß kuschelt. Alle fühlen sich in ihrer Nähe wohl. Auch die Sinnlichkeit und sexuelle Ausstrahlung einer erwachsenen Frau kann atemberaubend sein. Ihre Anziehungskraft ist enorm.

Im Reich des Schattenkönigs gelten diese Gaben durchweg als weibliche Attribute und werden oft misstrauisch beäugt. Wäre unsere Welt nicht interessanter, wenn wir die Anziehungskraft höher schätzen würden und nicht nur Frauen, sondern auch Männer es sich erlaubten, ihre aphroditische Natur zu genießen? Was wäre, wenn wir, wie Brianne Swimme es in dem Buch *Das Universum ist ein grüner Drache* vorschlägt, unser Augenmerk mehr auf das richten würden, was uns anzieht? Wenn wir den Kräften, die Menschen zusammenbringen, mehr Wert beimessen würden als den trennenden Unterschieden zwischen uns? Ich glaube, die Welt würde dann ganz anders aussehen. Die Schwerkraft oder das Gesetz der Anziehung funktioniert in der physischen Welt offensichtlich ziemlich gut.

Dabei fällt mir eine Geschichte über einen Landstrich in Nordkalifornien ein, deren Ursprung nicht eindeutig ist. Dieser Teil des Landes wurde vor langer Zeit von russischen Seehundjägern besiedelt. Deswegen gibt es hier einen Russischen Fluss und Städte mit Namen wie Sebastopool. Nun, irgendwann einmal wurde dies zum Problem. Die Mexikaner hatten ihr Gebiet nördlich bis nach San Francisco ausgedehnt und waren nicht sehr glücklich über die unmittelbare Nachbarschaft der Russen. Hätten alle sich auf die Differenzen zwischen ihnen konzentriert, wäre es sicherlich zu einem Krieg gekommen. Stattdessen aber kam Aphrodite zur Rettung. Offensichtlich verliebten sich die Tochter des Gouverneurs von San Franciso und der leitende Offizier von Fort Ross, dem Hauptquartier der Russen, ineinander. Das führte zu einigen äußerst erfreulichen Verhandlungen und die Reibereien ließen sich mühelos regeln. Das Fort und das russische Pachtgut wurden an Mexiko verkauft und alle Streitigkeiten friedlich beigelegt.

Im Reich des Schattenkönigs muss die Anziehungskraft also für praktische Zwecke genutzt werden, statt einfach nur Freude zu bringen. Frauen werden dazu erzogen, sich ihrer aphroditischen Natur zu schämen. Sinnlichkeit wird mit Sexualität gleichgesetzt und beides wird abgewertet. Die weibliche Sexualität ist zum Gebrauchsgegenstand geworden. Sie wird benutzt, um für Produkte oder Filme oder sogar für die Frauen selbst zu werben. Nach den Gesetzen, die in diesem Schattenreich gelten, müssen Sinnlichkeit und Sexualität der männlichen Kontrolle unterliegen und dürfen nicht einfach genossen werden. Sollten Frauen auf dieses Recht pochen, verstoßen sie gegen zeitlose Regeln, und das versetzt ihren Inneren Patriarchen in Aufregung!

Diese traditionell weiblichen Gaben sind also mit der Zeit entwertet worden. Das hat sowohl für Männer als auch für Frauen ernste Folgen. In dem Maße, wie diese Gaben herabgewürdigt wurden, ist es nicht nur den Frauen, sondern auch den Männern verwehrt, sich daran zu erfreuen. Die Männer haben dabei den gleichen Verlust erlitten wie die Frauen – auch ihnen sind viele menschliche Freuden genommen worden. Wenn Männer Beziehungen, Liebe und Sinnlichkeit als wichtig erachten und den Wunsch verspüren, sich am Aufziehen der Kinder zu beteiligen, würden sie die Empfindungen der Frauen teilen. Nach dem Glaubenssystem des Schattenkönigs beweisen sie damit jedoch ihre Unterlegenheit.

Der innere Patriarch

Ich träume, dass ich schon seit einiger Zeit eine Pyramide besteige. Ich bin erschöpft, und je näher ich der Spitze komme, desto mehr verlässt mich meine Kraft. Ich habe wichtige Informationen bei mir, die ich in den letzten Jahren gesammelt und gesichtet habe. Sie befinden sich in einem Aktenordner und sind übersichtlich abgeheftet worden. Während ich beginne, die letzte Terrasse (oder den letzten Treppenabsatz) zu erklimmen, sehe ich einen Mann am Fuße der Pyramide stehen, der mich drängt anzuhalten. Er sagt mir, dass der Aufstieg zu anstrengend für mich sei und dass ich mir mit diesem Unternehmen schade. Er schlägt vor, dass ich hier stehen bleibe und meinen Aktenordner einem Mann übergebe, damit er ihn den restlichen Weg zur Pyramidenspitze befördert. Während ich seine Worte höre, weiß ich, dass ich ihm tatsächlich am Herzen liege und er mein Bestes will. Er befürchtet, dass ich es nicht schaffe, diese letzte Steigung zu nehmen, und geht davon aus, dass ein Mann sie leicht erklettern kann. Er möchte mich davor bewahren, dass ich mich völlig verausgabe. Mir wird klar, dass ich an diesem Punkt früher immer schwach geworden bin und die Fähigkeit verloren habe, bis an meine Grenzen zu gehen, weil ich dem Rat dieses Mannes folgte. Ich begreife, dass ich mich noch etwas mehr anstrengen muss, um über meine früheren Grenzen hinauszugelangen. Dann nehme ich meinen Ordner und steige aus eigener Kraft den letzten Treppenabsatz hoch bis zur Spitze. Ich bin erschöpft, aber total glücklich darüber, dass ich es geschafft und eine neue Ebene erreicht habe.

Ich kann spüren, dass dieser Schritt sehr wichtig ist. Ich habe nicht nur die nächste Ebene erreicht, sondern auch mit der uralten Gewohnheit gebrochen, mich der Einschätzung meiner Kräfte durch diesen Mann zu beugen und zuzulassen, dass er meine Grenzen bestimmt.

Wir Frauen sind wie diese Frau in meinem Traum. Wir haben der Welt ein wichtiges Wissen und wichtige Erfahrungen zu vermitteln und versuchen, den nächsten Schritt vorwärts zu tun. Eine Weile sieht es so aus, als würde uns das mühelos gelingen. Aber solange der Schattenkönig uns ständig zurückhält und versucht, uns seine Gesetze aufzuerlegen, ist dieses Weiterklettern sehr ermüdend.

Die uralten patriarchalischen Traditionen, die der Mann in diesem Traum (mein eigener Innerer Patriarch) repräsentiert, sind tief im Unbewussten jeder Frau verborgen. Der Innere Patriarch regiert uns vom Schattenreich aus, und vielleicht nehmen wir ihn nur wahr, wenn er sich in unseren Träumen zeigt. Er hat die Macht, uns von unseren Aufgaben abzuhalten und uns die Ordner wegzunehmen, die unser Wissen und unsere Erfahrung bergen. Wenn wir uns ihm verweigern, kann dieser Widerstand uns so erschöpfen, dass wir nicht die Kraft haben, die wir brauchen, um die nächste Ebene zu erreichen.

Was ist der Innere Patriarch?

Der Innere Patriarch ist die Stimme oder innere Person, die die uralten patriarchalischen Traditionen, Werte und Regeln der letzten sechs Jahrtausende vertritt. Wie die Männer in dem oben erzählten Traum, stellt auch er eine verinnerlichte Version des äußeren Patriarchats dar. Sein Wirken bringt – ebenso wie das des äußeren Patriarchats – sowohl Schutz als auch Zerstörung mit sich.

Ähnlich wie beim äußeren Patriarchat besteht der positive Aspekt des Inneren Patriarchen darin, dass er Frauen unterstützt und für ihre Sicherheit sorgt. Er fühlt sich als unser Beschützer und möchte, dass wir uns innerhalb der alten, klar definierten Grenzen bewegen, um keiner Gefahr oder Enttäuschung ausgesetzt zu sein. In diesem positiven Sinne unterstützt er uns und sorgt dafür, dass wir uns als Mütter und Töchter sicher fühlen. Sowie wir uns in die Welt der Männer vorwagen, verfolgt er besorgt jeden unserer Schritte.

Der negative Aspekt des Inneren Patriarchen ist, dass er – wiederum spiegelbildlich zum äußeren Patriarchat – davon ausgeht, Frauen seien Männern grundsätzlich unterlegen. Er traut uns Frauen nicht zu, dass wir ohne den Schutz und die Hilfe eines Mannes zurechtkommen. Auch wenn er uns seine Hilfe mit lobenswerten Absichten anbietet (wiederum wie die Männer in dem obigen Traum), hält er Frauen für unfähig, wichtige Dinge allein zu erreichen. *Wenn wir uns der Einschätzung beugen, die der Innere Patriarch von unseren Fähigkeiten gibt, schwächt uns das. Aber auch wenn wir seine Ansichten bekämpfen, männliche Hilfe kategorisch ablehnen und darauf bestehen, alles allein oder mit anderen Frauen zusammen zu machen, lassen wir zu, dass unser Innerer Patriarch unsere Realität bestimmt und unsere Kreativität untergräbt. Wir nehmen uns die Möglichkeit, Männern als gleichberechtigten und liebevollen menschlichen Wesen zu begegnen.*

Wie Frauen besonders in den letzten dreißig Jahren erfahren mussten, hat das äußere Patriarchat wirklich destruktive Seiten. Frauen werden ausgenutzt, beherrscht und abgewertet. Wir haben etwa seit einer Generation darum gekämpft, dieses äußere Patriarchat zu verändern, was in vielen Bereichen zu erstaunlichen Resultaten geführt hat. Ich habe in meinem eigenen Leben beobachten können, dass Frauen mehr Kontrolle über ihren eigenen Körper, ihr Denken und ihr Schicksal gewonnen haben, als man sich in der Vergangenheit jemals vorstellen konnte. Ich muss jedoch der Gerechtigkeit halber darauf hinweisen, dass die Frauen, die das erreicht haben, von eben diesen patriarchalischen Werten unserer Kultur beschützt und unterstützt wurden!

Doch so schwer es auch gewesen ist, den äußeren Feind zu bekämpfen, er war zumindest sichtbar und stellte eine eindeutige Bedrohung dar. Im Augenblick ist es der unsichtbare Feind, der uns Probleme macht. Wenn wir die Stimme in uns, die die Meinungen, Urteile und Werte des äußeren Patriarchats wiedergibt, nicht bewusst wahrnehmen, können wir nicht wirkungsvoll damit arbeiten. Der Innere Patriarch agiert im Schatten unseres Unbewussten und beeinträchtigt unser Denken, Fühlen und Handeln von innen.

Die grundsätzliche Befürchtung des Inneren Patriarchen lautet, dass wir nicht imstande sind, uns in den Bereichen erfolgreich zu bewegen, die er immer noch als die Welt des Mannes betrachtet. Fast jeder Innere Patriarch zweifelt an Frauen. Entweder stellt er unsere Intelligenz, unser Wissen und unsere Fähigkeiten in Frage, oder ihm machen unsere Emotionalität, unsere Vertrauenswürdigkeit, unsere Selbstdisziplin und unsere Macht zu schaffen. Es ist erstaunlich, seine Existenz zu entdecken, seine Stimme zu hören und zu sehen, in welchen Bereichen er uns immer noch beherrscht. Auch wenn dieser Innere Patriarch sowohl in Männern als auch in Frauen am Wirken ist, konzentriere ich mich auf seine Rolle in der Psyche von Frauen.

Der Innere Patriarch als eine unserer vielen inneren Personen

Der Innere Patriarch ist nur eine der vielen inneren Stimmen (oder inneren Personen), die in uns leben. Diese inneren Personen sind die Bausteine unserer Psyche und bergen sämtliche Kräfte, die der Menschheit bekannt sind, sowohl die lichten als auch die dunklen. Die inneren Personen, die unsere Persönlichkeit ausmachen und bestimmen, wie wir uns in der Welt bewegen, sind unsere »primären inneren Personen«. Sie entwickeln sich bereits früh im Leben, um uns vor Verletzungen zu schützen und uns die Anpassung an unsere Umgebung zu ermöglichen. Wie unser individuelles primäres Selbst aussieht, hängt von vielen Faktoren ab, unter anderem von genetischen, emotionalen und geistigen Prädispositionen. Aber auch unsere

Umgebung spielt eine Rolle, zum Beispiel die psychische Dynamik unserer Ursprungsfamilie, die Geschwisterfolge, der ethische Hintergrund, Geschlecht, Religionszugehörigkeit, Schulbildung, geografische Lage, Nationalität und die Umgebung, in die wir geboren werden.

Rhonda zum Beispiel war die älteste Tochter einer gut situierten, aber gestörten Mutter, deren Mann sich von ihr scheiden ließ, als Rhonda noch ziemlich klein war. Rhonda machte schon früh im Leben die Erfahrung, dass ihre eigenen emotionalen Bedürfnisse und auch die ihrer Mutter und ihrer jüngeren Geschwister nicht erfüllt wurden, wenn sie sich nicht selbst darum kümmerte. So entwickelte sie ein primäres Selbst, das wir als *Verantwortungsbewusste Mutter* bezeichnen könnten. Diese Verantwortungsbewusste Mutter war stark, selbstsicher, vernünftig und immer für andere da. Sie kümmerte sich um andere Menschen und gab deren Bedürfnissen und Empfindsamkeiten den Vorrang. Aber auch auf Rhondas Gefühle und empfindsame Seiten ging sie ein, wenn sie für diese und die ihr nahe stehenden Menschen eine geschützte und angenehme Umgebung schuf.

Sallys Eltern hingegen waren beide sehr leistungsorientiert, rational und kontrollierend. Zu Hause war alles gut organisiert und ihre körperlichen Bedürfnisse ausreichend befriedigt, trotzdem hatte Sally das Gefühl, dass ihr etwas fehlte. Sie spürte, dass es dem Leben ihrer Eltern an Sinn und Bedeutung mangelte, und sie sehnte sich nach mehr. Sie war ein introvertiertes und sensibles Kind, das dritte in der Familie. Die älteren Kinder waren ebenso leistungsorientiert wie ihre Eltern, aber Sally war anders. Sie begann schon früh mit ihrer spirituellen Suche, fasziniert von der Vorstellung von einer besseren Welt. Sally hatte das Gefühl, es sei ihre Aufgabe, an dieser Welt mitzuwirken, und das gab ihrem Leben den Sinn, den Reichtum und die Tiefe, die im Leben ihrer Eltern fehlten. Sallys primäre innere Person war also spirituell ausgerichtet.

Jeder primären inneren Person steht eine gleich starke oppositionelle innere Stimme oder eine ganze Reihe davon gegenüber. Wir bezeichnen diese als »verdrängte innere Personen«. Damit Rhonda der Stimme ihrer Verantwortungsbewussten Mutter folgen kann, muss sie die konträren Stimmen in sich, die sie daran hindern würden, sich um andere zu kümmern, verleugnen. Rhonda schiebt also die inneren Personen, die sie an ihre eigenen Bedürfnisse gemahnen und sie von anderen abhängig machen könnten, von sich weg. Sie verdrängt auch die Seite in sich, die sich mehr Entspannung gönnen würde und die nicht unter dem Zwang steht, immer perfekt zu sein. Sally hingegen verdrängte die inneren Personen, die sich an materiellen Dingen freuen und ihr erlauben würden, sich zu verwöhnen. Sie verleugnete auch die inneren Stimmen, die an »sinnlosen« Aktivitäten wie Fernsehen oder Bummeln-Gehen Spaß haben.

Obwohl der Innere Patriarch meistens hinter der Bühne wirkt, besitzt er sehr viel Macht und ist auf seine Weise eine primäre innere Person. Er ist eine der inneren Stimmen, die Regeln aufstellen und eine Reihe von Grundsätzen, Werten und Erwartungen vertreten, welche großen Einfluss auf uns haben. Die primären inneren Personen, wie wir bereits gehört haben, werden von unserer persönlichen Umgebung geprägt. Der Innere Patriarch spiegelt eine umfassendere Welt, unsere Zivilisation und die Ära, die gerade dem Ende zu geht. Wir können ihn als Stimme der Gesellschaft bezeichnen. *Auch wenn unsere Gesellschaft sich in den letzten dreißig Jahren für die meisten von uns geändert hat, klingt der Innere Patriarch immer noch wie ein altmodischer Vater, der in uns residiert; er vertritt Meinungen, Regeln und Erwartungen, die davon ausgehen, dass wir Frauen immer Kinder bleiben.* Interessant ist, dass uns seine Botschaften oft von unseren Müttern und nicht von unseren Vätern vermittelt werden.

Welche Werte vertritt der Innere Patriarch?

Dem Inneren Patriarchen geht es vor allem um Gesetz und Ordnung. Er hat viel zu sagen, wenn es um Frauen und klar definierte Geschlechterrollen geht. Seiner Meinung nach sollten sich Männer in einem traditionellen Sinne auch wie Männer aufführen und Frauen »richtige« Frauen sein. Er hat keinen Respekt für Männer, die weibliche Eigenschaften besitzen, oder Frauen, die sich männlich verhalten. Dabei birgt dieses System folgende Falle: 1. Frauen sollten weiblich sein. 2. Wenn sie das nicht sind, sind sie als Frauen Versagerinnen. 3. Verhalten sie sich aber weiblich, sind sie Männern unterlegen, denn die tradionell weiblichen Eigenschaften sind weniger wert als die traditionell männlichen Qualitäten.

Was erwartet der Innere Patriarch von Frauen? Der Innere Patriarch ist der Meinung, dass eine richtige Frau fürsorglich, rezeptiv, liebevoll, gebend, mitfühlend, verständnisvoll und für andere da sein sollte. Sie sollte weder zu viel Macht haben noch sich zu sehr in den Vordergrund drängen. Ihm gefällt es, wenn die Frauen unterwürfig und friedfertig sind. Er fürchtet um die Welt – und um die Frauen selbst –, wenn Frauen aufstehen und Macht ausüben, sei es in der äußeren Welt oder in der persönlicheren Welt der Beziehungen.

Der Innere Patriarch befürchtet tatsächlich, dass die Welt, in der wir leben, in Aufruhr geraten könnte, wenn Frauen ihre eigenen Neigungen und Wünsche entdecken und maßlos werden. Männer hingegen sollten seiner Meinung nach unbedingt stark bleiben und die Kontrolle behalten, sie müssen unsere Zivilisation durch Stärke und Disziplin schützen. Männer und Frauen sind verschieden, und so sollte es auch bleiben.

Welche grundlegenden Anliegen vertritt der Innere Patriarch?

Vier grundlegende Themen liegen dem Inneren Patriarchen besonders am Herzen: Beziehungen, Macht, Sexualität und Emotionalität/Selbstkontrolle. Er vertritt diese Anliegen aber nicht unbedingt für jede Frau gleich stark.

Bei manchen Frauen konzentriert er sich nur auf ein oder zwei dieser Gebiete. Die meisten Frauen bekommen von ihm jedoch Kommentare zu allen vier Themen zu hören. Es gibt Frauen, die die Stimme ihres Inneren Patrarchen zu dem einen oder anderen Thema zum Verstummen gebracht haben, indem sie ihr Leben entsprechend gestalten: 1. Sie stellen sich dem äußeren Patriarchat direkt und haben sich in der Männerwelt erfolgreich durchgesetzt. 2. Sie führen ein eher traditionell ausgerichtetes Leben als Ehefrau und Mutter. 3. Sie haben einen spirituellen Weg eingeschlagen und sich damit der Männerwelt und den Herausforderungen von Sexualität und Macht entzogen.

Viele Frauen, die ihre Kraft für die Auseinandersetzung mit dem äußeren Patriarchat eingesetzt haben, sind ziemlich erfolgreich. Ihr Innerer Patriarch sorgt sich nicht mehr darum, ob sie in einer Männerwelt zu Macht und Erfolg gelangen, er hat aber große Zweifel an ihrer Beziehungsfähigkeit. Diese Inneren Patriarchen geben Kommentare ab wie: »Sicher, sie hat beruflich Erfolg, aber ich glaube nicht, dass sie eine richtige Frau ist. Ich bin sicher, sie wird niemals einen Mann finden.« Oft fährt er dann fort: »Sie ist keine richtige Frau. Sie verhält sich eher männlich als weiblich.«

Manchen Frauen ist es gelungen, sich von den besorgten Äußerungen ihres Inneren Patriarchen in Bezug auf Macht und Sexualität völlig freizumachen, indem sie beide Lebensbereiche sicher und erfolgreich bewältigen. Wenn diese Frauen sich auf eine verbindliche Beziehung einlassen oder heiraten, wird die Stimme ihres Inneren Patriarchen jedoch häufig wieder laut. Die

Stärke, die diese Frauen bei ihrer Arbeit oder draußen in der Welt empfinden, verpufft, sobald sie nach Hause kommen und durch die Tür treten. Im Berufsleben sind sie Tigerinnen, zu Hause hingegen wie Kinder. Dieser verblüffende Wechsel beruht – zumindest zum Teil – auf den Regeln, die der Innere Patriarch im Hinblick auf Beziehungen vertritt.

Wie klingt die Stimme des Inneren Patriarchen?

Ich habe mich im Laufe der Jahre mit vielen Inneren Patriarchen unterhalten. Auch wenn sie wirklich unser Bestes im Sinn haben, sprechen sie meistens sehr negativ von Frauen. Es kann durchaus nützlich sein, sich einmal eine Reihe von Äußerungen anzuschauen, die die Inneren Patriarchen von sich geben. Achten Sie beim Durchlesen darauf, ob Ihnen etwas bekannt vorkommt. Vielleicht gilt das für alle Äußerungen. Es kann aber auch sein, dass Ihr Innerer Patriarch sich anders ausdrückt.

- Frauen sollten aufhören, sich wie Männer aufzuführen. Sie sollten zu Hause bleiben und sich zufrieden geben mit dem, was sie haben.
- Sie ist eine Frau, deswegen wird sie es niemals zu etwas bringen. Es ist lächerlich, sich als Frau etwas Besseres zu erhoffen. Am besten, sie versucht es erst gar nicht.
- Zu schade, dass sie als Frau geboren wurde. Wenn sie ein Mann wäre, dann könnte sie ihren Kopf (ihre sportliche Begabung, ihren gesunden Menschenverstand, ihr natürliches Durchsetzungsvermögen und so weiter) durchaus gebrauchen.
- Am besten eine Frau heiratet einen reichen Mann und bekommt Kinder. Für etwas anderes sind Frauen nicht zu gebrauchen.
- Frauen sind zickig und ständig am Nörgeln. Ich mag sie nicht.

- Wegen ihrer Hormonschwankungen sind Frauen ungeeignet für jede ernsthafte Arbeit.
- Offen gesagt, finde ich, eine Frau hat die Aufgabe, einen reichen Mann zu heiraten, damit sie ihre Eltern versorgen kann, wenn diese alt sind.
- Frauen sind unlogisch.
- Frauen sind zu emotional und reagieren immer übertrieben.
- Frauen fehlt ein Ziel im Leben.
- Frauen haben kein Gefühl für Werte. Man kann sie nicht ernst nehmen.
- Ich kann das Geschwätz von Frauen nicht hören. Es hat überhaupt keine Substanz.
- Frauen sind grundsätzlich schwächer als Männer.
- Frauen sind verantwortungslos. Wenn es um wirklich wichtige Dinge geht, kann man ihnen nicht trauen.
- Man kann eine Frau niemals wirklich verstehen.
- Frauen sind bedürftig.
- Frauen haben keinen Durchblick. Ich würde nie zu einer Ärztin oder Anwältin gehen.
- Im Grunde sind Frauen nur für eines gut, nämlich Sex.
- Wenn eine Frau nicht mehr attraktiv ist und im Bett nichts mehr bringt, ist sie im Grunde nutzlos.
- Sie muss nichts Wichtiges tun. Sie ist ja bloß eine Frau! Das sagt schon alles.
- Eine Frau sollte Kinder bekommen. Dafür ist sie gut!

Ich möchte Ihnen jetzt das Erlebnis vermitteln, einen Inneren Patriarchen sprechen zu hören. So können Sie hören, wie er seine Bedenken und Werte selbst formuliert, ohne dass ich sie Ihnen übersetze. Das folgende Gespräch ist, wie auch die Gespräche oder Kommentare, die ich später in diesem Buch zitiere, durch direkte Anwendung der Voice-Dialogue-Methode zustande gekommen.

Carlas Innerer Patriarch

Carla, eine attraktive, reizende, gut ausgebildete Psychotherapeutin, die 1930 geboren wurde, besuchte einen unserer Ausbildungsworkshops. Das folgende Gespräch mit ihrem Inneren Patriarchen führte Mona, ein Mitglied unseres Ausbildungsteams. Carla sagte zu Beginn der Sitzung, sie habe linksseitige Kopfschmerzen, die bis in die linke Nackenhälfte und Schulter ausstrahlten. Sie spürte, wie sie innerlich am Kämpfen war. Carla hatte das Gefühl, einer Seite in ihr gefiel es nicht, dass sie den Workshop besuchte. Am Morgen war sie in der herrlichen Umgebung spazieren gegangen, ohne sich wirklich wohl zu fühlen oder zufrieden zu sein. Sie hatte sogar Angstvorstellungen gehabt und sich eingebildet und ausgemalt, dass plötzlich ein Mann hinter einem Baum hervorkäme und sie körperlich angriffe.

Andere Teilnehmerinnen und Teilnehmer hatten über den Inneren Patriarchen gesprochen, und Carla fragte sich, ob das ihre augenblickliche Verfassung ausgelöst haben könnte. Mona schlug Carla vor, sie bei einer Begegnung mit ihrem Inneren Patriarchen zu begleiten. Hier das Protokoll dieser Sitzung:

Carla: Ich weiß gar nicht, was ein Innerer Patriarch ist und ob es in mir einen gibt.
Begleiterin: Sagen wir einfach, das ist eine Seite von Ihnen, die ausgeprägte Ansichten darüber hat, was Sie als Frau zu tun und zu lassen haben.
Carla: Oh, eine solche Seite gibt es bestimmt in mir.
Begleiterin: Vielleicht möchten Sie sich weiter nach links hinten setzen in die Richtung Ihrer Kopfschmerzen?
Carla stellte ihren Stuhl um. Als sie sich hinsetzte, sprach nicht mehr sie, sondern ihr Innerer Patriarch. Er saß sehr aufrecht, fast steif da. Er äußerte sich großspurig und streng und mit viel Überzeugungskraft und verhaltenem Ärger.

Innerer Patriarch: Ich vertrete viele Regeln, und die erste lautet, dass sie *immer* einen BH tragen sollte.
Begleiterin: Ich verstehe. Trägt sie denn heute einen?
Innerer Patriarch: Nein, tut sie nicht, und das gefällt mir überhaupt nicht. Es könnte sie in Schwierigkeiten bringen. Ich möchte nicht, dass sie sich in irgendeiner Form sexuell aufreizend anzieht. Sie kann ruhig Farben tragen, aber ihre Kleidung sollte durch und durch korrekt sein und in keinster Weise verführerisch.
Begleiterin: In welche Schwierigkeiten könnte sie denn kommen?
Innerer Patriarch: Sie könnte in Situationen geraten, mit denen sie nicht fertig wird, jemand könnte sie angreifen.
Begleiterin: Sie meinen, körperlich?
Innerer Patriarch: Ja, sie körperlich angreifen.
Begleiterin: Standen Sie hinter den Angstvorstellungen, die Carla heute beim Spazierengehen hatte? Flößen Sie ihr solche Gedanken ein, um ihr zu drohen?
Innerer Patriarch: Sie hat es nicht anders verdient! Was muss sie da alleine herumlaufen. Eigentlich möchte ich überhaupt nicht, dass sie jemals allein ist.
Begleiterin: Schildern Sie mir einige Ihrer anderen Regeln.
Innerer Patriarch: Nun, alles was im 19. Jahrhundert galt. Ich möchte, dass die Tradition fortgesetzt wird. Ich mag ihren Mann. Er nimmt zwar auch mal den Staubsauger zur Hand oder wäscht ein paar Teller ab, aber in Wirklichkeit ist er wie ich. Er möchte, dass sie ihn umsorgt und sich um das Haus kümmert. Eine Frau sollte immer etwas hinter dem Mann zurückstehen und ihn umsorgen, sich um seine körperlichen Bedürfnisse und um sein Gefühlsleben kümmern. Sie sollte alles dafür tun, ihn bei guter Laune zu halten.
Begleiterin: Und was ist, wenn sie das nicht tut?
Innerer Patriarch: Nun, dann könnte sie ihn verlieren. Dies

ist ihre dritte Ehe, und sie ist 56 Jahre alt. Sie braucht die finanzielle Sicherheit. Ihr Mann ist im Ruhestand, und wenn ihr Verhalten ihm nicht gefällt, könnte er sie auf die Straße setzen. Am Ende steht sie dann alleine da!

Begleiterin: Sie machen sich sicher um wichtige Dinge Sorgen.

Innerer Patriarch: Ja, und mir gefällt überhaupt nicht, was sie hier macht. Ich möchte nicht, dass sie sich in Gefühle stürzt. Ich möchte das alles gut unter Kontrolle wissen.

Begleiterin: Sie haben gerade erwähnt, dass sie sich um das Gefühlsleben des Mannes kümmern sollte, aber ich entnehme dem, was Sie sagen, dass sie ihre Gefühle nicht zeigen sollte. Es klingt eher so, als sollte sie Emotionen wie eine Art Puffer abfangen.

Innerer Patriarch: Ganz richtig! Ich möchte nicht, dass sie emotional und bedürftig ist. Sie sollte das alles innerlich mit sich ausmachen, damit es nach außen hin nicht sichtbar wird.

Begleiterin: Mich würde interessieren, woher Ihre Regeln für Carla stammen.

Innerer Patriarch: Nun, ihre Mutter war aus Mississippi und vertrat sämtliche traditionellen Weiblichkeitsideale der weißen Frauen aus dem Süden. Ihr Vater stand ganz in der Tradition der weißen angelsächsischen Protestanten (*spricht mit stolzer Stimme, als hätte er zwei Doktorabschlüsse*). Ich werde von *zwei* Traditionen unterstützt.

Begleiterin: Was haben Sie von ihrem Vater übernommen?

Innerer Patriarch: Ihr Vater vertrat die Meinung, dass für Frauen nur drei Berufe in Frage kommen. Entweder sie unterrichten, helfen anderen Menschen oder arbeiten als Krankenschwester.

Begleiterin: Es ist also in Ordnung, dass sie als Therapeutin Menschen hilft?

Innerer Patriarch: Das ist so lange in Ordnung, wie sie dabei keine führende oder verantwortliche Position einnimmt.

Begleiterin: Sie meinen, als Direktorin oder Leiterin?

Innerer Patriarch: Ja, ich möchte nicht, dass sie versucht, etwas wirklich Wichtiges zu tun. Frauen können das nicht. Ich möchte auch nicht, dass sie berühmt wird, das ist nichts für Frauen. Und falls Frauen doch berühmt werden, sollten sie den Gedanken an eine Beziehung zu einem Mann aufgeben. Schauen Sie sich doch Jane Fonda an. Sie hatte ihre kleinen beruflichen Erfolge, aber dann hat sie sich ernsthaft auf einen älteren Mann eingelassen und alles andere sausen lassen. So sollte es auch sein. Ich möchte nicht, dass Carla jemals unabhängig oder berühmt wird – ich könnte sie dann nicht mehr ausstehen. Ich könnte nicht mit ihr leben. Wenn sie zu reich und berühmt würde, gäbe es für mich keinen Platz mehr, dann würde ich mich verziehen.

Dieses Gespräch vermittelt einen allgemeinen Eindruck davon, welche Werte der Innere Patriarch vertritt und wie viel Macht er hat. Als Frauen stellen wir fest, dass seine Anschauung von der grundsätzlichen Unterlegenheit der Frau und seine geringschätzigen Kommentare unser Selbstwertgefühl und unsere Autorität untergraben. Unser Innerer Patriarch stimmt mit dem äußeren Patriarchat darin überein, dass das, was wir der Welt zu geben haben, unwichtig ist und niemand auf uns hören sollte. Carlas Innerer Patriarch ist ein ganz klassisches Exemplar. Sie können seine Bedenken heraushören, seine Urteile und seine Angst davor, die Kontrolle über ihr Verhalten zu verlieren. Sie können seinen Worten auch entnehmen, dass er seine Vorstellungen sowohl von ihrem Vater als auch von ihrer Mutter übernommen hat. Unser Innerer Patriarch ist von der Kirche und den Medien, von unseren Schulen und Freunden und mit Sicherheit nicht zuletzt auch von den Erwachsenen beeinflusst worden, deren Verhalten wir bewundern und nachahmenswert finden.

Ein »arabischer« Innerer Patriarch

Obwohl Dominique keine Araberin war, vertrat ihr Innerer Patriarch sowohl die klassischen Ansichten von Carlas Patriarchen als auch Vorstellungen, die sie als »arabisch« bezeichnete. Ihr arabischer Innerer Patriarch war ziemlich schwärmerisch, was Dominique und alles Weibliche betraf, aber er hinderte sie daran, in die Welt hinauszugehen und sich ihren eigenen Lebensunterhalt zu verdienen. Er hielt sie davon ab, unabhängig zu werden. Dominique war eine äußerst kluge, redegewandte Frau mit einer natürlichen Begabung zur Lehrerin, aber sie konnte ihre Talente nur im Dienste eines Mannes einsetzen. Ich habe diesen besonderen Inneren Patriarchen hier aufgrund seiner Redekunst und seiner sehr verführerischen Würdigung alles Weiblichen einbezogen.

> *Sidra:* Ich würde gerne wissen, was Sie von Dominiques Plänen halten, Workshops zu leiten und sich damit auf angenehme Weise ihren Lebensunterhalt zu verdienen.
> *Innerer Patriarch (schwärmerisch und sanft)*: Ich glaube, es ist ein Fehler, wenn sie in die Welt hinausgeht, um zu unterrichten. Ich befürchte, dass ihr dabei etwas ganz Kostbares verloren geht. Eine Frau muss beschützt werden. Sie gehört in ein Haus, in die Sicherheit von festen Wänden.
> Wissen Sie, eine Frau ist wie eine Blume. Ihre Essenz ist wunderschön und machtvoll, aber zerbrechlich, sehr zerbrechlich. Wenn diese Essenz behütet wird, kann sie blühen. Aber draußen in der Welt kann sie nicht blühen, dort wird die Blüte zerdrückt.
> So betrachtet ist eine Frau ein kostbares Juwel. Wenn sie in die Welt hinausgeht, kommt sie mit anderen in Berührung. Sie verliert ihre ursprüngliche Reinheit und zieht sich Kratzer zu.

Wenn eine Frau sich in die Welt hinausbegibt, wird ihr natürliches Wesen, das dem einer Göttin gleicht, besudelt. Sie wird ihre natürliche Schönheit und Reinheit verlieren und die Macht ihrer göttlichen Kräfte. In einer männlichen Welt geht ihre Sanftheit verloren. Vielleicht wird sie sogar selbst wie ein Mann.

Sidra: Was denken Sie über mich? Ich gehe hinaus in die Welt.

Innerer Patriarch (betrachtet mich traurig und ein wenig wehmütig): Es ist eine Schande, dass Sie so viel in der Welt draußen sein müssen. Sie setzen sich viel Unglück und Leid aus, wenn Sie mit Menschen arbeiten. Sie sind mit zu vielen Menschen und zu viel Schmerz in Berührung gekommen. Das ist nicht gut für eine Frau. Ich weiß nicht, wie viel strahlender, mächtiger oder schöner Sie wären, wenn man Sie stattdessen beschützt hätte.

Ich muss gestehen, dass ich nach dem Gespräch mit diesem ganz speziellen Inneren Patriarchen ziemlich in Versuchung war, meine berufliche Laufbahn aufzugeben und mich für den Rest meines Lebens von meinem Mann versorgen zu lassen. Zu Hause bleiben, sämtlichen Schwierigkeiten des Lebens draußen in der Welt aus dem Weg gehen und beschützt werden, weil ich so kostbar war – das klang ziemlich verführerisch. Aber ich konnte sehen, wie dieser Innere Patriarch Dominique lähmte. Er redete ihr ein, sie müsse zu viel aufgeben und würde ihre Weiblichkeit verlieren, wenn sie in die Welt hinausginge und dort Erfolg hätte.

Frauen, die sich anderen Frauen überlegen fühlen – Ein Vermächtnis des Inneren Patriarchen

Carlas Innerer Patriarch hält Carla nicht für besser als andere Frauen; er begegnet sämtlichen Frauen mit der gleichen Geringschätzung. Dominiques Innerer Patriarch stellt Dominique auf einen Sockel, aber das tut er mit allen Frauen. Adriannes Innerer Patriarch ist anders. Er ist typisch für den Inneren Patriarchen von Frauen, die in streng patriarchalischen Familien aufgewachsen sind. Diese Frauen lehnen die Schwäche ihrer Mutter ab und bringen anderen Frauen eine äußerst kritische Haltung entgegen, besonders wenn diese sich ihre Weiblichkeit bewahrt haben. Sie betrachten diese Frauen als schwache, unwichtige Menschen und ignorieren sie. Sie schauen sich eher bei Männern als bei Frauen nach Anweisung um. Sie schätzen die Zustimmung von Männern und ignorieren das Lob von Frauen, das sie als belanglos erachten.

Diese Reaktion von Seiten einer anderen Frau kann verwirrend sein und kommt häufiger vor, als wir uns vorstellen! Als Frau mag ich erwarten, dass Männer meine Ansichten ignorieren, bei einer »Schwester« gehe ich jedoch davon aus, dass sie mir zuhört, was jedoch nicht unbedingt immer der Fall ist.

Der Innere Patriarch, der durch eine Frau wirkt, ist noch kritischer eingestellt als der äußere Patriarch. Der äußere Patriarch residiert zumindest im Körper eines Mannes und seine Reaktion auf Frauen ist ziemlich berechenbar. Sie ist uns vertraut. Wir wissen, was wir zu erwarten haben und wie wir damit umgehen können. Wenn wir aber mit der kritischen Stimme eines Mannes im Körper einer Frau konfrontiert sind, werden die Dinge ziemlich kompliziert. Uns wird unbehaglich zu Mute, und wir haben das Gefühl, dass mit uns etwas nicht stimmt und dass nichts, was wir tun, uns die Achtung dieser Person einbringen kann.

Ich habe viele unangenehme Erfahrungen mit dieser geringschätzigen Haltung von Frauen gemacht und konnte dadurch entdecken, wie der Innere Patriarch in Frauen arbeitet. Ich bin den Frauen dankbar, die mir erlaubt haben, ihren Inneren Patriarchen zu befragen. Oft entstanden diese Interviews aufgrund des unangenehmen Gefühls, aus weiblichen Augen mit männlicher Geringschätzung betrachtet zu werden.

Eine der tief gehendsten Voice-Dialogue-Sitzungen war die mit Adriannes Innerem Patriarchen. Adrianne und ich kannten uns bereits seit einigen Jahren. Auch wenn ich sie respektierte und ihre Arbeit bewunderte, fühlte ich mich in Adriannes Gegenwart immer irgendwie unwohl. Eines Tages sprachen wir darüber. Adrianne erzählte mir, dass sie sich unsicher mit mir fühle. Ich gab zu, dass ich mich tatsächlich von ihr zurückgezogen und die emotionale Nähe zu ihr vermieden hatte. Beim Nachdenken darüber wurde mir klar, dass ich Distanz zu ihr gehalten hatte, weil ich die Anwesenheit eines äußerst mächtigen und kritischen Inneren Patriarchen spürte, wenn wir zusammen waren. Das war der Grund dafür, dass ich Adrianne nicht traute. Wir kamen gemeinsam zu dem Schluss, dass es eine gute Idee wäre, wenn ich mich mit ihrem Inneren Patriarchen unterhielte. Unser intensiver und aufrichtiger Austausch dauerte etwa eine Stunde.

Da ich in der Lage war, diesem Inneren Patriarchen mit Respekt zu begegnen und mir seine Äußerungen ruhig und sachlich anzuhören, erzählte er mir voller Freude von sich.

Er war kühl und wachsam und sah mich während der ganzen Sitzung kritisch an. Klug wie er war, schien er sowohl mein Denken als auch meine emotionalen Reaktionen abschätzend zu verfolgen. Der folgende Auszug aus unserer Voice-Dialogue-Sitzung gibt ein gutes Bild davon, wie er insgesamt auf mich reagierte.

Sidra: Es sieht so aus, als hätten Sie nicht besonders viel Respekt vor Frauen, stimmt das?
Innerer Patriarch: Ja, das ist wohl so. Ich habe keinen Respekt vor Frauen. Was mich betrifft, so kann mir keine

Frau etwas beibringen. Ich habe sie alle beobachtet, und keine ist etwas wert, besonders die weibchenhaften, femininen nicht (*schaut mich herausfordernd an*).

Sidra: (*auf das Kleid zeigend, das sie trägt*) Gehöre ich für Sie zu den weibchenhaften?

Innerer Patriarch: Ja. Sie machen sich zurecht und versuchen gut auszusehen. Sie tragen Make-up und Kleider. Für mich sehen Sie weiblich aus und damit schwach. Es ist doch völlig klar, dass die ganze Macht und das ganze Wissen bei Hal liegen und Sie sich bei ihm anlehnen. Ich will mich gar nicht weiter mit Ihnen beschäftigen, sondern will zum Eigentlichen kommen. Ich gebe mich mit Ihnen nur ab, weil ich das muss, wenn ich mit Hal arbeiten will. Er ist ein Mann, und ihn respektiere ich!

Sidra: Wäre es besser, wenn ich weniger weiblich wäre? Würden Sie mich mehr respektieren, wenn ich kein Make-up oder Röcke trüge?

Innerer Patriarch: Nein, das würde überhaupt nichts ändern. Dann wären Sie lediglich eine von diesen Frauen, die so tun, als wären sie so gut wie Männer. Das klappt sowieso nicht, wissen Sie. Sie sind eben kein Mann. Ich muss zugeben, dass ihr Unterricht in den letzten Jahren besser geworden ist. Sie sind tatsächlich ganz gut geworden. Unpersönlich und objektiv.

Sidra: Beobachten und beurteilen Sie mich, wenn ich unterrichte?

Innerer Patriarch: Natürlich. Ich bin immer da. Ich höre und beobachte alles, was Sie sagen und tun. Ich warte immer darauf, dass Ihnen ein Fehler unterläuft. Ich kann genau sehen, wann Sie gut dabei sind und wann Sie unsicher sind. Ich halte Ausschau nach Widersprüchlichkeiten, und wenn ich welche finde, verurteile ich Sie dafür. Ich warte darauf, dass Sie etwas falsch machen, sich widersprechen oder weniger gut sind als am Tag zuvor.

Ich genieße es wirklich, wenn ich Sie bei Ihren Schwächen ertappe (*spricht mit selbstzufriedener, triumphierender Stimme*).

Sidra: Ich muss also immer in allem perfekt sein?

Innerer Patriarch: Ja. Sie müssen in allem absolut perfekt sein.

Sidra: Was ist mit Hal? Beobachten Sie ihn auch?

Innerer Patriarch: Ja, das tue ich.

Sidra: Fallen Ihnen bei ihm auch Widersprüchlichkeiten auf? Verurteilen Sie ihn, wenn er nicht ganz perfekt ist?

Innerer Patriarch: Ich sehe, dass er seine Sache manchmal großartig macht und manchmal etwas neben der Spur ist. Ich kann sehen, wo er sich widerspricht und dass er immer wieder einmal etwas Wichtiges auslässt. Aber das macht gar nichts. Es ist einfach natürlich, dass jede Unterrichtsstunde etwas anders ausfällt. Er weiß, was er tut, auch wenn er nicht perfekt ist.

Sidra: Sie messen uns also mit zweierlei Maßstäben?

Innerer Patriarch: Natürlich tue ich das. Er ist ein Mann, er hat viel zu sagen und sollte das auch tun. Sie sind eine Frau, und Frauen sollten nicht unterrichten. Sie sollten zu Hause bei Ihren Kindern bleiben und nicht vor einer Gruppe stehen. Wie ich bereits sagte, ich bin nicht daran interessiert mir anzuhören, was Frauen zu sagen haben.

Es geht hier nicht um Gerechtigkeit oder Gleichberechtigung, sondern darum, aufmerksam wahrzunehmen, was geschieht. Wir Frauen müssen uns bewusst machen, wie der Innere Patriarch vorgeht. Es ist äußerst wichtig, dass wir seine Reaktionen ans Tageslicht bringen, damit wir uns offen damit auseinandersetzen können. Solange Adriannes Innerer Patriarch im Unbewussten arbeitete, zerrte er ständig an mir herum, ohne dass Adrianne oder ich davon wussten. Wir nahmen lediglich wahr, dass ein Abstand zwischen uns entstand, für den wir keine Erklärung hatten, und konnten uns bei der Arbeit keinen Respekt und kein Vertrauen entgegenbringen. Das ist überhaupt nichts Ungewöhnliches. Viele Frauen, die lieber mit Männern als mit anderen Frauen zusammenarbeiten, haben ebenso mächtige Innere Patriarchen wie Adrianne.

Als die Rolle des Inneren Patriarchen sichtbar geworden war, entstand zwischen Adrianne und mir eine Nähe, an der wir beide Freude hatten. Unser Umgang miteinander bekam etwas Selbstverständliches und wir konnten uns sachlich austauschen, auch wenn wir uns kritisierten. Zum ersten Mal genossen wir es wirklich zusammen zu sein.

Auch Männer haben Innere Patriarchen

Ja, auch Männer haben Innere Patriarchen, aber ich konzentriere mich deswegen auf die Inneren Patriarchen von Frauen in unserer Gesellschaft, weil sie im Schatten arbeiten. Wir wissen nichts von ihnen und hören nicht, was sie sagen. Sie existieren nicht in unserer Wahrnehmung und trotzdem reagieren wir auf sie. Wir befolgen ihre ausdrücklichen Befehle und hören auf ihre Meinungen, ohne zu wissen, was wir tun. Wir nehmen wohl wahr, dass wir uns manchmal ohne ersichtlichen Grund selbst ablehnen, dass wir uns an unserem spontanen Selbstausdruck hindern und uns Männern gegenüber verhalten, als seien sie uns überlegen. Zu vielen Dingen fühlen wir uns nicht berechtigt. Uns ist auch klar, dass wir Männern mehr Aufmerksamkeit schenken als Frauen und ihren Worten mehr Gewicht beimessen.

Die patriarchalische Stimme des Mannes in unserer Gesellschaft ist vernehmbarer. Der Mann agiert nicht im Schatten, sondern ziemlich sichtbar. Seine Anschauungen bilden die Grundlage für die Einstellungen, Werte und Gesetze unserer Gesellschaft, zumindest war das bis in die jüngste Zeit so.

Der Patriarch in Männern ist stolz darauf, ein Mann zu sein und beansprucht die Rechte, die damit verbunden sind. Diese Rechte beinhalten eine natürliche Autorität und eine Vorrangstellung. Der Patriarch des Mannes erwartet, dass man auf ihn hört. Er ist sich seines Wissens sicher und gewohnt, dass andere ihm Aufmerksamkeit zollen. Er geht davon aus, dass Frauen sich ihm beugen und ihm dienen; aber wenn er einer Frau begegnet, die sachlich und selbstsicher auftritt und die gleichen Eigenschaften aufweist, die er an sich und anderen Männern bewundert, kann er ihr den gleichen Respekt entgegenbringen wie Männern. Doch weder die Patriarchen von Männern noch die von Frauen sind alle gleich. Einige respektieren Frauen einfach deswegen nicht, weil sie Frauen sind.

Der Patriarch im Mann vertritt eine Reihe von Regeln, die seine Verantworung für Frauen betreffen. *Er ist der archetypische Vater. Er herrscht und er fordert Respekt, aber er schützt die Menschen auch, die in seiner Obhut sind und übernimmt die Verantwortung für ihre Sicherheit und ihr Wohlergehen.* Dafür tut er sein Möglichstes, auch wenn er dabei über seine natürlichen Grenzen gehen muss. In den Gesprächen mit diesen Patriarchen habe ich oft herausgehört, dass sie völlig erschöpft und erledigt sind von den Anforderungen, die sie aufgrund ihrer eigenen Regeln und Selbstansprüche erfüllen müssen.

Ich möchte Ihnen Gelegenheit geben, die Patriarchen von zwei völlig unterschiedlichen Männern zu hören. Der erste ist Furcht erregender und viel kritischer als der zweite, der sich wohlwollender und sachlicher äußert. Sie stellen zwei extreme Haltungen dar, die der Innere Patriarch von Männern gegenüber Frauen sowie der männlichen Verantwortung vertritt.

Stuart ist ein Mann im herkömmlichen Sinne, der in einem sehr konservativen religiösen Umfeld aufwuchs. Er ist von seiner ersten Frau geschieden und unterhält sie und die gemeinsamen Kinder. Er betrachtet sich als Menschen mit einer selbstverständlichen Autorität, der letzten Endes für alles und jeden verantwortlich ist. Stuart ist nicht glücklich mit dieser Einstellung, aber sein Patriarch als eine seiner primären inneren Stimmen (die sein Denken und Verhalten beherrschen) sagt, dass ein Mann im Leben die Verantwortung trägt. Stuart begegnet jedem Menschen, der nicht so stark und verantwortungsbewusst ist wie er, extrem kritisch. Besonders ärgerlich ist er auf Frauen. Seiner Meinung nach nutzen sie andere aus und sind zu nichts zu gebrauchen.

Stuarts Patriarch macht aus seinen Ansichten über Frauen keinen Hehl. Er sagt: »Ich mag Frauen nicht. Überhaupt nicht. Sie sind hinterlistig und nutzlos und manipulieren Stuart ständig, um ihren Willen durchzusetzen. Er ist ein Narr in ihrer Gegenwart. Anfangs versprühen sie ihren ganzen Charme und Sex, um ihn zu verführen. Sie geben sich nett, stark und selbstständig. Aber wissen Sie, was sie eigentlich wollen?« Ohne eine Antwort abzuwarten, fährt er ärgerlich fort: »In Wirklichkeit wollen sie ihn mit Haut und Haar ausnehmen. Sie wissen, dass er ein gutgläubiger Trottel ist. Sie wollen sein Geld. Sie wollen, dass er für ihren Unterhalt aufkommt. Keine will arbeiten. Sie sind alle faul.«

Dieser Patriarch legt an Stuart hohe Maßstäbe an. Er erläutert, dass Stuart stark sein muss und sich nicht beklagen darf: »Ich habe überhaupt keine Achtung vor einem Mann, der seinen Verantwortlichkeiten nicht nachkommt. Mir ist es egal, ob er krank ist. Ich will keine Entschuldigungen hören. Er hat zu tun, was man von ihm erwartet, und damit fertig. Wenn ein Mann sich nicht am Riemen reisst, bricht alles um ihn herum zusammen. Wissen

Sie, Stuarts Großvater war ein Mann, den ich bewundert habe. Ich habe viel von ihm gehört, während Stuart heranwuchs. Er war ein Pionier und brachte seine Familie in den Westen. Er arbeitete sehr, sehr hart und nahm viel auf sich, aber aufgrund seiner Tapferkeit und Stärke konnte die Familie überleben. Hätte er sich als Versager aufgeführt, wären sie alle umgekommen! Er könnte für Stuart ein Vorbild sein. Aber ich glaube nicht, dass Stuart so stark ist wie er. Sein Großvater war allem und jedem überlegen!«

Hanks Patriarch hingegen ist der Meinung, seine Aufgabe bestehe darin, Frauen zu beschützen und dafür zu sorgen, dass sie ihr Möglichstes erreichen. Auch er hält Frauen grundsätzlich für weniger stark als Männer und macht sich Gedanken um ihre Emotionalität, ihre Schwäche und ihren Mangel an Objektivität. Wenn er aber einer Frau begegnet, die sachlich ist und viel kann, ohne dabei ihre natürliche Weiblichkeit zu verlieren, respektiert er sie ebenso wie Männer. Anders als Stuarts Patriarch ist er nicht der Meinung, dass Frauen grundsätzlich nichts zustande bringen.

Hanks Patriarch spricht mit der gleichen durchdringenden Autorität wie der von Stuart. Beide fordern Aufmerksamkeit und Respekt von ihren Zuhörern. Hanks Patriarch formuliert das so: »Ich weiß, was ich weiß, und erzähle es Ihnen gerne. Sie können mich alles fragen. Aber ich warne Sie. Ich lasse mich nicht gern manipulieren und erwarte, dass Sie mir zuhören. Ehrlich gesagt bin ich nicht sehr interessiert an Ihrer Meinung, wenn Sie mit mir nicht übereinstimmen.« Er fährt fort zu erläutern, dass man Frauen nicht zuhört, weil ihnen seine Stimme fehlt, die für sie spricht. Wenn Frauen ihren Inneren Patriarchen und dessen Autorität für sich nutzen würden, statt dagegen anzukämpfen, würde man ihnen auch zuhören.

Hanks Patriarch sieht Frauen differenzierter als Stuarts Patriarch. Er geht nicht davon aus, dass sie alle zur Nutzlosigkeit verdammt sind und sieht durchaus ihre potentiellen Stärken. Er fühlt sich verantwortlich für ihre Sicherheit und ihr Wachstum.

Anders jedoch als Stuarts Patriarch hat sich sein Patriarch nicht der Idee verpflichtet, dass Hank für die Frauen in seinem Leben grundsätzlich finanziell und emotional verantwortlich ist. Auf die Frage nach seinen Ansichten über Frauen und Macht sagt er: »Ich bewundere eine Frau, die mir standhält und mit mir redet, eine Frau, die ähnlich wie ich zu ihrem Wissen steht. Ich habe keinen Respekt vor Frauen, die sich zum Opfer machen und Männer abwehren oder angreifen. Es ist für mich völlig in Ordnung, dass Frauen Macht haben. Ich kann ihnen diese Macht nicht verschaffen, sie müssen schon selbst dafür sorgen, aber ich respektiere Frauen, die Macht haben. Ich fühle mich sicherer mit einer Frau, die sachlich ist und die eine gewisse Position hat. Sie muss mir nichts beweisen, also muss sie mich auch nicht angreifen.«

Hanks Patriarch kommt besonders in Fahrt, wenn er über Moral und Sexualität spricht. Er hat entschiedene Ansichten, wenn es um die Tugend von Frauen und das Heiligtum der Ehe geht. »Ich sorge dafür, dass er monogam bleibt, wissen Sie. Wäre ich nicht da, um ihn zu bremsen, würden sich Hank und andere Männer wie er sexuell mit jeder Frau einlassen, die ihnen über den Weg läuft. Meine Regeln verhindern den Inzest. Ohne mich würden die Männer – und auch die Frauen – völlig außer Kontrolle geraten. Die Frauen sollten sich glücklich schätzen, dass es mich gibt. Ich gebe ihrem Leben Sicherheit und schütze die Familie. Das halte ich für sehr wichtig. Ich ärgere mich, wenn Frauen negativ über mich reden. Ich denke, ich setze mich sehr für sie ein.«

Aus dem, was Hanks Patriarch erzählt, wird deutlich, dass er die Frauen in seiner Umgebung bewundert und unterstützt, wenn er das Gefühl hat, dass sie ihren Anteil an der anstehenden Arbeit leisten. Er betrachtet es als seine Aufgabe, seine überlegene Stärke und seine natürliche Macht einzusetzen, um sie in ihrer weiblichen Verletzlichkeit zu beschützen und ihnen in der Welt zu Erfolg zu verhelfen. Er möchte jedoch, dass sie Frauen bleiben. Er hat keine Achtung vor Frauen, die sich zu männlich verhalten.

Im Gegensatz zu Stuarts Patriarch versichert Hanks Patriarch Frauen gerne seinen Respekt und gesteht ihnen Unabhängigkeit und Macht zu, wenn sie sich dessen als würdig erweisen.

Ich habe diese beiden Patriarchen hier vorgestellt, um Ihnen zu zeigen, welches Spektrum an Überzeugungen und Verhaltensweisen Sie erwarten kann. Kein Buch über den Inneren Patriarchen kommt an der Tatsache vorbei, dass er sowohl in Frauen als auch in Männern am Wirken ist. Von jetzt an werde ich mich jedoch hauptsächlich den Inneren Patriarchen von Frauen zuwenden. Bevor wir fortfahren, möchte ich Sie noch mit einem ganz besonderen Inneren Patriarchen bekannt machen, der mir oft bei Frauen begegnet ist, die einen spirituellen Weg eingeschlagen haben.

Der spirituell eingestellte Innere Patriarch

Die Inneren Patriarchen einiger Frauen und Männer sind hauptsächlich spirituell ausgerichtet. Für sie sind Gott und all seine Gesandten männlich. Im Reich des Heiligen haben Frauen nichts zu suchen. Aber im Weltlichen räumen sie ihnen durchaus einen Platz ein. Für diese Inneren Patriarchen sieht der richtige Weg einer wirklich reifen Frau anders aus als der der gewöhnlichen, unterlegenen Frau. Seinen Befehlen nachkommend, wendet sich diese Frau von den Dingen ab, mit denen gewöhnliche Frauen sich beschäftigen. Sie verzichtet auf Beziehungen, Sexualität, Mutterschaft, Macht und sämtliche Freuden, Schmerzen und Aufregungen, die das im Leben mit sich bringt.

Sie vermeidet die Fallgruben des weiblichen Schicksals und widmet sich einer höheren Sache. Wenn sie diesen Weg einschlägt, ist ihr Innerer Patriarch zufrieden. Wie Teresa von Avila transformiert sie ihre Sexualität und ihre Leidenschaft in Liebe für Gott. Wahrscheinlich lebt sie lange, wenn nicht für immer, abstinent.

Wenn diese Frau als Schülerin eines entsprechenden Gurus, Priesters oder Lehrers ihren Platz findet, ist ihr Innerer Patriarch zufrieden. Er unterstützt sie in ihrer bedingungslosen Hingabe an den äußeren Patriarchen, der offensichtlich immer weiß, was das Beste für sie ist. Auf diese Weise muss sie keine Verantwortung für sich und ihr Handeln übernehmen und ist vor weiblichen Fehlern gefeit. Ihr Innerer Patriarch hat das Gefühl, seine Aufgabe gut erfüllt zu haben und sowohl in dieser als auch in der nächsten Welt für ihre Sicherheit gesorgt zu haben.

Zum Mann werden, um das Patriarchat zu bekämpfen

Manche Frauen verleugnen ihre Sexualität und ihre Weiblichkeit, um den negativen Einstellungen zu Frauen und allem Weiblichen zu entkommen. Das war auch bei Gertrude der Fall. Sie wurde als brave Tochter ihres Vaters erzogen, der ein mächtiger Patriarch war. Pflichtbewusst wie sie war, heiratete sie einen Patriarchen wie ihn und wurde zur »Tochter« ihres Ehemannes.

Gertrudes Innerer Patriarch versuchte dafür zu sorgen, dass die Tatsache, als Frau geboren sein, Gertrude im Leben nicht zum Hindernis wurde. Indem er sie zu einem besseren Mann machte, konnte er sie erfolgreich davor bewahren, »nur Hausfrau« zu werden. Er bestand darauf, dass sie einen glänzenden Doktorabschluss an einer deutschen Universität machte und im Laufe der Jahre schließlich zur einzigen verbeamteten Frau der Universitätsbelegschaft wurde. Im Folgenden einige Kommentare, die er zu Gertrude abgab:

- Es hat mich immer aufgeregt, dass sie einen weiblichen Körper hat. Ich habe dafür gesorgt, dass das Frausein ihr nie zum Hindernis wurde. Als ihre Mutter ihr sagte, sie könne während der Menstruation nicht gut denken und würde durch das Examen fallen, habe ich ihr gesagt, sie solle es trotzdem machen. Ich habe sie zum Reisen bewegt und zu all den Dingen, die Männer können. Ich habe dafür gesorgt, dass sie schneller und besser ist. Selbst ihr Vater musste sie respektieren.

- Ich fühle mich mit Frauen ziemlich unwohl. Sie scheinen überhaupt keine Kontrolle über sich zu haben und sind völlig unberechenbar. Ich weiß, wie die Dinge sind und sein sollten. Wenn sie auf mich hört, tut sie, was sie zu tun hat, und alles geht gut.
- Sie gibt sich mit diesem ganzen Göttinnenkram ab, das gefällt mir nicht. Ich finde das dumm. Sie sollte keine Göttin anbeten. Gott ist ein Mann und damit fertig. Ich komme mir albern vor, wenn sie sich daran nicht hält.
- Es macht mir Angst, wenn sie kein Ziel vor Augen hat. Ich weiß dann nicht, was sie als nächstes vorhat.

Ich habe eine ganze Weile mit Gertrudes Innerem Patriarchen gesprochen. Er war faszinierend. Sobald ihm klar wurde, dass ich ihn nicht verurteilen oder vernichten wollte, wurde er spürbar weicher. Trotzdem hatte er noch große Angst vor ihrer Emotionalität und ihrer Kreativität. Er sagte: »Ich befürchte, dass sie ihren Posten verliert, wenn sie ihrer Kreativität nachgeht. Dann steht sie genauso da wie all die anderen Frauen, die albernes Zeug machen. Das ganze Ansehen und die Macht, die ich im Lauf der Jahre für sie gewonnen habe, gehen dann verloren. *Kein Mensch wird sie mehr achten, wenn sie nicht tut, was ich ihr sage; wenn sie sich nicht mehr wie ein Mann verhält, sondern anfängt, sich als Frau aufzuführen!«*

Das Problematische daran ist, dass Gertrude nicht Frau sein und ihre weiblichen Seiten auch nicht entwickeln darf. So sind ihr viele ihrer natürlichen Neigungen und Freuden verwehrt. Auch wenn sie noch so sehr die Männer imitiert, bleibt sie doch eine Frau, und diese grundlegende Tatsache wird zur Schwierigkeit.

Ich habe Ihnen jetzt einen ersten Eindruck vom Inneren Patriarchen vermittelt. Im folgenden Kapitel wollen wir uns seine Anliegen im Einzelnen anschauen und ich werde noch weitere Innere Patriarchen zitieren. Sie bekommen Gelegenheit, verschiedene Innere Patriarchen sprechen zu hören und überprüfen zu können, ob einige ihrer Äußerungen Ihnen bekannt vorkommen. Auf diese Weise stimmen Sie sich auf Ihren eigenen Inneren Patriarchen ein und lernen seine Ansichten über Frauen kennen.

Erst wenn Sie die Äußerungen des Inneren Patriarchen in diesem Kontext hören, können Sie sie ohne Schwierigkeiten losgelöst von sich betrachten. Sie als Frau sind wie ein Fisch, der in den Gewässern der herrschenden Gesellschaft schwimmt. Ein Fisch im Wasser kann seine Umgebung erst beschreiben, wenn er sie verlässt. Lesen Sie also weiter und steigen Sie aus dem Wasser, in dem wir alle geschwommen sind.

Teil II

MIT SEINEN EIGENEN WORTEN

Eine ausführliche Darstellung der Überzeugungen und Werte des Inneren Patriarchen

Der Innere Patriarch und Macht

Ich fühle mich völlig hoffnungslos, zum Scheitern verurteilt. Ich bin eine Frau; was ich auch tue, es kann nicht gelingen.

aus Irenes Traum

Bei wem gehen unsere Inneren Patriarchen in die Lehre? Unsere Mütter sind es, die unseren Inneren Patriarchen vieles von dem, was diese wissen und glauben, vermitteln, indem sie die Werte einer patriarchalischen Gesellschaft an sie weitergeben. Warum tun unsere Mütter das, wenn sie damit doch unsere Macht untergraben? Ihrer Meinung nach bringen sie uns damit bei, in der »Männerwelt« zurechtzukommen. Es ist durchaus richtig, dass diese Grundsätze manchmal hilfreich sein können; aber ebenso wichtig ist, dass wir sehen, wo sie uns behindern. Als erwachsene Frauen können wir unsere Macht zurückgewinnen oder sie überhaupt zum ersten Mal spüren, wenn wir lernen, dieser Stimme in uns zuzuhören und bewusst abzuwägen, was sie uns eingibt.

Der Innere Patriarch und Macht

Der Innere Patriarch will nicht, dass Frauen Machtpositionen einnehmen. Zu Hause mögen sie ruhig eine gewisse Macht haben, aber nicht draußen in der Welt. Seiner Meinung nach entspricht es der natürlichen Ordnung der Dinge, dass Macht den Männern vorbehalten ist. Dieser Einwand gegen weibliche Macht geht sehr tief. Es fühlt sich fast an, als sei er bis in unsere Zellen gewandert und uns einprogammiert worden. Ich frage mich manchmal, ob diese Furcht vor weiblicher Macht ihre Wurzeln in unserer Geschichte hat. Was ist denn schließlich in der Vergangenheit immer wieder mit den Frauen geschehen, die Macht hatten? Die Priesterinnen der Antike wurden wegen »Götzenanbetung« und »Heidentum« umgebracht, und die mächtigen weisen Frauen der späteren Jahrhunderte hat man als Hexen verbrannt. Diese Lektion wurde uns von der Gesellschaft und unseren Müttern in der Form vermittelt, dass Frauen, die Macht anstreben, sich in Gefahr bringen.

Der folgende Traum gibt die Beschäftigung mit dem Thema Macht wieder und zeigt uns, wie unsere Inneren Patriarchen von unseren Müttern unterrichtet werden. Die Frau, von der er stammt, ist Holländerin und Anfang vierzig. Sie ist intelligent, spricht mehrere Sprachen, ist psychologisch gebildet und kennt sich in der Welt gut aus. Sie hat in Amerika, Kanada, Afrika und Frankreich gelebt und ist bestimmt kein Mensch, der Angst hat, etwas Neues auszuprobieren!

Irenes Traum

Ich bin zu Hause bei meinen Eltern und die ganze Familie ist anwesend. Ich habe gerade die Nachricht bekommen, dass ich an einer renommierten Universität zugelassen bin.

Ich gehe ins Wohnzimmer und lasse die briefliche Benachrichtigung auf der Couch liegen. Meine Mutter sitzt auf diesem Sofa auf dem Schoß ihres Bruders. Zwei weitere Brüder stehen dicht neben ihr. Sie sagen ihr, sie sei zu nichts nütze, werde es nie zu etwas bringen und immer eine dumme Frau bleiben. Ich sehe, wie verletzt sie ist, gedemütigt und verletzt. Einen Augenblick später nimmt sie meine Nachricht in die Hand, liest sie, schaut mich an.

Jetzt verändert sich das Gesicht meiner Mutter allmählich. Ihre Augen sind kalt und völlig distanziert, als trüge sie eine steife, ganz in sich gekehrte Maske. Sie ist meine Mutter und ist es doch nicht. (Achtung: Ab jetzt spricht nicht mehr Irenes Mutter, sondern deren Innerer Patriarch.) Diese neue Mutter macht mir Angst, sie ist so kalt, so weit weg, überhaupt nicht in Kontakt mit meinen Gefühlen oder Bedürfnissen. Ich lächle sie an, um sie für mich einzunehmen, sie zu erweichen, und hoffe, dass mir das gelingt, aber sie gibt durch nichts zu erkennen, dass sie mein Lächeln auch nur bemerkt. Sie starrt mich kalt an, hält mit der rechten Hand die Nachricht hoch und fragt mich: »Was ist das für ein Unsinn?« Ich sage ihr, wie wichtig dieser Brief für mich sei, aber sie erwidert: »Das ist absolut wertlos. Ein Abschluss an einer amerikanischen Universität ist überhaupt nichts wert.«

Ich fühle mich richtig elend. Ich wünschte, sie würde mich nur einmal im Leben bei meinen Entscheidungen unterstützen oder mich bewundern. Ich frage sie, ob ich vielleicht besser eine holländische Universität besuchen solle. »Das ist unmöglich. Du bist zu alt. Vergiss es, mit zweiundvierzig Jahren studieren zu wollen.« »Was, wenn ich neunzehn wäre?« frage ich. »Neunzehn?« fragt sie zurück. »Mit neunzehn solltest du daran denken, einen Ehemann zu finden und Kinder zu bekommen!« Ich fühle mich völlig hoffnungslos, zum Scheitern verurteilt. Ich bin eine Frau; nichts, was ich tue, kann gelingen. Mir ist jedoch klar, dass der Mensch vor mir nicht nur meine Mutter ist, die ihre Tochter ablehnt. Sie ist eine verletzte Frau, die an mich nur weitergibt, was sie selbst empfangen hat. Da ich um diesen Zusammenhang weiß, fühle ich mich weniger verletzt und nicht so stark beteiligt, unabhängiger.

Ich drehe dieser Frau den Rücken zu und gehe. Eine Freundin steht hinter mir, plötzlich »stärkt« sie mir »den Rücken«, ihre rechte Hand und meine linke Hand schieben sich ineinander. Ich kenne sie aus einem Voice-Dialogue-Workshop und mag sie sehr. Dieses Zusammenschließen unserer Kräfte fühlt sich gut an. Ich danke ihr.

Dann verlasse ich das Haus und während ich gehe, entdecke ich, dass die Welt draußen nicht mehr horizontal ist, sondern sich schräg zur Seite neigt. Ich muss neu lernen, mich in dieser Welt zu bewegen.

Dieser Traum illustriert wunderbar, wie unser Innerer Patriarch von unseren Müttern unterwiesen wird. Unsere Mütter wurden durch die äußeren patriarchalischen Einstellungen einer Gesellschaft verletzt, die das Weibliche abwertete. Sie wurden gedemütigt, wenn sie Macht anstrebten und über die Ziele hinauswollten, die man ihnen zugestand. Das äußere Patriarchat (in diesem Traum durch die Brüder repräsentiert) sorgte dafür, dass sie sich ihres Ehrgeizes ebenso schämten wie ihrer Weiblichkeit. Um uns diese Demütigung zu ersparen, brachten unsere Mütter uns bei, uns selbst Grenzen zu stecken.

So kommt es, dass unsere eigenen begrenzten Erwartungen, die der Innere Patriarch für uns definiert, mit den vorgegebenen Grenzen der Gesellschaft übereinstimmen. Wir sind einverstanden mit der Ansicht, dass zu viel Macht für uns gefährlich wäre. Selbst wenn man uns heute, wo die äußeren Verhältnisse sich geändert haben, Macht überträgt, fühlen wir uns solange unwohl damit, wie unser Innerer Patriarch besorgt reagiert. Wie wir schon gesehen haben, ist Macht für ihn ein ernstes Thema, deswegen wollen wir uns einmal anhören, wie er selbst darüber spricht.

Der Innere Patriarch spricht über Frauen und Macht

Die folgenden Äußerungen stammen von den Inneren Patriarchen amerikanischer, australischer und europäischer Frauen:

- Eine richtige Frau will gar keine Macht!
- Frauen sollten keine Machtposition einnehmen, weil das gegen die natürliche Ordnung der Dinge verstößt.
- Wenn sie sich ihre Macht zu eigen macht, verhält sie sich wie ein Mann und ist keine richtige Frau mehr.
- Frauen tun so etwas einfach nicht. Nein, ich bin nicht stolz auf sie. (Über eine Frau, die ein großes, äußerst erfolgreiches Unternehmen aufgebaut hat.)
- Sie ist eine Frau und wird es niemals zu viel bringen. Es ist lächerlich, wenn sie auch nur das Geringste für sich erwartet. Im Grunde ist es besser, wenn sie gar nicht erst einen Versuch startet.
- Sie ist eine Frau. Sie sollte es gar nicht erst probieren. Sie wird sowieso auf die Nase fallen.
- Das hat sie bestimmt nur geschafft, weil sie mit jemandem ins Bett gestiegen ist.
- Ja, sie hat ein großes Unternehmen aufgebaut, aber sie ist nur eine Frau, und ich fürchte, das Ganze geht schief.
- Ganz gleich, was sie tut, sie wird nie die erste Geige spielen. Am besten gesteht sie sich das einfach ein, dann geht es ihr besser.
- Frauen bringen es geschäftlich nie zu etwas. Vielleicht können sie eine kleine Boutique aufmachen, aber da hört's dann auch schon auf.
- Sie hat einfach nur Schwein gehabt. (Über eine Frau, die beträchtlichen Erfolg in einem traditionellen Männerberuf hat.)

Der gläserne Gipfel

Der gläserne Gipfel befindet sich nicht außerhalb von uns, sondern in uns. Der Innere Patriarch bringt uns im wahrsten Sinne des Wortes zu Fall, wenn uns etwas wirklich Wichtiges gelingt. Er hat Angst, dass wir zu viel Macht gewinnen, dass wir zu dominant werden und man uns daraufhin demütigt oder wir konkreten Gefahren ausgesetzt sind.

Während einer meiner Vorträge über den Inneren Patriarchen teilte eine Frau, die im Nationalen Unternehmerverband überregional ziemlich aktiv war, die Beobachtung mit, dass bei einer jüngsten nationalen Versammlung überraschend viele Frauen mit einem gebrochenen Arm, Bein oder Knöchel gewesen seien, die sie sich bei einem Sturz zugezogen hatten. Sie stellte sich die scharfsinnige Frage, ob ihr Innerer Patriarch diese Frauen tatsächlich »zu Fall« gebracht hatte, als sie in den nationalen Vorstand aufgestiegen waren. Dies scheint mir eine sehr einleuchtende Hypothese zu sein.

Patsy Schiff, eine Anwältin und Mediatorin, äußerte sich einmal in ähnlicher Weise über die Rolle, die der Innere Patriarch bei der Untergrabung von weiblicher Macht und weiblichem Erfolg spielt, wie ich, wenn ich von einem »inneren gläsernen Gipfel« spreche. Im Folgenden gebe ich einen Auszug aus ihrer Rede wieder, die sie unter dem Titel »Innere und äußere Konflikte« am 7. Oktober 1992 vor einem Netzwerk von Frauen in Sacramento hielt:

> Das erinnert mich immer wieder an den »Inneren Patriarchen« (wie Hal und Sidra Stone ihn nennen)... Diese innere Person glaubt, dass Frauen im Grunde nichts so gut können wie Männer – so können sie zum Beispiel das Bedürfnis haben, sich an einen männlichen Chirurgen zu wenden, wenn sie eine schwierige Operation vornehmen lassen müssen. Diese innere Person kann denken,

> dass Frauen bei Verhandlungen niemals so weit kommen wie Männer, weil sie sich bei Konflikten mit Männern nicht ebenbürtig fühlen. (Und genau das ist der Grund dafür, dass sie bei Verhandlungen nicht so gut sind, wie sie sein könnten.)
> Wie weit sie es als Frau auch gebracht haben, in unserer Gesellschaft dominiert immer noch eine patriarchalische Sichtweise. (Und wie wir gesehen haben, gilt das auch für den Inneren Patriarchen von Frauen.) Eine Untersuchung über die Erfolgsquoten von Mediation in der jüngsten Ausgabe einer Fachzeitschrift hat gezeigt, dass männliche und weibliche Mediatoren gleiche Erfolgsraten aufweisen, dass aber Mediatorinnen größere, anhaltende Erfolge bei Schlichtungsverhandlungen haben. Interessanterweise waren die Mediatorinnen in der Sicht der Kunden weniger erfolgreich – selbst dann, wenn diese die Arbeit dieser Frauen für besser hielten.

Wie wir den Äußerungen der Inneren Patriarchen entnehmen können, stimmen sie mit dieser Sichtweise völlig überein. Was eine Frau auch tut, ein Mann kann oder könnte es besser. Innere Patriarchen äußern sich über Ärztinnen wie folgt:

- Haben Sie wirklich Vertrauen zu einer Ärztin? Ich nicht.
- Wahrscheinlich arbeitet sie nur halbtags und ist deswegen nicht auf dem Laufenden.
- Frauen können zwar Ärztin sein, aber sie bringen es auf diesem Gebiet nicht wirklich zu etwas.

Ich kenne viele Frauen, die ihre beruflichen Ziele nach vielen Kämpfen mit der äußeren Männerherrschaft erreicht haben, nur um dann ihrem Inneren Patriarchen gegenüberzustehen, ihrem eigenen inneren gläsernen Gipfel.

Connie, die ihren Doktor in Betriebswirtschaft, einem von Männern dominierten Fach, gemacht hat, wurde mit einer ausgezeichneten Stelle in Kambodscha belohnt, einer Arbeit, für die sie genau die richtigen Qualifikationen mitbrachte. Sie freute sich sehr darauf, die Stelle anzutreten. Ihr Innerer Patriarch jedoch war völlig unbeeindruckt. Sein Kommentar lautete: »Bist du sicher, dass du das kannst? Du bist doch nur ein Mädchen!«

Ruth, die sich ihren Weg durch das Architekturstudium gebahnt hatte, bekam während der Rezession eine Stelle, lernte, in einem Büro mit lauter patriarchalisch eingestellten Männern zurechtzukommen und wurde schließlich mit einem wichtigen Auftrag für den Entwurf eines medizinischen Ausbildungslabors in Zimbabwe belohnt. Sie war ganz aufgeregt. All die harte Arbeit hatte sich gelohnt. Ihr Innerer Patriarch aber sagte nur: »Bist du sicher, dass ein Mann für diese Stelle nicht besser geeignet wäre? Sie könnte für dich eine Nummer zu groß sein.«

Der Innere Patriarch über Macht und Beziehungen

Alma ist eine attraktive, einunddreißigjährige Frau, die als Unternehmerin erstaunlich erfolgreich ist. Sie betrachtet sich als Feministin und wurde von ihren Eltern sehr ermutigt, diese Richtung im Leben einzuschlagen. Sie ist sich ihres Inneren Patriarchen nicht bewusst. Bislang hat sie ihre ganze Kraft in ihre Arbeit gesteckt, was auf Kosten ihres persönlichen Lebens ging. Als sie begann, sich die Frage nach einer Beziehung zu stellen, befragten wir ihren Inneren Patriarchen. Wir wollten herausfinden, welches »Regelsystem zu Beziehung und Macht« er vertritt.

> *Sidra:* Offensichtlich haben Sie einige Regeln für Beziehungen aufgestellt.
>
> *Almas Innerer Patriarch:* Aber klar doch. Wenn sie eine Beziehung eingeht, erwarte ich, dass sie rechts neben dem Mann und immer einen Schritt hinter ihm geht. Sie

sollte niemals neben ihm gehen oder den Eindruck erwecken, dass sie ihm gleichgestellt ist. Männer mögen das nicht, und ich schätze es auch nicht.
Sidra: Was denken Sie über Almas beruflichen Erfolg?
Innerer Patriarch: In meinen Augen ist sie eine Versagerin. Ihr fehlt als Frau etwas ganz Entscheidendes, weil sie niemals eine Beziehung zu einem Mann hatte oder halten konnte. Nichts von dem, was sie mit ihrem Leben anfängt, beeindruckt mich auch nur im Geringsten.
Sidra: Wie würden Sie das sehen, wenn sie ein Mann wäre, der mit einunddreißig Jahren geschäftlich erfolgreich ist, ohne bislang eine gute und stabile Beziehung zu haben?
Innerer Patriarch: Das wäre etwas völlig anderes. Wenn sie ein Mann wäre, hätte sie noch viel Zeit. Aber so wie die Dinge stehen, sollte sie sich besser beeilen.
Sidra: Sie sind also in Eile?
Innerer Patriarch: Ja, das bin ich.
Sidra: Hängt das mit Ihrem Wunsch zusammen, Almas augenblickliche Beziehung möge wachsen und sich weiterentwickeln?
Innerer Patriarch: Ja, sie sollte dafür sorgen, dass das bald mal klappt.
Sidra: Oh, haben Sie sich bei den anderen auch schon eingeschaltet? Wie bei dem letzten Mann, bei dem Alma sich fragte, ob er wirklich der Richtige ist?
Innerer Patriarch: Ja. Ich bin es, der ihr sagt, sie soll sich keine Sorgen machen, es wird schon alles gut. Ich meine, wenn sie sich nur richtig anstrengt, klappt das schon. Ich bin ziemlich beunruhigt bei dem Gedanken, sie könne keine Beziehung haben.
Sidra: Und noch einmal die Frage, ob Sie sich darüber auch Sorgen machen würden, wenn sie ein Mann wäre?
Innerer Patriarch: Nein.

Sidra: Aber sie kann sich ihren Lebensunterhalt bestens verdienen. Sie kann sich selbst versorgen.
Innerer Patriarch: Das reicht nicht. Eine Frau sollte Ehefrau sein und damit basta.
Sidra: Was denken Sie über eine mögliche Mutterschaft?
Innerer Patriarch: Das ist mir nicht ganz so wichtig. Auf jeden Fall sollte sie Ehefrau werden.
Sidra: Wir haben auch über Almas Bedürftigkeit gesprochen. Wie stehen Sie dazu?
Innerer Patriarch: Sie darf ruhig etwas bedürftig sein, aber nicht so stark, dass sie an seinen Kräften zerrt. Er braucht seine ganze Energie, um die Dinge in der Welt zu erledigen.
Sidra: Sie würden also erwarten, dass sie ihn umsorgt?
Innerer Patriarch: Ja. Ich würde erwarten, dass er für sie die Nummer eins ist, dass sie ihm ein schönes, angenehmes Zuhause bereitet und gut für ihn kocht. Dass sie ihm ein Nest einrichtet, wo er sich sicher fühlt und auftanken kann, so dass er am nächsten Tag wieder in die Welt gehen und arbeiten kann.
Sidra: Ihre Arbeit wäre also unwichtig?
Innerer Patriarch: Ja. Seine Arbeit ist die wirklich wichtige.
Sidra: Was ist mit ihren Gefühlen? Sie hat lange gebraucht, um sie sich bewusst zu machen.
Innerer Patriarch: Sie kann ihm hin und wieder davon erzählen, um die Beziehung zu bereichern, aber ich möchte nicht, dass sie ihn mit ihren Gefühlen belastet. Sie sollte mit ihren Freundinnen darüber sprechen. Vor allem, wenn es ihr nicht gut geht. Dafür sind Freundinnen da. Sie hat einige gute Freundinnen, sie sollte es dabei belassen, ihre Gefühle in diesem Kreis mitzuteilen. Männer sollten nicht mit den Gefühlen einer Frau belastet werden. Sie haben Wichtigeres zu tun.

Sidra: Ich möchte noch einmal fragen, ob ihre Arbeit Ihnen wirklich nicht wichtig ist.

Innerer Patriarch: Nein, das habe ich Ihnen doch bereits gesagt. Für mich ist wichtig, dass sie eine Beziehung hat!

Ganz gleich, wie weit Alma beruflich kommt, ihr Innerer Patriarch bleibt davon unbeeindruckt. Er ist erst glücklich, wenn sie den richtigen Mann geheiratet hat. Nichts anderes kann ihn zufriedenstellen. Wenn Alma jedoch ihren erfolgreichen Beruf aufgeben und Ganztags-Ehefrau und vielleicht auch Mutter werden würde, würde ihr Innerer Patriarch allen Respekt vor ihr verlieren und sie verachten. Hier können wir wieder sehen, wie die Fallgrube des Inneren Patriarchen aussieht.

Wie Sie bereits gesehen haben, sieht der Innere Patriarch in der Macht von Frauen etwas Unnatürliches, Unweibliches, das sie daran hindert, sich auf Männer einzulassen. Für ihn ist die Formulierung, »eine weibliche Frau, die Macht hat«, ein Widerspruch in sich. Er befürchtet unter anderem, dass eine Frau, die sich ihre Macht voll aneignet, ihre Weiblichkeit verliert und Männer nicht mehr braucht oder will. Das muss aber nicht unbedingt stimmen, und in einem späteren Kapitel werde ich auf die Frage, wie wir uns unsere Weiblichkeit bewahren und uns trotzdem Macht aneignen können, noch ausführlicher eingehen. Zuerst jedoch wollen wir uns anschauen, welche Vorstellungen der Innere Patriarch in Bezug auf Beziehungen, vor allem die traditionelle Beziehung zwischen Mann und Frau, Gefühle und Regeln hat.

Der Innere Patriarch und Beziehungen

Es ist mir egal, was sie in ihrem Leben erreicht hat.
Eine Frau ohne Mann ist eine Versagerin!

Ein Innerer Patriarch

Beziehungen sind dem Inneren Patriarchen extrem wichtig! Der Erhalt und das Gelingen der Beziehung zwischen Mann und Frau ist eines seiner Hauptanliegen. *Seine Aufgabe besteht darin, heterosexuelle Beziehungen und die Ehe zu fördern und zu schützen und damit den Fortbestand der Gesellschaft zu gewährleisten.* Ich hatte Gelegenheit, mit den Inneren Patriarchen einiger lesbischer Frauen zu sprechen, und fast alle verurteilten die Homosexualität scharf. Während diese Frauen mit den manchmal panischen oder hasserfüllten Reaktionen einer patriarchalischen Gesellschaft auf die Homosexualität zu kämpfen hatten, mussten sie sich gleichzeitig mit den verletzenden Angriffen ihrer eigenen Inneren Patriarchen auseinandersetzen. Solange sie nichts von ihrem Inneren Patriarchen wussten und sich von ihm nicht lösen konnten, hielten sie seine negativen Urteile für äußere Stimmen. Wenn sie ihren Inneren Patriarchen hörten, wurde ihnen bewusst, dass sie sich nach zwei Seiten hin statt nur einer schützen mussten.

Selbst wenn ein Innerer Patriarch seine Ansichten über sämtliche anderen Aspekte des Verhaltens einer Frau geändert hat, findet er meist immer noch etwas über die Rolle von Frauen in Beziehungen zu sagen. Seine Erwartungen, Verbote, Regeln und Wertungen werden im Allgemeinen von der Mutter – nicht vom Vater – an ihre Töchter und auch an ihre Söhne weitergegeben. Die Mutter vermittelt diese Ideen nicht immer verbal; oft lebt sie sie einfach vor und führt ihr eigenes Verhalten und auch das von anderen Frauen als nachahmenswertes oder abzulehnendes Beispiel an.

Der Innere Patriarch hat entschiedene Ansichten über Beziehungen und die Rolle der Frau in Beziehungen. *Er betrachtet Beziehungen als Zuständigkeitsbereich der Frau und damit grundsätzlich als ihre Verantwortlichkeit. Er überhöht ihre Rolle in Beziehungen und rechnet es ihr als Verdienst an, wenn sie die Beziehung mit ihrem Mann und anderen Familienmitgliedern nährt und erhält.* Tatsächlich kann er ziemlich ins Schwärmen geraten, wenn er über dieses Thema spricht. In einem späteren Kapitel werde ich auf die positiven Aspekte seiner Bewunderung und beharrlichen Verfolgung dieses Anliegens eingehen. In diesem Kapitel konzentriere ich mich auf die Regeln, die er aufstellt, auf die generelle Abwertung, die das Bemühen um die Erhaltung von Beziehungen und damit ein wichtiger Lebensaspekt durch ihn erfährt, und auf die doppelten Maßstäbe, die er an Männer und Frauen anlegt.

In Gesprächen mit dem Inneren Patriarchen oder auch durch Beobachtung der vorherrschenden gesellschaftlichen Spielregeln wird deutlich, dass Beziehungen zwar als sehr wichtig gelten, aber im Vergleich mit weltlichen Leistungen weniger Wertschätzung erfahren. Die Zeit, die Frauen aufbringen, um ihre Beziehungen zu pflegen und die daraus resultierende Qualität von Beziehungen sind als Leistung grundsätzlich nicht greifbar und damit eindeutig weniger wert als »der Erfolg draußen in der Welt«.

So betrachtet wird eine Frau, die die Regeln ihres Inneren Patriarchen befolgt und viel für ihre Beziehung tut, nicht für eine Leistung bewundert, für die sie hart arbeiten musste. Sie wird für ihre bemerkenswerte Mühe mit ziemlicher Sicherheit noch nicht einmal anerkannt. Man geht davon aus, dass sie einfach für ihre Erfüllung als Frau gesorgt hat.

Interessant ist, dass ein Mann, der viel Zeit und Mühe für seine Beziehung aufbringt, dafür ebenfalls keine Anerkennung erhält. Vielleicht gilt er sogar als »unmännlich«, weil er sich auf weibliche Gebiete konzentriert, die nicht die Wichtigkeit von männlichen Zielen haben. Wir würden von einem Mann, dem es gelingt, eine wunderbare Beziehung zu führen, wohl auch kaum sagen, er habe als Mann Erfüllung gefunden.

Ich habe mit vielen Inneren Patriarchen gesprochen und möchte hier gerne einige der Äußerungen wiedergeben, die sie über Beziehungen gemacht haben. *Die grundlegende Prämisse lautet, dass eine richtige Frau in jedem Fall einen Ehemann oder zumindest eine ernsthafte Beziehung zu einem Mann haben muss.* Die folgenden Äußerungen greifen diese Grundvoraussetzung auf:

- Ich habe ihr das so oft gesagt. Eine Frau ohne Mann ist keine richtige Frau.
- Sie muss im Leben wirklich nichts anderes erreichen als zu heiraten und ihre Ehe zu erhalten. Sonst ist sie eine Versagerin.
- Ich will für sie den stärksten, mächtigsten, reichsten Mann. Jemand, der sie in der Welt beschützen kann und der von anderen Männern respektiert wird.
- Sie sollte sich auf die beste Beziehung einlassen, die zu haben ist, statt unabhängig zu bleiben.
- Sie sollte mit einem Mann verheiratet sein. Es ist eine Schande, dass sie lesbisch ist!
- Eine Frau braucht einen starken Mann an ihrer Seite.

Wenn eine Frau erst einmal eine Beziehung hat, achtet der Innere Patriarch darauf, dass sie die volle Verantwortung sowohl für die Verbindung als auch für den Mann übernimmt. Das kann manchmal so aussehen: Jane und Joe, ein verheiratetes Paar, begegnen sich nach einem langen Arbeitstag zu Hause. Joe ist distanziert und kühl, offensichtlich stört ihn etwas. Janes Innerer Patriarch beginnt sofort, ihr die Ereignisse des Morgens und der vergangenen

Nacht vor Augen zu führen, um zu überprüfen, ob sie mit Joe etwas falsch gemacht hat. Sie muss für seine schlechte Laune verantwortlich sein. Ihr Innerer Patriarch fragt sie: »Hast du irgendetwas Unpassendes gesagt?« »Warst du beim Frühstück liebevoll genug?« Er fährt fort mit Beobachtungen wie: »Du weißt ja, dass du letzte Nacht zu müde warst, um mit ihm zu schlafen. Wahrscheinlich ist er ärgerlich auf dich.« Wenn der Innere Patriarch sein Kreuzverhör beendet hat, fühlt sich Jane wahrscheinlich so schuldig, dass sie auf Joe nicht mehr spontan zugehen kann. Sie kann ihm keine Partnerin sein.

Sollte aber Jane beim Nachhausekommen distanziert und verärgert sein, sieht die Situation wahrscheinlich völlig anders aus. Joe, der keinen Inneren Patriarchen hat, der ihn für Janes Stimmungen verantwortlich macht, nimmt an, dass bei der Arbeit etwas schief gelaufen ist und fragt sie gleich danach. Da sein Innerer Patriarch ihm nicht die Schuld an Janes Verfassung gibt, kann er sich sachlicher verhalten. Interessant ist, dass er Jane ohne die Bürde der Verantwortung für ihr Verhalten viel besser partnerschaftlich begegnen kann.

Wie der Innere Patriarch vorgeht, wenn er Frauen für ihren Mann und die Beziehung verantwortlich macht, wird in den folgenden Äußerungen deutlich:

- Wenn in einer Beziehung etwas falsch läuft, ist das meiner Meinung nach immer der Fehler der Frau. Es ist ihr Problem. Ich stelle ihr dann Fragen wie: »Was enthältst du deinem Mann vor, dass er so unglücklich ist (oder dich schlägt)? Was könntest du besser machen?«
- Wenn dein Mann nicht sexuell erregt wird, musst du etwas falsch machen. Es ist deine Aufgabe, dafür zu sorgen, dass er seine Sexualität wieder genießen kann.
- Ein Mann braucht sexuelle Befriedigung. Wenn eine Frau ihren Mann nicht sexuell begehrt, hat er meiner Meinung nach das Recht, sich mit einer anderen einzulassen.

- Wenn die Beziehung nicht gut läuft oder auf eine Scheidung zusteuert, versuche ich herauszufinden, was sie falsch gemacht hat oder was sie tun könnte, damit die Dinge wieder ins Lot kommen.
- In einer Gruppe von Menschen schaue ich mir die Männer an. Sehen sie glücklich und gesund aus, denke ich, sie haben bestimmt gute Frauen. Wenn sie schlecht aussehen, weiß ich, dass die Frau dahinter steckt. Sie erfüllt ihre Aufgabe nicht. Ich werfe es Frauen vor, wenn ihr Mann kränkelt oder unglücklich ist.
- Die Lebensqualität hängt von der Frau ab.

Der Innere Patriarch weiß genau, wie wir einen Mann umsorgen können, wenn wir ihn erst einmal haben! Hier einige seiner Regeln, die ich sowohl in Amerika als auch in anderen Ländern zu hören bekommen habe:

- Die Frau ist da, um den Mann zu umsorgen.
- Eine Frau darf nicht besser sein als ihr Mann, sonst verlässt er sie.
- Das Denken überlassen Sie besser Ihrem Mann. Selbst wenn Sie gute Ideen haben, sollten Sie dafür sorgen, dass es so aussieht, als kämen sie von ihm.
- Ganz gleich, was Sie beide in der Welt draußen tun, Sie als Frau sind verantwortlich für Ihr Zuhause, für Essen, Sauberkeit und häusliche Atmosphäre. Das gilt auch dann, wenn Sie arbeiten gehen und er zu Hause bleibt.
- Eine gute Frau ist sexuell immer verfügbar und empfänglich, stellt aber niemals sexuelle Forderungen.
- Sie müssen immer vor Ihrem Mann zu Hause sein, wie wichtig Ihre Arbeit auch sein mag. Am besten, es sieht so aus, als seien Sie nie fort gewesen.
- Eine gute Frau hält Haus und Finanzen in Ordnung.
- Ihre wichtigste Aufgabe ist, dafür zu sorgen, dass Ihr Mann

gut dasteht! Das erreichen Sie, indem Sie selbst einen guten Eindruck machen, Ihre Kinder gut erziehen oder Ihr Zuhause mit seinem Geld schön einrichten.
- Schauen Sie immer zu Ihrem Mann auf und schätzen Sie seine Meinung höher als Ihre eigene. Sie müssen wissen, dass er klüger ist als Sie und mehr Erfahrung hat.
- Eine richtige Frau weiß, wie sie für andere da sein kann.
- Die Frau muss sich den Bedürfnissen ihres Mannes unterordnen.
- Eine gute Frau plant niemals etwas, was ihrem Mann unangenehm wäre.
- Achten Sie immer darauf, dass er schon schläft, bevor Sie einschlafen.
- Eine gute Frau verhält sich ihrem Mann gegenüber nur zu Hause verführerisch, aber niemals in der Öffentlichkeit.
- Eine Frau sollte zu Hause sein, wenn ihr Mann da ist.

Der Innere Patriarch beschreibt die ideale Ehe

Das folgende Gespräch führte ich mit dem Inneren Patriarchen einer jungen, intelligenten, attraktiven Frau, die verheiratet war. Annie studierte an der Hochschule Psychologie.

> *Sidra:* Erzählen Sie mir bitte, wie Sie sich für Annie und ihren Mann die ideale Ehe vorstellen.
>
> *Annies Innerer Patriarch:* Ich möchte, dass Annie weiblich ist. Sie sollte im Hintergrund wirken und ihr Mann im Vordergrund stehen (bewegt sich im Raum, um die Positionen zu zeigen). Ich mag es, wenn er zwischen ihr und der Welt steht. Ich möchte nicht, dass sie in der Welt allein dasteht, und schon gar nicht sollte sie ihrem Mann voraus sein. So ist es sicherer und angenehmer.

Oder besser, so ist es richtig. So sollte es sein, und ich möchte, dass sie sich richtig verhält.

Sidra: Was meinen Sie mit »richtig«?

Innerer Patriarch: Ich weiß, dass sie klüger ist als ihr Mann, und ich muss sagen, dass ich deswegen auf ihn herabsehe, aber trotzdem muss sie den Eindruck erwecken, weniger wichtig zu sein als er.

Sidra: Wie bewerkstelligen Sie das?

Innerer Patriarch: Mir gefällt zum Beispiel nicht, dass sie die Finanzen übernehmen muss, aber ich sorge dafür, dass es so aussieht, als träfe er sämtliche Entscheidungen. Wenn also etwas schief geht und zum Beispiel ein Scheck nicht eingelöst wird, kann ich ihn dafür verantwortlich machen. Es war seine Entscheidung.

Grundsätzlich habe ich es gern, wenn er sämtliche Entscheidungen trifft. Sie macht sich zu viele Sorgen um die Meinung anderer Leute. So aber fällt, wenn jemand missbilligt, was sie tut, die ganze Schuld auf ihren Mann und er muss die Suppe auslöffeln. Sie kommt ungeschoren davon. Wenn sie stärker wäre und nicht so sehr auf die Meinung der Leute angewiesen, würde ich ihr erlauben, Entscheidungen zu treffen.

Sidra: Wer hat Ihnen das alles beigebracht?

Innerer Patriarch: Ihre Schwester. Ihre Mutter war eher ein männlicher Typ, sehr kritisch eingestellt und sehr unweiblich. Ihre Schwester war ein gutes Vorbild, sie wusste sich als Frau zu verhalten. Also sagte ich zu ihr: »Nimm dir ein Beispiel an deiner Schwester und lass dir von ihr zeigen, was es heißt, eine Frau zu sein. Ich weiß, was gut geht und was Männer mögen, höre also auf mich und ich sorge dafür, dass du dich sicher fühlen kannst. Ich weiß wirklich, wie es in dieser Welt zugeht.« Ihre Mutter wusste es nicht, und diese Feministinnen wissen es auch nicht.

Sidra: Sie mögen also Feministinnen nicht?

Innerer Patriarch: Ich muss sagen, in gewisser Weise bewundere ich die Feministinnen und denke, dass sie gute Arbeit leisten, was Gewalt gegen Frauen betrifft. Sie wissen aber nicht, was es heißt, eine richtige Frau zu sein, und ich denke, dass sie viele Frauen in große Schwierigkeiten bringen.

Annie war eine sehr feminine Frau, die in ihrer Rolle als Ehefrau aufblühte. Sie genoss es, von ihrem Mann beschützt zu werden, sellbst wenn ihr klar war, dass vieles daran eher Illusion als Wirklichkeit war. Annies Mann war nicht so gebildet wie sie und ließ sich leicht beeinflussen. Er war nicht so männlich wie ihr Innerer Patriarch und deswegen hatte dieser den Respekt vor ihm verloren.

Ein Mann soll ein Mann sein

Wie Sie sicher schon bemerkt haben, ist der Innere Patriarch an der Gleichberechtigung der Geschlechter nicht besonders interessiert. Er weiß genau, wie Frauen sich in Beziehungen verhalten sollten und wie ein richtiger Mann zu sein hat. Er sollte im herkömmlichen Sinne männlich sein und sich an die traditionelle männliche Rolle halten. Er sollte Macht und Durchsetzungsvermögen haben, dominant, rational und im Grunde für alles verantwortlich sein. Ein Mann sollte ein Mann sein und sich nicht wie ein Schwächling aufführen.

In dem Maße, wie die Geschlechterrollen nicht mehr eindeutig feststehen, sind Beziehungen sowohl für Männer als auch für Frauen verwirrend geworden. Die meisten heutigen Frauen wünschen sich von Männern eine gewisse Empfindsamkeit sowie Vertrautheit mit den eigenen Gefühlen. Sie möchten, dass ein

Mann weiß, was er fühlt und es zum Ausdruck bringen kann. Es ist wunderbar, sich auf tieferen gefühlsmäßigen und geistigen Ebenen austauschen zu können; es ist großartig, wenn ein Mann mit seinem Schmerz in Berührung ist und weinen kann. Das alles ist gut und schön, aber der Innere Patriarch der Frauen, die diese Wünsche haben, möchte, dass ihre Männer Männer sind. Er hat keinen Respekt vor einem Mann, der intensive Gefühle hat, und kann Männertränen nicht ertragen!

Wenn also eine Frau genau den empfindsamen Mann bekommt, der in Kontakt mit seinen Gefühlen ist, reagiert ihr Innerer Patriarch entsetzt. Wenn der Mann Schmerz empfindet, hilflos ist oder weint, schreckt die Frau zurück. Das ist ein Schock für sie; und für den Mann, der mit ihrer Ermutigung so hart daran gearbeitet hat, mit seinen Gefühlen in Berührung zu kommen, fühlt sich ihr Verhalten an wie Verrat. Zu diesem Zeitpunkt unserer Geschichte ist der Innere Patriarch die Quelle für viele Doppelbotschaften in Beziehungen zwischen Männern und Frauen. Im Grunde handelt es sich hier aber gar nicht um doppelte Botschaften, sondern darum, dass zwei verschiedene innere Personen gleichzeitig am Werke sind. Die eine ist die liebevolle Frau, die den Mann unterstützt, die andere der Innere Patriarch. Jede der beiden hat eine klare Botschaft zu vermitteln. Nur widersprechen die beiden sich zufällig!

Die Rolle des Inneren Patriarchen in Beziehungen

Deutlich wird, dass der Innere Patriarch sich für Beziehungen sehr einsetzt. Er bemüht sich, Ratschläge zu geben, die wirklich weiterhelfen. Er äußert sich sehr kritisch, wenn Beziehungen scheitern. *Die meisten Inneren Patriarchen finden eine Scheidung unverzeihlich.* Ich habe mit den Inneren Patriarchen von Frauen gesprochen, deren Scheidung bis zu fünfundzwanzig Jahre her ist, und deren Innere Patriarchen immer noch ärgerlich auf die Frauen sind. Sie sagen: »Ich werde ihr nie verzeihen, dass sie ihre Ehe ruinierte.« Der Innere Patriarch sieht die Dinge meistens auch dann so, wenn die Frau in ihrer Ehe misshandelt wurde oder die Scheidung, objektiv betrachtet, gut verlaufen ist. Ich habe diese Meinung selbst in Fällen gehört, wo die Ehe nur kurz war und keine Kinder daraus hervorgingen, oder wo beide Partner wieder geheiratet haben und schon seit einiger Zeit in einer glücklichen neuen Familie leben, in der sich auch die Kinder wohl fühlen.

Ein wichtiger Aspekt jeder Partnerbeziehung ist Sexualität. Die Ansichten des Inneren Patriarchen über Sexualität beeinflussen unser Leben und unsere Beziehungen so stark, dass ich sie hier nicht einbezogen, sondern ihnen das ganze nächste Kapitel gewidmet habe.

Der Innere Patriarch und Sexualität

Ich träumte, dass ich in einem schönen Palast, der aussah wie der von Versailles, einen wunderbaren dionysischen Tanz tanzte. Ich fühlte mich glücklich und frei. Dann kamen auf Befehl irgendeines Mannes von oben die Krankenschwestern und steckten mich in einen Rollstuhl, in dem ich sitzen bleiben musste. Ich konnte nicht mehr tanzen.

aus Claires Traum

Dieser Traum stammt von Claire, einer sehr erfolgreichen Anwältin, aber es könnte der Traum jeder Frau mit einem starken Inneren Patriarchen sein. Wieder sind es hier Frauen, die die Botschaft des Inneren Patriarchen übermitteln. Die Krankenschwestern, nicht die Ärzte, stecken Claire in den Rollstuhl und hindern sie damit an ihrer übersprudelnden Weiblichkeit und natürlich auch an ihrer Sexualität.

Als ich Claires Inneren Patriarchen dazu befragte, sagte er, er wolle nicht, dass sie sich sexuell aufreizend verhalte. Es sei ihr bestimmt, Anwältin zu sein und ihre Sexualität unter Kontrolle zu halten. Er wollte nicht, dass sie von ihrem Weg abgelenkt wird, sie sollte ihrer Bestimmung folgen. In Wirklichkeit war Claires Innerer Patriarch voll Angst und Schrecken vor ihrer Sexualität. Seit sie ein kleines Mädchen war, hat er alles nur Mögliche getan, um ihre Sexualität zu unterdrücken.

Wie sieht der Innere Patriarch die Sexualität von Frauen?

Claires Innerer Patriarch hatte seine eigenen speziellen Gründe dafür, dass er ihre Sexualität kontrollierte. Er sprach von ihrer Bestimmung. Aber darunter verbirgt sich sein Unbehagen. Und damit ist er nicht allein. *Fast jeder Innere Patriarch, dem ich zugehört habe, fühlt sich extrem unwohl mit der weiblichen Sexualität.* Grundsätzlich wollen die Inneren Patriarchen nicht, dass Frauen sexuelle Wesen sind, es sei denn, im Dienste von Männern. Die Inneren Patriarchen empfinden die Sexualität von Frauen als aufdringlich und abstoßend. Auf genauere Fragen hin sagen die meisten, sie fänden die weibliche Sexualität schrecklich. Oft empfinden sie die Männer als hilflose Opfer der Sexualität der Frau.

Wenn eine Frau sich verführerisch verhält, ist der Mann gezwungen, darauf einzugehen, es sei denn, er ist ein Heiliger, und die sind heutzutage verdammt selten. Diese männliche Hilflosigkeit angesichts der erotischen Ausstrahlung einer Frau ist ein zeitloses Thema, das in dem klassischen griechischen Werk der Odyssee eindringlich dargestellt wird. In zwei Episoden wird die sexuelle Anziehungskraft von Frauen als gefährlich vorgeführt. Da gibt es zunächst einmal die Geschichte von Circe, der schönen Zauberin, die Odysseus' Männer umgarnte und sie dann, als sie an ihrer Tafel saßen, alle in Schweine verwandelte. Die zweite Geschichte handelt von den Sirenen, die so unwiderstehlich schön sangen, dass sie die Seeleute der vorbeiziehenden Schiffe anlockten. Wenn die Männer ihren Kurs änderten und in die Richtung fuhren, aus der die Gesänge kamen, prallten ihre Schiffe gegen verborgene Felsen und alle an Bord mussten ihr Leben lassen. Die Sexualität einer Frau, ihr Sirenengesang, ist tatsächlich etwas Mächtiges und Gefährliches!

Über diese Gefährlichkeit bekommen wir aber vom Inneren Patriarchen im Allgemeinen nichts zu hören. Die meisten Inneren Patriarchen, denen ich begegnet bin, äußern sich vor allem negativ über die Sexualität von Frauen. Sie machen keinen Hehl aus ihrer abschätzigen Meinung über weibliche Sexualität und deren dienende Rolle:

- Die Sexualität von Frauen ist ekelhaft!
- Ihre Sexualität macht sie zum Flittchen.
- Ihre Sexualität ist völlig unwichtig, es sei denn, sie erregt damit einen Mann.
- Wenn sie einen Mann erregt, muss sie ihn auch befriedigen.
- Sie muss sexuell erregt sein, denn das hat ihr Mann gerne.
- Wenn sie hübsch und sexy ist, sollte sie besser den Mund halten.
- Sie hat den Mann geradezu aufgefordert, sie sexuell zu missbrauchen. Es war ihr Fehler, und das wird ihr immer nachhängen.
- Mit ihrer Sexualität und ihren sexuellen Bedürfnissen macht sie sich lächerlich.
- Das ist nun einmal so bei Männern. Wenn eine Frau sich wie eine Hure aufführt, reagieren sie natürlich sexuell aggressiv.
- Jeder Mann, der sagt, dass Sex in Beziehungen nicht so wichtig sei, lügt. Denk also daran, du musst dich ihm zuliebe sexuell geben, aber niemals, um nur deinen eigenen Spaß zu haben.
- Mit ihren sexuellen Bedürfnissen entzieht die Frau dem Mann Lebensenergie. Deswegen müssen Sportler abstinent leben, bevor sie in den Wettkampf gehen.
- Frauen müssen ihren kulturellen Führern oder Gurus sexuelle Kräfte zufließen lassen. Das ist ihre Pflicht und eine Ehre für sie.

Nicht alle Inneren Patriarchen sind gleich

Denken Sie bitte daran, dass nicht alle Inneren Patriarchen gleich sind! Einige äußern sich in bestimmten Bereichen entschieden negativer als andere. Die oben zitierten Äußerungen vermitteln also keinen allgemein gültigen Eindruck von ihren Werten. Viele dieser Sichtweisen sind in unserer Gesellschaft so selbstverständlich, dass sie uns ganz normal und vernünftig erscheinen. Nehmen wir zum Beispiel den Ekel vor Menstruationsblut. Eine blutende Wunde finden wir nicht ekelhaft. Sie erscheint uns vielleicht beängstigend oder unangenehm, aber nicht abstoßend. Das Menstruationsblut hingegen ist für die meisten Frauen eine Quelle von Scham und Ekel.

Ich erinnere mich, wie ich einmal mit lauter Frauen zusammen war, die alle nach Luft schnappten, als Danielle uns etwas erzählte, was sie als einen Akt der Anerkennung ihrer Weiblichkeit betrachtete. Sie sagte zu uns, dass sie sich ihrer monatlichen Blutung immer heftig geschämt habe. Ihre Mutter hatte ihr eingeredet, dieses Blut und ihre Sexualität seien etwas Ekelhaftes, das Danielle verstecken müsse. Als Danielle älter wurde, beschloss sie, sich selbst mehr zu akzeptieren. Sie wollte sich vor allem von den Verletzungen und der Scham im sexuellen Bereich heilen. Sie informierte sich über Sexualität und Menstruation in anderen Kulturen und eines Tages, als sie zur Zeit des Vollmonds menstruierte, ging sie hinaus in den Wald und ließ ihr Blut in die Erde fließen. Anschließend fühlte sie sich befreit und als ganzer Mensch. Sie empfand keine Scham mehr.

Die Inneren Patriarchen in unserer Gruppe waren entsetzt und schnappten nach Luft, auch wenn wir als Frauen uns damit »politisch« auf keinen Fall »richtig« verhielten. Als wir uns dann zögernd umschauten und sahen, dass im Zimmer nur Frauen anwesend waren, waren wir erleichtert und aufgeregt. Dieses Gefühl wuchs, bis schließlich eine von uns Danielle ein paar zustimmende Worte zurief. Da klatschte die Gruppe spontan heftig Beifall und brach in Jubelrufe aus.

Es war, als hätte Danielle für uns alle gehandelt, als sie sich mit ihrer Menstruation versöhnte. Für mich fühlte es sich an, als hätten die Inneren Patriarchen der Frauen in dieser Gruppe ihren kollektiven Zugriff auf diesen speziellen Aspekt weiblicher Sexualität gelockert, zumindest für einen Augenblick. Eine schwere, alt vertraute Last war von uns genommen, und eine Woge von Kraft erfasste die Gruppe. Plötzlich waren wir an eine großartige Machtquelle angeschlossen, konnten die neu gewonnenen Kräfte mit Männern teilen und in unsere Partnerschaften einbringen. Das fühlte sich völlig anders an als die übliche Botschaft unserer Inneren Patriarchen, unsere Sexualität sei eine Zeitbombe, die nur darauf wartete hochzugehen und großen Schaden anzurichten, oder müsse als etwas betrachtet werden, dessen wir uns zu schämen hätten und das uns zu Menschen zweiter Klasse machte.

Das also war geschehen!

Sumie wandte sich an mich, nachdem sie einen meiner Vorträge über den Inneren Patriarchen gehört hatte. Sie sagte, ihr wäre gerade klar geworden, was ihr vor siebzehn Jahren passierte. Dieses Erlebnis hatte sie wirklich verwirrt und durch meine Beschreibung des Inneren Patriarchen hatte sich das Geheimnis für sie gelüftet. Jetzt ergab das, was damals geschehen war, einen Sinn. Sie konnte sehen, dass ihr Innerer Patriarch zu der Zeit aus dem Schattenreich getreten war, das Kommando übernommen und seine Empfindungen mit Nachdruck zu erkennen gegeben hatte. Damals war Sumie Anhängerin eines indischen Gurus gewesen, der sich für den ekstatischen Ausdruck der eigenen Persönlichkeit aussprach. Sie nahm an einer der heftigsten Encounter-Gruppen teil, die von einem der Star-Therapeuten geleitet wurde. Die Gruppe kam in einer der »Therapie-Kammern« zusammen und die Teilnehmerinnen und Teilnehmer waren nur mit »Lunghis« bekleidet, schmalen Stoffbahnen, die um den Körper gewickelt wurden.

Eines der Mädchen in der Gruppe begann, sich höchst sinnlich aufzuführen. Sie bewegte sich wie eine Schlange und wand sich um den Gruppenleiter; sie schnurrte wie eine Katze; sie legte ihren Kopf auf sein Knie und genoss das alles offensichtlich sehr. Der Gruppenleiter streichelte ihr Haar.

Sumie stellte fest, dass sie immer wütender wurde. Auf dem Höhepunkt ihres Ärgers stand sie auf, zog ihren eigenen Lunghi aus und deckte diese »Schlange« damit zu. Sumie war jetzt völlig unbekleidet. Sie war selbst überrascht über sich, denn eigentlich war es ihr äußerst unangenehm, vor anderen nackt zu sein. In dieser Situation war ihr jedoch das eigene Gefühl von Peinlichkeit weniger wichtig als die unverhüllte Sexualität der »Schlange« zu verbergen. Erst jetzt, siebzehn Jahre später, wurde Sumie klar, dass ihr Innerer Patriarch es war, der das Verhalten dieses Mädchens nicht ertragen konnte. Sumie befolgte seine Befehle, so wie auch die Krankenschwestern in dem oben beschriebenen Traum den Anweisungen von Claires Innerem Patriarchen nachgekommen waren.

Der Gruppenleiter erkannte, dass dieses sinnliche Mädchen eine Seite in Sumie ansprach, die diese verleugnete, und schlug ihr vor, ihre eigene »Schlange« neu für sich zu entdecken. Sie folgte seinem Rat und begann wie eine (orientalische) Bauchtänzerin zu tanzen. Allmählich begann sie das Tanzen zu genießen und konnte zulassen, dass die schlangenähnlichen Bewegungen ihren ganzen Körper erfassten. Doch obwohl sie es in dieser Tanzart später sehr weit brachte und tatsächlich Tanzlehrerin wurde, war ihre Freude daran nie ungetrübt. Die äußere Form war korrekt und ihr Tanz sah gut aus, aber er war inhaltsleer. Was sie auch tat, um ihre Einstellung zu ändern, sie behielt das unterschwellige Gefühl, dass es nicht richtig sei, so zu tanzen.

Jetzt, viele Jahre später, wurde alles klar. Sumies Verhalten hatte sich geändert, aber ihr Innerer Patriarch war an diesem

Prozess nicht beteiligt worden. Er arbeitete weiter in ihrem Unbewussten und hörte nie auf, ihr zu sagen, dass sie sich schämen solle, so zu tanzen und dass es für eine Frau völlig unpassend sei, sich so zu bewegen. Wie viele andere Innere Patriarchen, denen ich begegnet bin, konnte auch dieser die weibliche Sexualität nicht akzeptieren.

Monate später hatte ich Gelegenheit, mit Sumies Innerem Patriarchen zu sprechen, und dabei sagte er Folgendes:

Sidra: Offensichtlich löst Sumies orientalischer Tanz bei Ihnen bestimmte Empfindungen aus. Welche?
Innerer Patriarch: Ihre Bewegungen bei diesem Tanz sind höchst abstoßend, und ich mag es überhaupt nicht, wenn sie tanzt. Ich wünschte, ich könnte das unterbinden. Sie ist zu alt dafür.
Sidra: Und wenn sie jünger wäre?
Innerer Patriarch: Dann würde mir das auch nicht gefallen. Eine anständige Frau sollte sich nicht so aufführen. Das ist zu aufreizend (*rümpft seine Nase, als ob er etwas Scheußliches riecht*).
Sidra: Was denken Sie über Sumie und ihre Sexualität?
Innerer Patriarch: Offen gesagt, halte ich ihre Sexualität für etwas Ekelhaftes, und je weniger darüber gesagt wird, desto besser. Ich finde ihren Körper ekelhaft und das gilt auch für ihre Ausscheidungen und ihren Geruch. Es macht mich krank, nur daran zu denken, ich müsste irgendetwas mit dem »da unten« (*zeigt auf ihren Unterleib*) zu tun haben. Und wenn wir schon einmal dabei sind, mir gefällt die Tatsache nicht, dass sie Sex braucht. Sie sollte sich schämen dafür, und ich bin glücklich sagen zu können, dass sie das auch tut! Wenn es nach mir ginge, würde sie abstinent leben. Die einzigen Frauen, die ich bewundere, sind die, die überhaupt kein Interesse an Sex haben. Das halte ich für viel reizvoller. Ich stimme mit

ihrem Mann überein. Ich glaube nicht, dass Sex wichtig ist, und denke, sie sollte ihn damit in Ruhe lassen. Ich finde es demütigend, wenn sie auf ihn zugeht, obwohl er gar nicht interessiert ist. In meinen Augen führt sie sich wie eine Nutte auf.

Sidra: Inwiefern führt sie sich wie eine Nutte auf?

Innerer Patriarch: Erstens ist sie zu offensiv, wenn es um Sex mit ihrem Mann geht. Das ist einfach nicht richtig. Der Mann sollte immer den ersten Schritt tun. Es ist nicht gut, überhaupt nicht gut, wenn eine Frau sexuelle Bedürfnisse hat und den ersten Schritt unternimmt. Außerdem zieht sie sich wie eine Nutte an. Mir missfallen leuchtende Farben, weiche und fließende Stoffe und alles, womit sie die Aufmerksamkeit auf sich zieht. Ich hätte lieber, dass sie Hosen trägt, schlichte Farben und gut sitzende, eher männliche Kleidungsstücke. Sie sollte ihr Haar kurz und schlicht tragen. Nichts Provozierendes. Sie sollte auf keinen Fall auffallen. Niemand sollte jemals denken können, dass sie ein Mensch mit sexuellen Bedürfnissen ist.

Sidra: Sie denken also, Sumie wäre besser dran, wenn sie mit Sex überhaupt nichts zu tun hätte?

Innerer Patriarch: Unbedingt.

Sidra: Würden Sie genauso empfinden, wenn sie ein Mann wäre? Denken Sie, ein Mann wäre besser dran, wenn er mit Sex nichts im Sinn hätte?

Innerer Patriarch: Ein Mann ist anders gebaut. Für einen Mann ist es völlig in Ordnung, wenn er an Sex denkt.

Die heftigen negativen Gefühle und harten Urteile, die Sumies Innerer Patriarch äußert, sind nichts Ungewöhnliches. Ich habe viele ähnliche Kommentare zu hören bekommen. Dabei wird deutlich, wie der Innere Patriarch Sumie mit seinen demütigenden Kommentaren Scham einflößt und sie daran hindert, ihre eigene Sexualität und Sinnlichkeit zu genießen. Diese Scham ist für sehr viele Frauen äußerst schmerzlich. Für Männer hingegen ist Sexualität erlaubt und sie werden darin sogar ermutigt.

Dies könnte ein guter Zeitpunkt sein, über die Einstellungen Ihres eigenen Inneren Patriarchen zu Sexualität nachzudenken. Achten Sie darauf, ob auch Ihr Patriarch doppelte Maßstäbe anlegt. Fragen Sie sich einmal, wie seine Kommentare lauten würden, wenn sie sich auf einen Mann bezögen statt auf eine Frau. Es ist faszinierend zu beobachten, wie anders der Innere Patriarch über die männliche Sexualität denkt.

Der Unterschied zwischen weiblicher und männlicher Sexualität

Wie Sumies Patriarch, *messen auch die meisten anderen Inneren Patriarchen weibliche und männliche Sexualität mit zweierlei Maßstäben.* Die Sexualität eines Mannes betrachten sie als Zeichen für seine Macht. Je sexueller er ist, desto potenter, männlicher oder mächtiger ist er in den Augen anderer. Die Bedürfnisse einer Frau nach sexuellem Kontakt hingegen gelten als problematisch. Sie können alle möglichen Schwierigkeiten und schwere Demütigungen nach sich ziehen.

Nans Vater, ein streng patriarchalischer Mann, ermutigte seine Söhne, als sie in der Pubertät erste Anzeichen von sexuellem Interesse zeigten. Für ihn war das ein Zeichen dafür, dass sie Männer wurden. Bei Nan hingegen reagierte er völlig anders. Nan war bis zur Pubertät Vatis Liebling gewesen. Sie machten alles zusammen. Sie arbeiteten gemeinsam auf der Farm und er liebte es, stundenlang mit ihr zu reden.

Als Nan zur Frau heranwuchs und auf eine weibliche Weise anziehend wurde, zog ihr Vater sich von ihr zurück, als sei er entsetzt über ihre Entwicklung. Er gab in ihrer Gegenwart

Kommentare zu ihrer aufkeimenden Sexualität ab und ließ sie wissen, dass er sie abstoßend fand. Seine heftigen Reaktionen auf ihre sprießende Weiblichkeit – und, wie wir annehmen können, sein Erschrecken über seine eigenen sexuellen Reaktionen auf sie – führten dazu, dass Nan ihre eigenen sexuellen Gefühle total verleugnete. Nans Innerer Patriarch übernahm den Ekel ihres Vaters und richtete ihn gegen sie, ihren Körper und ihre Sexualität. Das Sicherste war zu verleugnen, dass sie überhaupt ein sexueller Mensch war. Als sie älter wurde, war sie nicht imstande, die geringsten lustvollen körperlichen Empfindungen zu verspüren.

Als ich viele Jahre später mit ihrem Inneren Patriarchen sprach, kamen Nan seine harten Urteile über ihre Weiblichkeit zum ersten Mal zu Ohren. Als wir ihn baten, über dieses Thema noch mehr zu sagen, erfuhr sie jedoch auch, wie erschrocken er über ihre Sexualität war und wie sehr er befürchtete, dass sie die Kontrolle über sich und ihr Handeln verlieren könne. Seine Angst war, dass eine unkontrollierte Sexualität ihr Leben ruinieren könne. Er konnte sogar sehen, dass er ihre Sexualität unterdrücken musste, um Nan vor ihrem Vater zu schützen.

Viele Frauen und vor allem Frauen, die ihrem Vater als Kind sehr nahe waren, haben die Erfahrung gemacht, ihn zu verlieren, wenn sie in die Pubertät kamen. Manche Väter – wie Nans Vater – äußern sich direkt zu diesem Thema. Sie erzählen ihren Töchtern, dass ihre Sexualität nicht akzeptabel ist. Sie geben Kommentare von sich, die der Innere Patriarch nur allzu gerne in seine Sammlung aufnimmt. Andere Väter ziehen sich plötzlich zurück und überlassen es ihren Töchtern, über die Gründe dafür nachzugrübeln. Meistens finden ihre Inneren Patriarchen heraus, dass dieser Rückzug sexuelle Ursachen hat.

Die Mütter müssen ihre Töchter natürlich über die realen Gefahren der aufblühenden Sexualität aufklären. Oft geben sie dabei einfach die Anweisungen und Einstellungen ihrer eigenen Inneren Patriarchen weiter. Wenn eine Mutter ihre Tochter nicht entsprechend informiert, kann diese ihrer Sexualität keine sozial angemessene Grenzen setzen. Das kann für sie durchaus gefährliche oder zumindest unangenehme Folgen haben. Außerdem muss sie damit rechnen, von ihrer Umgebung verurteilt zu werden. In dieser Hinsicht hat der Innere Patriarch einige gültige Bedenken anzumelden. Ich will jedoch hinzufügen, dass wir seine negativen Einstellungen durch eine Würdigung der positiven Aspekte weiblicher Sexualität ausgleichen müssen.

In unserer Gesellschaft existiert immer noch, was wir als »doppelten Maßstab« bezeichnen; das heißt, für das sexuelle Verhalten von Männern und Frauen gelten unterschiedliche Regeln und Bewertungen. Der Innere Patriarch, der seine eigenen doppelten Maßstäbe hat, wird die Tochter entsprechend instruieren. Leider werden diese Maßstäbe dadurch am Leben erhalten und Frauen bleiben weiter deren Opfer.

Der Innere Patriarch bewertet die sexuelle Aktivität von Männern und Frauen unterschiedlich

Wenn eine Frau mit einem Mann flirtet und er aktiv auf sie zukommt, flößt ihr Innerer Patriarch ihr Schuldgefühle ein und redet ihr ein, dass sie die Verantwortung für sein Verhalten trägt und seine Beharrlichkeit ihr Fehler ist. Die Möglichkeit, dass er ihre Signale falsch deutet, kommt gar nicht erst in Betracht. Grundsätzlich gilt, dass der Innere Patriarch Frauen für die Erektion von Männern verantwortlich macht!

Wenn ein Mann hingegen mit einer Frau flirtet und sie auf ihn zugeht, gilt sie in den Augen ihres Inneren Patriarchen und der Menschen in ihrer Umgebung als Närrin. Behauptet sie, der Mann habe mit ihr geflirtet und sie gelockt, bekommt sie zu hören, sie habe das alles ganz falsch verstanden. Der Mann ist in keinster Weise verantwortlich für ihr sexuelles Interesse an ihm.

Im schlimmsten Fall machen der Innere Patriarch und wahrscheinlich auch die äußeren Patriarchen sie wegen ihres Verhaltens lächerlich.

Ähnlich wird in der Psychotherapie mit der Übertragungs-/Gegenübertragungsbeziehung verfahren. Wenn eine weibliche Patientin wie besessen an ihren Therapeuten denken muss und sich nach einer sexuellen Beziehung mit ihm sehnt, gilt das als ziemlich normales Verhalten, als Phase in der Therapie, die alle Patientinnen durchmachen. Man rechnet damit, dass diese Phase eintritt, und amüsiert sich manchmal sogar darüber. Der Innere Patriarch beobachtet lächelnd: »So sind Frauen eben in der Therapie. Sie verlieben sich in ihren Therapeuten. Alle wie sie da sind.«

Wenn ein Mann jedoch innerlich ständig mit seiner Therapeutin beschäftigt ist und sich nichts sehnlicher wünscht als sexuellen Kontakt mit ihr, kommt oft der Verdacht auf, die Therapeutin habe sich verführerisch verhalten. Hier gilt das Verhalten des Klienten nicht mehr als übliche Phase in der Therapie. Statt diese Ereignisse als natürlichen Bestandteil des therapeutischen Prozesses zu betrachten, fragt sich der Innere Patriarch wahrscheinlich: »Was hat die Therapeutin getan, um bei diesem Mann sexuelle Gefühle und eine dermaßen heftige Übertragung auszulösen?«

Der Innere Patriarch unterstützt das äußere Patriarchat

Das folgende Zitat zeigt uns, wie die Einstellung eines Inneren Patriarchen zur weiblichen Sexualität die allgemein verbreiteten negativen Ansichten stützt, die unsere Gesellschaft zu diesem Thema vertritt. Der Auszug stammt aus einem Gespräch mit Janets äußerst redegewandtem Inneren Patriarchen.

Janets Innerer Patriarch: Ich möchte über ihre Sexualität reden. Sie ist eine Hure. Mit wäre es lieber, sie verhielte sich im Umgang mit Männern und auch mit anderen Menschen wie ein schwaches Kind, statt so viel sexuelle Energie zu haben. Das ist schmutzig und gefährlich und ich mache mir wirklich Sorgen um sie, was das betrifft. Niemand Wichtiger kann sie daher respektieren. Auch der Mann nicht, auf den sie so zugeht.

Ihr Vater hat ihr gesagt, dass sie eine Hure ist, wenn sie sich so verhält, und das ist auch meine Meinung. Ich finde die weiblichen Genitalien ekelhaft, völlig überflüssig. Ich meine, einen Penis, den kann man sehen, man weiß, wie er geformt ist, er ist vorhanden. Die weiblichen Genitalien – das ist einfach verwirrend für mich und mir gefällt auch nicht, wie sie auf Männer wirken. Frauen sollten ihre Beine zusammenkneifen, denn wenn sie sie öffnen, drehen die Männer durch, und ich finde, Frauen müssen sich da einfach zurückhalten. Ich stimme völlig mit den Religionen überein, die Frauen (vom Gottesdienst) ausschließen, weil sie die Männer nur ablenken würden.

Wenn sie ihre Sexualität denn schon rauslassen muss, sollte sie das wenigstens wie ein kleines Mädchen tun. Das ist in Ordnung. Sie kann mit Vati spielen, sie kann flirten, aber diese heftigen Gefühle, die sie manchmal hat, die gefallen mir nicht. Sie verwirren mich, ich weiß nicht, was ich damit anfangen soll. Ich finde am besten, wenn sie sie gleich im Keim erstickt.

Der Innere Patriarch macht Frauen zu Opfern der Urteile anderer Menschen

Janets Innerer Patriarch ist offensichtlich voll negativer Urteile über ihre Sexualität. Er stimmt bereitwillig mit jedem Menschen oder jeder Gruppierung überein, die weiblicher Sexualität im Allgmeinen oder Janets Sexualität im Besonderen ablehnende Gefühle entgegenbringen. So wird Janet zum Opfer, wenn das Thema Sexualität aufkommt. *Wenn die Inneren Patriarchen von Frauen nicht mit den kritischen Urteilen der äußeren Welt übereinstimmen würden, könnten die Frauen auch nicht zum Opfer dieser Urteile werden.*

Mein Innerer Patriarch zum Beispiel ist nicht der Meinung, dass ich mich als Frau verhüllen muss. Wenn jemand mir sagt, ich solle mir etwas überziehen, um nicht so verführerisch zu wirken, erreicht er mich damit nicht und flößt mir auch keine Scham ein. Ich kann ganz sachlich entscheiden, ob sein Vorschlag angemessen ist. Ich kann ohne weiteres beschließen, mich beim Besuch eines moslemischen Landes zu verhüllen, weil ich mich dann wohler fühle und keine unerwünschten Blicke auf mich ziehe. Ich achte einfach die Sitten des Landes, das ich bereise. Aber ich würde mich nicht schlecht oder schmutzig fühlen, wenn ich mich nicht entsprechend kleidete. Ich würde nicht automatisch mit dem äußeren Verbot übereinstimmen, denn mein Innerer Patriarch würde mir keinen entsprechenden Kommentar ins Ohr flüstern. Er hat mir nie gesagt, dass eine richtige Frau selbst den Wunsch hat, sich zu verhüllen.

Da mein Innerer Patriarch sich um diese Verbote nicht schert, würde ich auch nicht besonders ärgerlich werden oder aufbegehren. Ich könnte mich sachlich verhalten, ohne emotional zu werden. Mein Innerer Patriarch sieht die Kleiderfrage nicht unter diesem Aspekt, also muss ich gegen entsprechende Vorschläge auch nicht ankämpfen. Ich schäme mich nicht und muss mich gegen die äußere patriarchalische Forderung nicht verteidigen.

Das ist ein Beispiel dafür, wie unser Innerer Patriarch vom Schattenreich aus arbeitet. Wir hören die kritischen Urteile von außen und nehmen an, dass sie es sind, die uns aufregen und bewirken, dass wir uns unserer eigenen Sexualität schämen. In Wirklichkeit jedoch sind wir nur dann aufgebracht, wenn unser Innerer Patriarch, wie der von Janet, mit dem äußeren übereinstimmt.

Sinnlichkeit und Sexualität

Der Innere Patriarch macht keinen Unterschied zwischen Sexualität und Sinnlichkeit. Er bringt beides durcheinander und hat vor beiden gleichviel Angst. Deswegen versucht er, Frauen sowohl von ihrer Sinnlichkeit als auch von ihrer Sexualität abzuhalten. Das wurde besonders deutlich am Beispiel von Sumies Innerem Patriarchen und seinen Reaktionen auf die sinnlichen Schlangenbewegungen der jungen Frau in ihrer Encounter-Gruppe. Diese junge Frau genoss ihre Sinnlichkeit voll, was nichts mit sexuellem Verhalten zu tun hatte.

Eine Frau, die sich selbst, das Zusammensein mit anderen oder ihre Ungebung sinnlich genießt, ist dem Inneren Patriarchen verdächtig und seine Alarmglocken beginnen zu läuten. Wenn sie sich daran freut, einfach zu tanzen, sich in fließende Stoffe zu kleiden oder schön zu machen, reagiert er negativ; er führt sich auf, als würde die Frau sexuell aktiv werden.

Der Innere Patriarch reagiert immer dann kritisch, wenn eine Frau lustvolle Körperempfindungen (die nicht unbedingt sexuell sein müssen) hat oder in etwas schwelgt, was sie sieht, riecht oder hört. Jede sinnliche Erfahrung bringt er sofort mit Sex in Verbindung und tut sie als unakzeptabel ab. Es ist wichtig, dass wir uns als Frauen diesen Unterschied bewusst machen und ihn auch für unseren Inneren Patriarchen klären. So können wir das Recht zurückgewinnen, unser Leben sinnlich zu genießen.

Uraltes Wissen und moderne Entscheidungsfreiheit

Unser Innerer Patriarch stellt eine wichtige Kraft dar, die uns hindert, wirklich frei zu entscheiden, wie wir uns in der Welt bewegen und mit unserer Macht, unserer Sinnlichkeit und Sexualität umgehen wollen. Er legt uns auf die Rolle der angepassten Tochter fest, die sich den patriarchalischen Edikten einer Gesellschaft unterwirft (oder dagegen rebelliert), die am Ausklingen ist. Im Prozess unserer Veränderung müssen wir auf seine Stimme hören und seine Vorschläge überdenken. Wir sollten sie weder automatisch abtun, noch ihr unhinterfragt folgen. Wie wir in einem späteren Kapitel noch sehen werden, bringen die Inneren Patriarchen auf Grund von Jahrtausende alten Erfahrungen eine gewisse Weisheit mit. Aber die Welt, aus der sie stammen, ist eine andere als die, in der wir heute leben. Wie später noch deutlich wird, müssen wir ihre Weisheit und Stärke in uns aufnehmen und zum positiven Bestandteil unserer eigenen Persönlichkeit machen.

Der Innere Patriarch und die Themen Emotionalität und Kontrolle

In den kommenden Jahren werden wir alle uns der Herausforderung stellen müssen, wie wir die Regeln und Strukturen, die das Erbe des Patriarchats sind, mit der Kreavität, dem Chaos und der Bewegtheit in Einklang bringen können, die Teil des sich ständig wandelnden Universums sind, in dem wir leben.

Der Innere Patriarch hat zur Emotionalität von Frauen eine ambivalente Einstellung. Er gehört zu den inneren Stimmen, die Logik, Rationalität und Selbstkontrolle, die er grundsätzlich für männliche Eigenschaften hält, bewundern. Auf der anderen Seite stimmt er mit den inneren Personen überein, die Emotionalität, mangelnde Zielgerichtetheit und die Orientierung an der Intuition, welche er als weibliche Eigenschaften betrachtet, fürchten. Aber Frauen müssen Frauen bleiben, argumentiert er, und sie sind nun mal emotional. Trotzdem bereitet ihm das Unbehagen.

Auch wenn unser Innerer Patriarch fordert, dass eine richtige Frau emotional ist, bekommen wir von ihm Äußerungen zu hören wie:

- Frauen sind zu emotional und reagieren immer übertrieben.
- Frauen kann man einfach nicht verstehen. Ich bin ein Denker. Frauen können nicht klar denken.

– Auf Männer ist mehr Verlass. Wenn es darauf ankommt, können sie klar denken. Frauen treffen keine guten Entscheidungen.

In der Brandmarkung weiblicher Emotionalität sind sich alle Inneren Patriarchen einig. Sie betonen, wie dringend Frauen Objektivität benötigen. Sie sind sich sicher, dass das Fehlen einer unpersönlichen, sachlichen Einstellung zum Leben für die Frau gefährlich ist. Die Inneren Patriarchen, die ich kennen gelernt habe, wollen nicht, dass Frauen sich von anderen abschirmen oder sich aus herzlichen zwischenmenschlichen Kontakten zurückziehen. Frauen sollen grundsätzlich auf die Bedürfnisse und Gefühle von anderen eingehen. Das ist eine der Regeln, die Innere Patriarchen für Beziehungen aufstellen. Wie sagte doch der König in *The King and I*? – »Das ist ein Verwirrspiel!« Auf eine Lösung für dieses Verwirrspiel gehe ich im vierten Teil des Buches ein. Zunächst aber wollen wir uns dieses Verwirrspiel oder diesen Konflikt einmal näher anschauen.

Dieser Widerstreit – einerseits wird von einer Frau Emotionalität verlangt, andererseits wird aber befürchtet, dass diese Emotionalität einen Mangel an Objektivität und Kontrolle nach sich zieht – schafft viel Verwirrung. Wir wollen mit einer Klärung dieser widersprüchlichen Haltung beginnen, indem wir uns zunächst die Angst des Inneren Patriarchen vor mangelnder Kontrolle oder einem Verlust an Grenzen anschauen.

Außer Kontrolle geraten

Der folgende Traum schildert die schlimmsten Befürchtungen des Inneren Patriarchen. Er weiß, dass ein übertrieben emotionales und fürsorgliches Verhalten für andere gefährlich sein kann. In diesem Traum wird die Träumerin von ihren Emotionen beherrscht und zieht keine Grenzen zwischen sich und anderen. Sie kann keine Kontrolle über das Flugzeug (ihre Art, sich durchs Leben zu bewegen) gewinnen, weil sie nicht sachlich ist und sich der Aufgabe nicht widmen kann, die gerade ansteht.

Ich träume, dass ich ein Flugzeug steuere, und es stürzt ab. Obwohl ich für diese Situation verantwortlich bin, schaue ich mich ständig nach den anderen Passagieren hinter mir in der Kabine um. Dort sitzen mein Mann, meine Kinder und meine Freundinnen und Freunde. Meine ganze Energie ist auf sie gerichtet. Ich schaue sie an und rede mit ihnen. Ich mache mir Sorgen, dass sie Angst haben oder sich unwohl fühlen könnten. Ich frage mich, was sie von mir denken und ob sie mich ablehnen, weil ich das Flugzeug abstürzen lasse.

Ich möchte, dass sie mir helfen, weiß aber, dass sie das nicht können. Ich bin die Pilotin und niemand außer mir kann diese Maschine steuern.

Die Fallgrube

Der Innere Patriarch glaubt, dass Kontrolle – über die einzelnen Bereiche des eigenen Lebens und das von anderen – etwas total Unweibliches ist und wertet das Bedürfnis danach bei Frauen ab. An Männern bewundert der Innere Patriarch, wenn sie die Kontrolle haben. Tatsächlich denkt er, dass ein Mann, der keine Macht hat oder sich und andere nicht beherrschen kann, zu nichts nutze ist, ähnlich wie er ältere Frauen, die aus ihrer jugendlichen Sexualität herausgewachsen sind, für nutzlos hält.

Wenn Frauen das Bedürfnis nach Kontrolle verspüren, versuchen sie meistens, das zu verbergen. Am häufigsten können wir das bei Frauen beobachten, wenn sie sich gerade nicht an ihrem Arbeitsplatz befinden. Sie machen sich lächerlich über sich selbst und ihr Bedürfnis, ernst genommen zu werden, oder über ihren Wunsch, andere mögen ihr Bedürfnis nach Kontrolle respektieren.

Ginny ist eine sehr weibliche Frau Anfang fünfzig. Sie ist in der Zeit vor der Frauenbewegung aufgewachsen und hat ihre Kinder entsprechend erzogen. Sie war eine gute Ehefrau und weil ihr Mann finanziell keine glückliche Hand hatte, lernte sie Buchhaltung und wurde Buchhalterin in seinem Geschäft. So konnte sie Ordnung und Disziplin in das gemeinsame Leben bringen, behielt dabei aber eine eindeutig untergeordnete Stellung. Nachdem ihre Ehe zerbrach, wurde sie Rechnungsprüferin für eine große Firma. Das nötige Wissen dafür hatte sie sich ganz alleine angeeignet.

Sie machte das Beste aus ihren traditionell männlichen Eigenschaften wie Zielgerichtetheit, Selbstdisziplin, die Fähigkeit, faire Preise auszuhandeln, ausstehende Gelder einzufordern und die ein- und ausgehenden Beträge zu überwachen. Sie arbeitete jedoch weiter unter der Schirmherrschaft von Männern. Sie war die Angestellte von Männern und beruflich sehr erfolgreich.

Für ihr eigenes Geschäft jedoch standen Ginny diese Fähigkeiten später nicht mehr zur Verfügung. Als sie ihr schließlich einfielen, begann sie sie wieder anzuwenden. Aber ihr Innerer Patriarch war nicht sehr glücklich darüber, dass sie ihre Talente für sich selbst nutzen wollte. Also lachte sie entschuldigend und bezeichnete sich anderen gegenüber als »Barbara, die Buchhalterin«, die sich um ihre Geldangelegenheiten kümmerte. Als ihr klar wurde, dass sie diese wirklich guten und nützlichen Fähigkeiten abwertete, begann sie, sie als Teil ihres Erbes zu betrachten, als Qualitäten, die ihr Großvater an ihren Vater und dieser an sie weitergegeben hatte. Sie hieß sie als grundlegend männliche innere Seite willkommen und entschuldigte sich nicht länger dafür. Jetzt stand es ihr frei, all diese Kräfte für sich einzusetzen.

Ihr Innerer Patriarch hatte Ginny diesen wichtigen Teil ihres Erbes genommen, Eigenschaften, die in unserer patriarchalischen Gesellschaft traditionellerweise als männlich betrachtet werden. *Sie musste sich diesen Teil ihres Erbes durch innere Arbeit aneignen. Kein äußerer Mann konnte ihr die Macht geben, die ihr innerer Mann ihr verwehrte!* Als sie sich diese Kräfte schließlich bewusst erschloss und sich daran freuen konnte, war Ginnys Innerer Patriarch hoch erfreut darüber, dass sie dabei ihre Weiblichkeit nicht verloren hatte. Er kritisierte sie nicht länger, sondern begann, sie zu unterstützen und dazu beizutragen, dass ihre Autorität und ihr Selbstvertrauen, die sie für den Erfolg in der Welt brauchte, wuchsen.

Zweierlei Maßstäbe für Selbstdisziplin

Der Innere Patriarch legt zwar zweierlei Maßstäbe an, äußert sich aber in allen Frauen ähnlich, ganz unabhängig von ihrer sexuellen Ausrichtung. Ich habe von den Inneren Patriarchen lesbischer, bisexueller und heterosexueller Frauen fast identische Kommentare zu hören bekommen. Schauen wir uns einmal an, was Birgits Innerer Patriarch über sie denkt. Birgit war seit vielen Jahren verheiratet und hatte eine Tochter, die sie sehr liebte. Sie liebte auch ihren Mann, aber die sexuelle Leidenschaft zwischen ihnen hatte sich schon zu Beginn ihrer Ehe verflüchtigt. Seit einigen Jahren hatte Birgit eine heftige Liebesaffäre mit einer anderen Frau.

Auch wenn Birgit sich nichts mehr wünschte, als ihre Ehe zu beenden und mit ihrer Geliebten zusammenzuleben, drängte sie ihre Wünsche zurück und hielt sich selbst im Zaum. Sie hatte das Gefühl, dass eine solche Veränderung das Leben ihres Mannes und ihrer Tochter zu sehr in Aufruhr bringen würde und wollte ihnen nicht schaden. Es gab jedoch eine Stimme in ihr, die über diese Entscheidung sehr ärgerlich war. Als ich mit dieser Gestalt sprach, entdeckte ich, dass es ihr Innerer Patriarch war. Ich unterhielt mich eine ganze Weile mit ihm über Birgit und ihr Dilemma.

Birgits Innerer Patriarch war entsetzt über ihre sexuelle Beziehung mit einer Frau und diese Missbilligung, die lediglich auf einer unbewussten Ebene existierte, löste bei Birgit viel bewussten Schmerz und große Schuldgefühle aus. Ihr Innerer Patriarch erzählte mir, dass er sehr ärgerlich über ihre Sexualität sei, die seiner Meinung nach ihr Leben beherrschte und sowohl ihre eigene Familie als auch das Leben ihrer Geliebten zerstören könne. Als ich darauf hinwies, wie vorsichtig und verlässlich Birgit sich verhalten habe, hatte ihr Innerer Patriarch nur Geringschätzung für alles, was sie für ihre Ehe getan hatte. Er zollte ihr keinerlei Anerkennung dafür, dass sie viel zur finanziellen und emotionalen Stabilität der Familie beigetragen hatte. Als ich ihn danach fragte, gab er zu, dass er sie für ihre beruflichen Qualitäten und finanziellen Erfolge sehr wohl anerkannt hätte, wenn sie ein Mann gewesen wäre, als Frau aber verdiene sie dafür kein Lob. Obwohl vieles ganz offensichtlich dagegen sprach, dass Birgit sich ihren Emotionen überließ und keine Kontrolle über sich hatte, befürchtete er immer noch, das könne der Fall sein.

Ich fragte Birgits Inneren Patriarchen dann, wie er dazu stünde, dass sie ihre eigenen Wünsche für das Wohlergehen ihrer Familie geopfert hatte. Sie hatte die Beziehung zu ihrer Geliebten so gestaltet, dass sie für die Familie keinen Störfaktor darstellte. Ihr Innerer Patriarch war voller Wut auf sie. Er sagte, sie sei eine Betrügerin, wie man es von einer Frau nicht anders erwarten könne. Er war der Meinung, dass sie mit ihren Gefühlen ehrlich sein und sie ans Licht bringen müsse. Ich fragte ihn, was geschehen würde, wenn sie das täte. Da gab er zu, dass dann alle in Aufregung geraten würden und die Situation problematisch würde. Trotzdem war er der Ansicht, Birgit sei nur dann ehrlich, wenn sie mit ihrer Familie brach und mit ihrer Geliebten zusammenlebte. Wenn sie tat, was er von ihr forderte, würde sie ihrer Familie natürlich großen Schaden zufügen. Das wäre der Beweis dafür, dass sie keine Kontrolle über sich hatte und ein völlig selbstsüchtiger Mensch sei.

Es gibt viele Beispiele für Innere Patriarchen, die in ähnlicher Form zweierlei Maßstäbe anlegen wie dieser. Die unterschiedlichen Forderungen, die an Männer und Frauen gestellt werden, können für uns Frauen sehr verwirrend sein, vor allem dann, wenn es um Emotionen und emotionale Kontrolle geht. Wir wollen das noch etwas näher untersuchen.

Der Innere Patriarch und die Ausdruckskraft der Künstlerin

Der Innere Patriarch stellt in Bezug auf die emotionale Ausdruckskraft im kreativen Bereich für Frauen und Männer unterschiedliche Regeln auf. Er misst hier ebenso mit zweierlei Maß wie bei den Themen Sexualität und Macht. Wenn ein Mann emotional ausdrucksstarke Kunstwerke herstellt, schön und gut. Eine Frau aber, die mit der gleichen künstlerischen Intensität arbeitet, verhält sich in seinen Augen nicht richtig. Eine Schriftstellerin, bildende Künstlerin oder Musikerin sollte ihre Leidenschaft mäßigen und sie der Welt nur in verfeinerter Form vorführen. Penelopes Innerer Patriarch machte das sehr schön deutlich.

Penelope, eine attraktive, sanfte und weibliche Frau, war eine ausgezeichnete Künstlerin, wie schon ihre Mutter. Sie hatte sich immer ihren Lebensunterhalt mit Kunst verdient und war zum Zeitpunkt unseres Gespräches dabei, einen neuen Stil zu entwickeln. Aber irgendwie fühlte sie sich blockiert und kam nicht richtig weiter. Als wir nachforschten, entdeckten wir, dass ihr Innerer Patriarch ihr im Wege stand. Im Gespräch mit ihm kamen seine Ängste vor ihrer Heftigkeit, ihrer Emotionalität und einem möglichen Kontrollverlust zum Ausdruck. Wir wollen uns seine Befürchtungen einmal in seinen eigenen Worten anhören:

Sidra: Es klingt so, als hätten Sie Einwände gegen Penelopes neue Arbeiten.
Innerer Patriarch: Und ob! Ich finde sie empörend. Die Farben sind viel zu kräftig und der Inhalt ist schockierend. So etwas will sich kein Mensch an die Wand hängen. Es ist viel zu gewaltig und aufregend. Das Ganze ist einfach zu intensiv.
Schauen Sie mal, ich möchte einfach nicht, dass sie so starke Gefühle empfindet, und ich möchte ganz gewiss nicht, dass sie andere Menschen auch noch wissen lässt, dass sie so fühlt.
Sidra: Ach nein? Warum nicht?
Innerer Patriarch: Natürlich nicht. Schauen Sie (*mit aufgebrachter Stimme*), ich wünsche mir für sie eine Beziehung. Es ist für mich sehr wichtig, dass es einen Mann in ihrem Leben gibt, und ich bitte Sie, ich bitte Sie wirklich einmal zu überlegen: Was für ein Mann soll das wohl sein, der mit einer Frau leben möchte, die solche Bilder malt? (*Zeigt mit großer Geringschätzung auf eines der Fotos von Penelopes neuen Arbeiten.*)
Was würden Sie von einem Mann halten, der imstande ist, eine Frau mit dermaßen heftigen Gefühlen zu lieben? Glauben Sie nicht, dass das ein reichlich merkwürdiger Mensch sein muss?
Sidra: Das regt Sie ziemlich auf, nicht wahr?
Innerer Patriarch: Ja, natürlich. Diese Bilder sind einfach zu heftig. Sie zeigen viel zu viel. Sie sollte viel behutsamer und sanfter malen und nicht so uweiblich. Einer Frau sollten nicht solche Bilder einfallen und wenn doch, sollte sie sie verstecken. Ich schäme mich für sie und vor all den Menschen, die entsetzt reagieren werden. Sie haben ja ihre anderen Arbeiten gesehen. (*Fließende, zarte Bilder, die sehr ins Detail gehen.*) Genauso sollte eine Frau malen. Außerdem würde kein richtiger Künstler so malen.

Sidra: Aber die deutschen Expressionisten haben ähnliche Bilder gemalt.

Innerer Patriarch: Das mag wohl sein. Aber das waren ja auch Männer.

Sidra: Wie würden Sie diese Arbeiten finden, wenn Penelope ein Mann wäre? Würden Sie einem Mann auch raten, diese Gemälde zu verstecken?

Innerer Patriarch: Natürlich nicht! (*Mit Nachdruck*) Ich würde ihm sagen, dass er sie ausstellen soll. Ich bin sicher, sie würden sich gut verkaufen. Sie sind wirklich gewaltig. Ein Mann könnte mit solchen Bildern viel Geld verdienen.

Sidra: Was könnte Penelope tun, damit Sie sich mit diesem neuen Stil besser fühlen?

Innerer Patriarch: Ich würde ihr sagen, sie sollte auf einen Stil hinarbeiten, der die alte Malweise – Sie wissen, die zarten, detaillierten Arbeiten, die sie Ihnen gezeigt hat – mit dieser neuen Intensität kombiniert. Wenn Sie beides zusammenfließen ließe, das wäre in Ordnung. Dann wären die Leute nicht so aufgebracht und sie stünde als normale, weibliche Frau da!

Wir sehen, wie der Innere Patriarch Frauen in ihrer Kreativität ernsthaft blockieren kann, indem er ihnen bestimmte Bereiche verwehrt und erklärt, sie seien nur Männern zugänglich. Indem wir den Inneren Patriarchen direkt nach seinen Bedenken fragten, konnten wir Penelope helfen, ihre innere Dynamik mit neuen Augen zu betrachten. So konnte sie das dualistische Denken des Inneren Patriarchen überwinden.

Als sie über die Kommentare ihres Inneren Patriarchen nachdachte, wurde Penelope klar, dass auch sie an einigen ihrer früheren Arbeiten Freude hatte und Elemente der Disziplin und Anmut ihres ursprünglichen Stils beibehalten wollte. Aber es war Zeit, auch ihre aufregende neue Leidenschaftlichkeit zuzulassen.

Sie freute sich auf die Herausforderung, die Gegensätze von disziplinierter Form und expressionistischer Leidenschaft zusammenzubringen. Der Herausforderung, der sie gegenübersteht, werden wir uns in den kommenden Jahren alle stellen müssen, wie wir nämlich die Regeln und Strukturen, die das Erbe des Patriarchats sind, mit der Kreavität, dem Chaos und der Bewegtheit in Einklang bringen können, die Teil des sich ständig wandelnden Universums sind, in dem wir leben.

Teil III

WO SIND WIR GEWESEN?

Wie wir mit dem Inneren Patriarchen in der Vergangenheit umgegangen sind

Von braven und von bösen Mädchen

Es war einmal ein kleines Mädchen
mit einer Locke mitten auf der Stirn,
und wenn es brav war, war es brav,
wenn es böse war, aber eine üble Dirn.

Kinderreim

Vielleicht kennen Sie diesen alten Kinderreim. Er ist mir aus meiner Kindheit vertraut, und ich muss beschämt eingestehen, dass ich ihn an meine eigenen Töchter weitergegeben habe. Mir ist früher niemals in den Sinn gekommen, dass ich ihnen damit die Gebote meines eigenen Inneren Patriarchen vermittelt habe! Und mir war auch nicht klar, dass dieses »böse sein« sich nur auf uns »Mädchen« bezog und mir nicht eingefallen wäre, so mit einem Sohn zu sprechen, selbst wenn ich mir hätte vorstellen können, diesen Reim für ihn umzudichten. *Der Innere Patriarch ist tatsächlich wie die Luft, die wir atmen; wir nehmen ihn noch nicht einmal wahr.*

Im Laufe der Jahre ist mir jedoch aufgefallen, dass wir als Frauen mehrere Möglichkeiten entwickelt haben, mit unserem Inneren Patriarchen umzugehen. Wie wir bereits gesehen haben, ist *der Innere Patriarch wie ein Vater in uns, und wir alle reagieren anders auf ihn.* Bis in die jüngste Zeit gab es zwei Hauptreaktionsmuster. Einige Frauen nehmen die Äußerungen des Inneren Patriarchen wie gute Töchter hin und spielen die Rolle des »braven Mädchens«. Andere lehnen sich gegen diesen inneren

Vater auf und führen das Leben der rebellischen Tochter oder des »bösen Mädchens«.

Diese Polarisierung in brave und böse Mädchen wurde durch ein Experiment, das eine Frauengruppe einmal durchführte, wunderbar deutlich. Wie diese Frauen wussten, erwartete ihr Innerer Patriarch, dass sie sich Männern unterwarfen und buchstäblich beiseite traten, wenn ein Mann sich ihnen näherte. Sie kamen überein, dass sie einmal ausprobieren wollten, die Straße entlangzugehen und nicht auszuweichen, wenn ein Mann ihnen entgegenkam. Als es dann soweit war, mussten sie jedoch feststellen, dass sie nicht einfach weitergehen konnten. Stattdessen wurde den meisten unbehaglich zu Mute. Sie traten zur Seite und wurden zu braven Töchtern. Die wenigen Frauen, die sich den Männern nicht unterwarfen, wurden wütend und rebellierten. Sie fanden nur dann die Stärke, gegen die Wünsche ihres Inneren Patriarchen zu handeln, wenn sie sich aufregten und kämpften. Nicht eine einzige Frau war imstande, ihren Weg ganz entspannt weiterzugehen in der Überzeugung, dass das ihr gutes Recht war!

Seit dem Aufkommen eines feministischen Bewusstseins habe ich ein faszinierendes neues Verhalten beobachten können, dass weder das der »braven« noch das der »bösen« Tochter ist. Es kommt immer häufiger vor, dass Frauen die Lebensbereiche, in denen sie mit den Regeln, Ermahnungen und Wertungen des Inneren Patriarchen konfrontiert sind, meiden.

Die brave Tochter

Die klassische brave Tochter kennt die Regeln und Erwartungen des äußeren Patriarchats und hat, um in diesem System zu überleben, ein feines Gespür für die Stimme ihres eigenen Inneren Patriarchen entwickelt. Sie nimmt sich diese Regeln zu

Herzen und verhält sich entsprechend. *Sie weiß, wie sie sich in der Welt der Männer bewegen kann, ohne sich und den Männern in ihrer Umgebung Schwierigkeiten in den Weg zu legen.* Es ist durchaus möglich, dass sie im persönlichen und beruflichen Leben gut vorankommt, aber sie tut dabei immer das »Richtige«.

Marnie war eine typische brave Tochter. Sie arbeitete hart für die Schule und hielt sich an sämtliche Regeln. Sie war äußerst leistungsorientiert und bestand mündliche und schriftliche Prüfungen immer mit Auszeichnung. Marnie achtete dabei jedoch auf ihr Auftreten und drängte sich in den Kursen niemals vor, wenn Männer anwesend waren. Ihre Mutter, die die Regeln ihres eigenen Inneren Patriarchen an Marnie weitergegeben hatte, brachte ihr von klein auf bei, sich in Gegenwart von Männern mit ihrer Klugheit zurückzuhalten. Sonst würden diese sich unwohl fühlen und das wäre nicht gut. Frauen sollten einem männlichen Wesen mit ihrem Fachwissen, ihrer Macht oder Intelligenz niemals unangenehm werden, das war einfach nicht richtig.

Marnie hatte den aufrichtigen Wunsch, ein guter Mensch zu sein und ihrer Mutter zu gefallen. Sie wollte auch von anderen akzeptiert werden und hoffte, eines Tages zu heiraten. Sie sah, dass viele Frauen, die erfolgreich waren, allein blieben, und wollte nicht zu ihnen gehören. Ihre Mutter war verheiratet und wusste offensichtlich, wie sie Männer für sich interessieren konnte. Also nahm Marnie an, was ihre Mutter ihr beizubringen hatte, und setzte ihre Klugheit oder Macht nur behutsam ein. Als sie das Erwachsenenalter erreichte, brauchte Marnie keinerlei Ermahnungen, denn ihr eigener Innerer Patriarch kannte die Regeln und legte ihr automatisch die Zügel an, wenn es aussah, als könne Marnie ihre Grenzen als brave Tochter überschreiten und zu viel Aufmerksamkeit, Macht oder Respekt für sich fordern.

Die Opfer-Tochter

Manchmal jedoch laufen die Dinge für Frauen, die versuchen, brave Töchter zu sein, nicht so glatt wie für Marnie. Nan strengte sich sehr an, eine brave Tochter zu sein, aber sie hatte einfach einen schrecklichen Inneren Patriarchen. Wie ihr Vater und ihre Mutter vertrat auch ihr Patriarch die Meinung, dass Frauen Männern in jeder Hinsicht unterlegen seien. Er wurde besonders bissig, wenn Nan eine Beziehung zu einem Mann hatte. In diesen Zeiten tat er sich mit einer anderen kritischen Stimme zusammen, Nans Innerem Kritiker, um sie auf ihre Unzulänglichkeiten hinzuweisen und sie ständig und für alles schlecht zu machen. Wie sehr sie sich auch bemühte, eine brave Tochter zu sein, es gelang ihr einfach nicht. Alles, was sie tat, war falsch.

Nan konnte sich gegen diese Angriffe von innen nicht wehren. Statt also die gute Tochter des Inneren Patriarchen zu werden, wurde sie zur Opfer-Tochter, und diese Haltung wurde prägend für ihre primäre Innere Person. Leider hieß das, dass sie bei sämtlichen Menschen zum Opfer wurde, besonders stark aber in ihren Beziehungen zu Männern. Schließlich hatten diese immer Recht, wie ihr Innerer Patriarch ihr versicherte.

Wenn Nan auf diese negativen inneren Äußerungen hörte, fühlte sie sich schrecklich unsicher und fand alles falsch, was sie tat. Besonders stark verfiel sie in Beziehung mit dem Mann in ihrem Leben in Rechtfertigungen und selbstabwertende Kommentare. Sie machte ständig negative Bemerkungen über ihre eigene Person und hoffte dabei, er würde ihr bestätigen, dass er sie liebte.

Dabei sagte sie Dinge wie:

- »O Gott, wie konnte ich nur so dumm sein?«
- »Sehe ich nicht schrecklich aus?«
- »Das sieht mir ähnlich, dass ich das vergessen habe!«
- »Ich käme mit Mathematik niemals zurecht.«

– »Computer bringen mich durcheinander.«
– »Es tut mir leid, ich habe alles verdorben.«

Nan war aber in Wirklichkeit gar nicht so unfähig, wie sie tat. Da ihre Partner das wussten, versuchten sie anfangs, ihr Bestätigung zu geben, ähnlich wie ein guter Vater, der ihr sagte, dass sie doch eigentlich ziemlich klug sei und das alles sehr gut mache. Früher oder später jedoch wurden diese Männer gereizt und ärgerlich. Sie begannen unweigerlich, Nan mit den Augen ihres eigenen Inneren Patriarchen zu betrachten und sahen an ihr die gleichen »Fehler«, auf die er sie hinwies. Am Ende verhielt sich jeder ihrer Partner wie Nans Vater, ein negativer Patriarch, der keinerlei Respekt vor Frauen hatte und abschätzige Bemerkungen über sie machte, die der inneren Stimme ihres eigenen Patriarchen entsprachen. Erst wenn Nan sich effektiv mit ihrem eigenen Inneren Patriarchen auseinandersetzen würde, könnte sie aufhören, sich zum Opfer seiner Kommentare zu machen und auf diese Weise äußere Patriarchen auf den Plan zu rufen. Sie wird immer wieder Menschen anziehen, die die Glaubenssysteme und Gefühle ihres eigenen Inneren Patriarchen bestätigen. Außerdem provoziert sie mit dem Verhalten, das von ihrem Inneren Patriarchen bestimmt ist, unweigerlich den Patriarchen in anderen.

Die rebellische Tochter

Im Gegensatz zu Marnie war Jane immer auf der Hut, nicht ausgenutzt oder ungerecht behandelt zu werden. Sie achtete peinlich darauf, dass man sie nicht manipulierte oder schlechter behandelte als die Männer. Janes Vater war ein patriarchalischer Mann gewesen mit all den Vor- und Nachteilen, die damit einhergehen. Er war extrem verantwortungsbewusst und zuverlässig und vertrat die Meinung, dass er als Haushaltsvorstand der einzige Mensch in der Familie war, der die richtigen Entscheidungen traf. Er war stark, und wenn es notwendig war, opferte er sich auch für andere auf. Er versuchte seine Familie vor dem Druck und den Gefahren der Außenwelt zu schützen. Dafür erwartete er, dass man ihn bewunderte, ihm gehorchte und die alleinige Entscheidungsbefugnis bei sämtlichen wichtigen familiären Themen überließ.

Als sie hörte, wie die Stimme ihres Inneren Patriarchen sie drängte, sich wie eine Frau zu verhalten, sich einem Mann zu unterwerfen oder sich mit dem zweiten Platz zufrieden zu geben, fühlte Jane sich an ihren Vater erinnert. Sie wurde sofort rebellisch und setzte sich über seine Einwände hinweg. *Ganz gleich, was ihr Innerer Patriarch sagte, Jane kämpfte wie ein rebellisches Kind dagegen an.* Tatsächlich war sie im Umgang mit ihrem Inneren Patriarchen nicht freier als Marnie. Der einzige Unterschied bestand darin, dass Marnie sich automatisch fügte und Jane in jedem Falle rebellierte. Keine der beiden traf wirklich ihre eigenen Entscheidungen.

Ich weiß noch, wie eine meiner Töchter eine rebellische Phase durchmachte. Sie war damals zwei Jahre alt und musste einfach zu allem, was ich ihr vorschlug, Nein sagen. Ich konnte der Versuchung nicht widerstehen, ihr Dinge vorzuschlagen, von denen ich wusste, dass sie sie gern tat, denn ich wollte sehen, ob sie auch dann aufbegehrte. Ich fragte sie also, ob wir nicht Eis essen gehen wollten, was sie über alles liebte. Da sie aber ihr Leben als rebellische Tochter lebte, musste sie auch zu diesem Vorschlag Nein sagen.

Es ist wichtig zu beachten, dass Jane sich nur der Tatsache bewusst war, gegen das äußere patriarchalische System zu rebellieren, über das sie wirklich viel wusste und mit leidenschaftlicher Autorität reden konnte. In Wirklichkeit jedoch lehnte sie sich nicht nur gegen das äußere Patriarchat auf, sondern auch gegen ihren eigenen Inneren Patriarchen. Sie nahm wahr, wie erfolgreich oder vergeblich sie mit dem äußeren Patriarchat der Welt rang, wusste aber nichts von dem Schattenkönig, der in ihr lebte, ihrem eigenen Inneren Patriarchen.

Das Gebiet des Patriarchen meiden

In den vergangenen Jahren hat es immer wieder Frauen gegeben, die beschlossen haben, ihrem Inneren Patriarchen zu entkommen, indem sie das Hauptgebiet, das er regiert, meiden – nämlich Ehe und Beziehungen. Viele von ihnen waren Autorinnen, die über ihre Erfahrungen geschrieben haben. Eine dieser Frauen war Louisa May Alcott, die von der Unmöglichkeit schrieb, als verheiratete Frau ihr eigenes Leben zu führen, weil sie dann ihre eigenen Bedürfnisse hätte hintanstellen und sich um die ihres Mannes kümmern müssen. Wir könnten jetzt spekulieren, dass es vielleicht einen Mann gegeben hätte, der dieses Opfer nicht von ihr verlangte. Aber selbst wenn sie einen Mann gefunden hätte, der sie gleichberechtigt behandelte, hätte Alcott sich immer noch mit den Forderungen ihres Inneren Patriarchen auseinandersetzen müssen, demjenigen, der bei ihrer Mutter in die Lehre gegangen war. Dieser Innere Patriarch stellte die Regel auf, dass eine Frau, wenn sie erst einmal verheiratet war, ganz ihrem Mann gehörte und alles, was sie besaß, zu seinem Wohle einsetzen musste. Andernfalls wäre sie keine gute Ehefrau!

Alcott wusste um die Forderungen des Inneren Patriarchen und die braven Töchter, die seine Regeln für Beziehungen befolgen. In ihrem Roman *Betty und ihre Schwestern*[4] zeichnet sie die verschiedenen Aspekte des Archetyps der guten Tochter sehr schön nach. Da ist Meg, die liebevolle, mütterliche brave Tochter, Jo, die sich für alles verantwortlich fühlt und den Typ der standhaften, kreativen braven Tochter repräsentiert, Beth, die sanfte, geistig orientierte brave Tochter, und Amy, die kokette, verführerische brave Tochter. Auch Mrs. March, die Mutter der

Mädchen, ist eine brave Tochter. Sie stellt die immer treu ergebene, fröhliche brave Tochter dar, die sich niemals beklagt und sich an die Regeln hält, indem sie ihren Mann unterstützt und vergöttert, ganz gleich, was er tut. Keine der »kleinen Frauen« (und wie wir wissen, erwarten unsere Inneren Patriarchen von uns, dass wir »klein« bleiben und nicht »groß« werden) hat in irgendeinem Lebensbereich wirklich Macht oder Entscheidungsfreiheit. Keine kann ihr Leben selbst in die Hand nehmen und unabhängig von den Männern in ihrer Umgebung bestimmen. Aber sicherlich führen sie ein bezauberndes, wunderbares Leben, selbst in widrigen Zeiten!

In den letzten Jahren sind immer mehr Frauen den Forderungen des Inneren Patriarchen aus dem Weg gegangen, indem sie sich auf keine verbindliche, monogame Beziehung zu einem Mann eingelassen haben. Traurigerweise ist ihnen nicht immer klar, dass ihnen ihr eigener Innerer Patriarch diese Entscheidung diktiert. Stattdesssen projizieren sie seine Forderungen auf die Männer in ihrem Leben und glauben, dass sie von ihnen stammen.

Das kann so aussehen: Lynettes Innerer Patriarch sagt, es sei ihre Aufgabe, abends den Tisch abzuräumen. Statt zu sehen, dass das eine Forderung ihres Inneren Patriarchen ist, projiziert Lynette sie auf ihren Freund Bob, ähnlich wie ein Filmprojektor Bilder auf eine Leinwand wirft. Lynette weiß eben einfach, dass Bob von ihr erwartet, dass sie nach dem Essen den Tisch abräumt. Sie geht davon aus, dass diese Forderung von ihm kommt und nicht von ihrem eigenen Inneren Patriarchen.

Lynette empfindet Bobs vermeintlichen Anspruch als eine Beleidigung ihrer Würde und ihres Sinns für Gleichberechtigung. Sie verübelt Bob diese Erwartungen. Trotzdem räumt sie jeden Abend nach dem Essen den Tisch ab und wäscht ab. Sie fragt Bob nie, wie er das findet, denn ihr Innerer Patriarch denkt, dass er immer weiß, was Männer wollen und erwarten. Und Lynettes Innerer Patriarch weiß, dass ein Mann grundsätzlich möchte, dass sein Geschirr abgeräumt und abgewaschen wird, auch wenn er noch so sehr dagegen protestieren mag. (Bitte beachten Sie hier, dass der Innere Patriarch diese Situation nicht immer richtig interpretiert, auch wenn er mit seinen Einschätzungen meistens richtig liegt.)

Lynette betrachtet sich aber als gebildete Frau. Sie glaubt an die Gleichberechtigung der Geschlechter und weiß genau, dass sie sich von den Erwartungen eines Mannes nicht einfangen lassen möchte. Sie erkennt aber nicht, dass viele dieser Erwartungen in ihr selbst verankert sind, als gäbe es in ihr einen inneren Verräter, der nur darauf wartet, mit dem äußeren Feind zusammenzuarbeiten. Ihr Innerer Patriarch gibt Äußerungen von sich wie: »Wenn du heiratest, erwartet dein Mann von dir, dass seine Bedürfnisse für dich an erster Stelle stehen.« Oder: »Ganz gleich, was Männer dir erzählen, wenn sie um dich werben, sie wollen dir überlegen sein.« Oder: »Du musst deine Macht aufgeben, wenn du heiratest.« Für Lynette sind das Plattitüden und sie hält alle Männer für potentielle Despoten.

Mit Hilfe ihres Inneren Patriarchen liest Lynette all die subtilen Anzeichen, die seine Überzeugungen zu stützen scheinen. Sie reagiert nicht auf Bob, den realen Mann in ihrem Leben, sondern auf das Bild, das ihr Innerer Patriarch von ihm hat. Sie fährt fort, all diese so produzierten Erwartungen zu erfüllen, denn ihr Innerer Patriarch erzählt ihr, dass es das ist, was Bob wirklich will, ganz gleich, was er sagt. Dies führt zu Problemen in der Beziehung.

Bob ist sehr um politisch korrekte Ansichten und Verhaltensweisen bemüht. Er hat hart daran gearbeitet, sich von seinen patriarchalischen Erwartungen zu befreien. Er möchte eine gleichberechtigte Ehe. Das ist einer der Züge an ihm, die Lynette zu Beginn ihrer Beziehung so anziehend fand. Wenn Lynette sich weiterhin von ihrem eigenen Inneren Patriarchen gängeln lässt, wird früher oder später die patriarchalische Stimme in Bob zum Leben erwachen. Und wenn Bobs Patriarch aktiv wird, erwartet er tatsächlich, dass Lynette sich an die traditionellen

Regeln für weibliches Verhalten hält. An diesem Punkt hat ihr Innerer Patriarch Recht; Bob möchte, dass sie ein braves Mädchen ist, also verhält sie sich auch entsprechend.

Schließlich hat Lynette Bob und all seine »männlich chauvinistischen« Forderungen an sie satt. Das traurige Ende der Geschichte ist, dass sie Bob verlässt, ohne jemals seine wirklichen Gefühle und Erwartungen zu entdecken und ohne sich ihre eigene Rolle in diesem Drama bewusst gemacht zu haben. Das alles spielt sich im Schattenreich ihres Unbewussten ab. Wenn sie von ihrem Inneren Patriarchen wüsste, könnte die Beziehung einen völlig anderen Verlauf nehmen. Die Interpretationen, mit denen der Innere Patriarch die Erwartungen eines Mannes in einer Beziehung belegt, und die Tendenz der Frau, zur braven oder rebellischen Tochter zu werden, führen zu ernsthaften Schwierigkeiten. Wir wollen uns noch ein weiteres Beispiel dafür anschauen, wie sich diese Dynamik in Beziehungen auswirkt.

Marianne, eine Frau Ende sechzig, war dabei, als ich mit Pams Innerem Patriarchen sprach, dem Patriarchen einer jüngeren Frau, die erst kürzlich geheiratet hatte. Auch wenn der neue Ehemann schon eine Zeitlang Pams Geliebter gewesen war, rief die Heirat sofort den Inneren Patriarchen auf den Plan, der Pam Anweisungen gab, wie sie als Ehefrau mit ihrem Mann umzugehen hatte. Seine Regeln waren sehr strikt und schienen kein Ende zu nehmen. Kurz gesagt war Pam jetzt verantwortlich für das körperliche, emotionale und geistige Wohlergehen ihres Mannes. Kam er mit seiner Arbeit nicht voran, machte sie ihm zu Hause wahrscheinlich Stress. Nahm er zu, ernährte sie ihn falsch. Wurde er krank, war sie garantiert daran Schuld, dass er seine Abwehrkraft verloren hatte.

Pams Innerer Patriarch wollte auch, dass Pam sich als gute Ehefrau um alle weiblichen Pflichten kümmerte, wie zum Beispiel die Wäsche. Pam hatte immer ganztags gearbeitet und sich früher niemals »weiblichen Pflichten« wie der Wäsche gewidmet. Sie hatte sich diese Aufgaben mit ihrem Partner geteilt, als sie noch unverheiratet zusammenlebten. Aber durch die Ehe war jetzt alles anders geworden und Pam hatte all die neuen Aufgaben und vermeintlichen »Forderungen« ihres Ehemannes allmählich satt. Pams frisch gebackener Ehemann war derselbe Mensch, der er vor der Ehe gewesen war. Ironischerweise waren die Veränderungen, die Pam so ärgerten und ihre junge Ehe so belastend machten, von Pams Innerem Patriarchen ins Spiel gebracht worden, ohne dass ihr Mann überhaupt gefragt worden war.

Marianne war erstaunt, als sie Pams Innerem Patriarchen zuhörte. Sie war vor vielen Jahren auch einmal verheiratet gewesen, war aber nach der Scheidung einer neuen Ehe aus dem Weg gegangen. Sie hatte viele Liebhaber gehabt und ihr Leben war ziemlich spannend, aber sie hatte niemals zugelassen, dass sich aus diesen Liebschaften eine feste, monogame Beziehung entwickelte. Sie lehnte es ab, sich wieder von den Bedürfnissen eines Mannes gängeln zu lassen oder sich seinen Forderungen zu unterwerfen! Als sie Pams Innerem Patriarchen zuhörte, wurde Marianne klar, dass die Forderungen, die sie glaubte von den Männern in ihrer Umgebung zu vernehmen, in den ganzen letzten vierzig Jahren von ihrem Inneren Patriarchen stammten! Die ganze Zeit lang war sie vor dem Bild weggelaufen, das sie selbst auf die Männer in ihrem Leben projiziert hatte und war niemals lange genug bei einem geblieben, um herauszufinden, was er wirklich dachte.

Trotzdem hatte Marianne erreicht, was sie sich vorgenommen hatte. Sie war der Kritik und den Forderungen ihres Inneren Patriarchen entkommen. Sie spielte sein Spiel nicht mit und musste sich deswegen auch nicht an seine Regeln halten. Solange sie sich hauptsächlich mit Frauen zusammentat und mit heterosexuellen Männern nur oberflächliche Beziehungen einging, war sie mit den demütigenden Kommentaren und sexistischen Forderungen ihres Inneren Patriarchen nicht konfrontiert. Sie hatte ihr Leben als unabhängiges menschliches Wesen geführt, das sich selbst Respekt entgegenbrachte.

Sie müssen nicht mitspielen

Wir müssen im Umgang mit unserem Inneren Patriarchen nicht länger brave oder böse Mädchen sein. Wir müssen nicht zu Rebellinnen werden oder Beziehungen ganz vermeiden, um uns von unseren Inneren Patriarchen und ihren Forderungen lösen zu können.

In den nächsten Kapiteln werden wir untersuchen, wie wir mit dieser ständig anwesenden und oft schwierigen inneren Person anders umgehen können. Wir werden uns anschauen, was der Innere Patriarch will und was wir tun können, um seiner Macht entgegenzuwirken. Wir werden lernen, ihm den Respekt zu zollen, den er verdient, und wir werden lernen, wie wir den destruktiven Aspekten seines Einflusses auf unser Leben als Frauen Einhalt gebieten können.

Die Innere Matriarchin

Der Innere Patriarch veranlasst Frauen, sich ihrer Weiblichkeit zu schämen, sich dafür zu entschuldigen oder sie zu verteidigen. Die Matriarchin hingegen ist stolz auf Frauen. Sie denkt, dass Frauen Männern weit überlegen sind und bringt Frauen und allem, was traditionellerweise als weiblich gilt, Respekt entgegen. Männer und die traditionellen männlichen Wege der Welt können sie weder beeindrucken noch lässt sie sich davon einschüchtern.

So wie wir als Frauen schon immer daran gearbeitet haben, die Macht des äußeren Patriarchats auszubalancieren, bestand auch schon immer die Notwendigkeit, der Macht des Inneren Patriarchen ausgleichend entgegenzuwirken. Dafür gibt es zwei wichtige Gründe. Erstens regiert der Innere Patriarch ohne diesen Ausgleich unser Leben und hält uns den Männern gegenüber in der Rolle der Tochter gefangen. Nur wenn wir uns von seinem Einfluss lösen, können wir den Männern in unserem Leben gleichberechtigte Partnerinnen sein. Der zweite Grund hat mit den Gaben zu tun, die der Innere Patriarch mitbringt – nämlich Rationalität, Gesetz, Ordnung, Disziplin, Zielgerichtetheit, Produktivität, Wettbewerb, Kontrolle, Leistungsorientierung, das Beschützen der Schwachen und die Anpassung an klar definierte Rollen, die unsere Welt verlässlich machen. Diese Werte repräsentieren aber nur die eine Hälfte unseres Erbes als menschliche Wesen. Die andere Hälfte wird von anderen inneren Personen vertreten.

Die Innere Matriarchin

In jeder Frau gibt es eine Matriarchin, eine Stimme, die ihr Bestes versucht, um der Macht des Inneren Patriarchen und seiner Werte ausgleichend entgegenzuwirken. Ich betrachte diese Matriarchin als primäre innere Person für Frauen, eine bewusste und machtvolle innere Stimme. Sie tritt als Kriegerin auf, um uns Frauen und die traditionellen weiblichen Werte, die wir vertreten, zu schützen. Auch die entsprechende Stimme in Männern bezeichne ich als Innere Matriarchin. Wie der Innere Patriarch hat auch sie gute und schlechte Seiten.

Die Matriarchin ist ägerlich über die Ungerechtigkeit und Ungleichheit in einer Welt, die Männer höher schätzt als Frauen. Sie sieht die Gefahr, dass die traditionellen männlichen Werte überhöht und die tradionellen weiblichen Werte heruntergemacht oder als belanglos betrachtet werden. Es bricht ihr das Herz, mit ansehen zu müssen, wie junge Mädchen in Asien sterben, nur weil sie als wertlos gelten. Sie trauert persönlich um jedes Mädchen, das für die sexuelle Sklaverei ausgebeutet wird, um die jungen Frauen, deren Genitalien verstümmelt werden, und um Frauen, denen die grundlegendsten Rechte als menschliche Wesen verwehrt werden. Sie ist voll rasender Wut über die Vergewaltigung von Frauen und fordert meistens die Kastration als einzig angemessene Strafe für den Mann, der sich weigert, die Verantwortung für die Kontrolle seiner sexuellen Impulse zu übernehmen. Sie sieht in Männern oder ihrer Welt nur wenig, was sie für wertvoll hielte.

Die Matriarchin ist eine innere Person in Frauen, die ihr eigenes Geschlecht den Männern für überlegen hält. Sie hat eine äußerst negative Meinung von Männern und traditionellen männlichen Eigenschaften. Da sie nicht die Ansichten der herrschenden Gesellschaft widerspiegelt, ist sie für Männer in der Regel nicht so problematisch wie der Innere Patriarch für Frauen. In jüngster Zeit jedoch leiden immer mehr Männer unter der Grausamkeit ihrer eigenen Inneren Matriarchin und, möchte ich hinzufügen, unter der Grausamkeit der matriarchalisch eingestellten Frauen in ihrer Umgebung.

Dieses Leiden war schon immer das Schicksal von Männern, die von männerfeindlichen Frauen großgezogen wurden. Ein Junge, der in einer Familie ohne starke männliche Präsenz aufwächst, die ihm hilft, diese Feindseligkeit auszugleichen, hat meistens eine starke Matriarchin in sich, die ihn und seine Gefühle und Verhaltensweisen einfach deswegen abwertet, weil er ein männliches Wesen ist. Wie Sie sehen, gibt es hier starke Parallelen zu der Rolle, die der Innere Patriarch im Leben von Frauen spielt.

Ron, zum Beispiel, wurde von seiner Mutter großgezogen. Sein Vater hatte die Familie verlassen, als das jüngste Kind geboren wurde, und ließ Rons Mutter mit der Aufgabe zurück, drei Kinder allein zu versorgen. Ron war, solange er denken konnte, immer das einzige männliche Wesen in der Familie gewesen. Seine Mutter und seine Schwestern waren immer um ihn herum, und von Zeit zu Zeit kamen seine Großmutter und seine Tanten, um zu helfen. Seine Mutter hatte hin und wieder Freunde, aber diese waren nicht an Ron interessiert, so dass es im Grunde in Rons Leben keine Männer gab.

Als heranwachsender Junge bekam Ron von den Frauen in der Familie ständig zu hören, wie gefühllos, unverantwortlich und grausam Männer seien, und dass die Welt völlig aus den Fugen geraten würde, wenn es die Frauen nicht gäbe. Diese Klagen wurden zur Litanei von Rons Innerer Matriarchin. Sie hielt Männer wirklich für die schlechteren Menschen und zögerte nicht, diese Einstellung an Ron weiterzugeben. Da Ron männlich war, war er natürlich genauso schlecht wie der Rest der Männer, es sei denn, er sagte sich von all seinen männlichen Eigenschaften los. Wenn er aber auf seine Innere Matriarchin hörte und femininer wurde, trat Rons Innerer Patriarch (und auch der Patriarch von anderen) auf den Plan und kritisierte ihn als verweiblicht.

Männer wie Ron werden in unserer Gesellschaft darin unterstützt, die Stimme der Inneren Matriarchin zu ignorieren. Sie werden stark ermutigt, sich ihre Männlichkeit zu bewahren und sich den Urteilen von irregeleiteten weiblichen Wesen (oder von männlichen Schwächlingen) zu widersetzen, aber das hat wenig Einfluss auf die negative Stimme in ihrem Inneren. Die Innere Matriarchin lässt sich, wie auch der Innere Patriarch, nicht so leicht zum Verstummen bringen. Das stellt ein ziemliches Dilemma dar. Wir können sagen, dass Ron und andere Männer wie er zwischen zwei Stühlen sitzen.

In den letzten Jahren ist die matriarchalische Stimme von der »New-Age«-Bewegung und vielen feministischen Strömungen unterstützt worden. Die matriarchalische Sicht äußert sich sowohl in Männern als auch in Frauen kritisch, wenn es um Macht, Aggression, Wettbewerb, Sexualität ohne Gefühle und Ausbeutung geht. Sie schätzt ein reiches Gefühlsleben, Zusammenarbeit, die Rhythmen der Natur, Liebe, Familie und nährendes Verhalten. Meistens befindet sie sich im Kriegszustand mit dem Inneren Patriarchen, auch wenn die beiden manchmal ein und dasselbe Verhalten ablehnen, wie wir gleich an Margie sehen werden.

Margie ist Autorin und arbeitet zu Hause. Sie hat einen wunderbaren Babysitter gefunden, so dass ihre Kinder nicht vernachlässigt werden, wenn sie sich auf ihre Arbeit konzentrieren muss. Margie hat gelernt, das Weinen ihrer Kinder zu ignorieren, wenn sie einen Abgabetermin einhalten muss. Sie bleibt in ihrem Büro und lässt den Babysitter sich um die Bedürfnisse der Kinder kümmern, auch wenn sie sie im Zimmer nebenan nörgeln hören kann. In solchen Situationen sagt Margies Matriarchin Dinge wie: »Du verhältst dich wie ein Mann. Das ist übel. Vergiss nicht, dass deine Kinder das Wichtigste im Leben sind. Vernachlässige sie nicht zu Gunsten deines Berufes. Du setzt falsche Prioritäten. Du springst mit deinen Kindern genauso um wie dein Vater mit dir. Für ihn warst du auch immer weniger wichtig als seine Büroarbeit! Genau das läuft in der heutigen Welt verkehrt!«

Margies Matriarchin sieht nicht, wie wichtig es ist, sich auf persönliche Aufgaben zu konzentrieren, Selbstdisziplin zu entwickeln oder in der Welt Erfolg zu haben. Also tut sie sich zusammen mit dem Inneren Patriarchen, der glaubt, der Platz einer Frau sei im Haus, wo sie sich den Bedürfnissen ihres Mannes und ihrer Kinder zu widmen habe. Beide stellen die gleichen Forderungen an Margie. Der Unterschied besteht darin, dass für Margies Matriarchin die Versorgung einer Familie ein höherer Wert ist als das Berufsleben, während der Patriarch eine berufliche Karriere grundsätzlich höher schätzt als die Ausrichtung auf die Familie.

Eine Stimme im Schatten

Wie der Innere Patriarch lebt auch die Innere Matriarchin tief im Unbewussten und richtet den Schaden, den sie uns zufügt, weitestgehend im Schatten an, so dass wir sie nicht bewusst wahrnehmen. Sie veranlasst Männer, sich ihrer eigenen Person und ihrer traditionellen männlichen Eigenschaften zu schämen. Aber auch Frauen, die denken, handeln oder fühlen wie ein Mann, flößt sie Scham ein. Alles traditionell Männliche ist in ihren Augen schlecht.

Ich habe mit vielen Inneren Matriarchinnen gesprochen und beschlossen, eine davon vorzustellen, nämlich die von George, weil sie sich sehr gewandt ausdrückt, wenn sie ihre Ansichten über Männer, Frauen und die wichtigen Dinge des Lebens mitteilt. Wenn Sie ihr zuhören, werden Sie ihre Sanftheit und ihre Trauer bemerken. Sie werden auch heraushören, wie ambivalent sie in vielem ist und wie stark sie die traditionellen weiblichen Werte betont. Und nicht zuletzt wird ihre generell negative Sicht von Männern und deren Welt deutlich. Georges Innere Matriarchin sprach traurig, bedächtig, sanft und ganz langsam. Manche Inneren Matriarchinnen sind ärgerlicher und kämpferischer einstellt, diese aber war wehmütig und traurig.

Sidra: Ich würde gerne von Ihnen erfahren, was Sie über die Stellung der Frau in der heutigen Welt denken und fühlen.

Innere Matriarchin: Sie wissen ja, dass diese Welt für Frauen nicht sicher ist, vor allem dann nicht, wenn Sie einen männlichen Körper haben. Es ist gefährlich für mich, in die Welt hinauszugehen.

Sidra: Warum?

Innere Matriarchin: Wenn ich mich am falschen Ort bemerkbar mache, kann ich George wirklich in Schwierigkeiten bringen. Männer mögen mich überhaupt nicht. Früher konnte ich mich mehr in ihm zeigen. Ich konnte meine Empfindsamkeit leben und einige Frauen hatten mich richtig gerne. Bei bestimmten Gelegenheiten kann ich mich immer noch äußern. Wenn er jemandem zuhört zum Beispiel, wenn er einem Menschen Zuwendung gibt und freundlich sein kann.

Ich konnte mich auch zeigen, als er ein junger Mann war und Christ wurde. Damals wurden mein Mitgefühl und meine Freundlichkeit akzeptiert. Ja und auch als er mit etwa neunzehn Jahren als Krankenpfleger arbeitete. Da konnte er mitfühlend sein. Ich konnte freundlich zu den kleinen alten Damen sein, was denen sehr gefiel. Aber je älter er wird, desto weniger Raum ist für mich. Als er noch ein Junge war, wurde ich akzeptiert, aber jetzt, wo er ein Mann ist, nicht mehr.

Sidra: Als er ein Junge war, war das, was Sie vertreten, also in Ordnung, aber nicht für ihn als Mann. Als er größer wurde, musste er als Mann dastehen und Sie wegdrängen. Das gilt für Mädchen genauso. Bis zur Pubertät dürfen sie sich auch mal wie Jungen verhalten, aber dann erwartet man, dass sie sich wie Frauen benehmen.

Innere Matriarchin: Ja, das stimmt. Ich wünschte, es gäbe

für mich einen Platz in seinem Leben, aber ich bin eindeutig eine Frau und liebe Frauen wirklich.

Sidra: Bewundern Sie einen ganz bestimmten Typ von Frau?

Innere Matriarchin: Die Frauen, die ich bewundere, sind wirklich in Kontakt mit ihrer Sexualität und genießen sie. Ich wünschte, sie würden mich mögen. Ich habe wirklich Freude an ihrer Weiblichkeit, an der Art und Weise, wie sie ihre Sexualität genießen und Kinder gebären können. Ich beneide sie darum. Es tut mir leid, dass er kein Kind bekommen kann. Als ich jünger war, hatte ich einen Freund, dessen Frau schwanger war, und da dachte ich immer, wie wunderbar es wäre, wenn ich dieses Leben in mir spüren und ein Kind gebären könnte wie sie.

Ich bin immer ganz traurig darüber gewesen, dass er einen Männerkörper hat. Ich beneide Sie darum, dass Sie mit einem weiblichen Körper geboren wurden (*spricht ganz sehnsüchtig*). Weibliche Körper sind weich, sanft und mitfühlend. Ich liebe die Art und Weise, wie Frauen Nähe herstellen können, wie sie Geheimnisse austauschen und sich wirklich ganz, ganz nahe kommen.

Sidra: Das klingt nach einem Gefühl, einem fließenden, sinnlich weichen Gefühl.

Innere Matriarchin: Richtig, und Frauen haben auch Größe, etwas Allumfassendes. Sie wissen, was wirklich schmerzt, sie wissen, was wichtig ist. Das ist bei Männern anders.

Sidra: Was wäre denn wichtig? Welchen Dingen, die ein Mann vielleicht übersieht, würde eine Frau sich zuwenden?

Innere Matriarchin (*traurig*): Leiden, das Leiden eines anderen Menschen wäre wirklich wichtig oder eine Verletzung, die gar nicht sein müsste. Der Verlust von Leben. Nichts von all den Dingen, die Männer tun. Männer sind

so flach. Leben, Tod, Spiritualität, Gefühl und Nähe. Vor allem aber das Fühlen.
Sidra: Sie haben gesagt, dass Männer sich mit unwichtigen Dingen beschäftigen. Was wäre das denn?
Innere Matriarchin: Gewinnen! Männer machen sich viel Kopfzerbrechen darüber, wie sie gewinnen können. Beim Tennis zum Beispiel. Sein Vater, wissen Sie, hat Stunde um Stunde trainiert, um ein lokales Spiel zu gewinnen, und sich dann total aufgeregt, wenn er verloren hat. Siege und Wettkämpfe, darüber machen Männer sich Gedanken. Was ist so wichtig am Gewinnen und Verlieren? Sie haben überhaupt nichts davon. Ich bin nicht gegen Spiele oder Wettkämpfe, mich stört der Ärger, der damit einhergeht, und wie viel Kraft und Zeit das frisst, die sie dann nicht mehr für die Familie haben. Sie verbringen ihre Zeit mit Dingen, mit denen sie ihr Ego aufpäppeln, und das hält sie davon ab, zu lieben und sich anderen Menschen zuzuwenden.
Wissen Sie (*wird etwas lauter und energischer*), ihr kleines Ego steht ihnen im Weg. Manchmal tun und sagen sie einfach etwas Falsches. Und Sie wissen ja, wenn Männer Unrecht haben, gehen sie total in die Offensive und verletzen andere. Das ist das Problem.
Sidra: Sie meinen, wenn Männer verletzt sind, verletzen sie andere?
Innere Matriarchin: Ja. Was ist schon dabei, wenn sie Unrecht haben? Wir alle irren uns manchmal. Das ist doch kein Grund, einen anderen Menschen zu verletzen. Frauen sind einfach bessere Menschen als Männer. Sie verhalten sich nicht so.
Sidra: Sie sprechen sich also ausdrücklich dagegen aus, dass Menschen verletzt werden?
Innere Matriarchin: Ja, so ist es. Ich bin dagegen, dass andere verletzt werden, dass anderen Schmerz zugefügt wird.

Sidra: Haben Sie feste Regeln für Situationen, in denen George vor der Entscheidung steht, selbst verletzt zu werden oder den anderen zu verletzen, körperlich oder emotional?
Innere Matriarchin: Nein, eigentlich nicht. Ich bin keine Märtyrerin oder Altruistin. Ich möchte niemandem weh tun, aber ich möchte auch nicht verletzt werden. Ich kann ziemlich ärgerlich werden und manchmal auch Schläge austeilen. Aber bevor ich so weit gehe, muss ich erst selbst verletzt werden.
Wissen Sie, wenn Männer im Krieg töten müssen, um nicht getötet zu werden, und so ist es doch, das ist traurig. Aber darum geht es mir nicht. Ich spreche davon, dass ein Mann sich ständig beweisen muss und andere damit verletzt. Das sollten nur kleine Jungen tun. Wenn ein Junge größer wird, sollte er zum Mann werden und damit aufhören. Das ist hohle Prahlerei und nicht wichtig.
Sidra: Sie würden ihn also bremsen, wenn er den Wunsch hat, sich zu messen, um zu beweisen, dass er besser ist als andere? Was würden Sie noch zurückhalten?
Innere Matriarchin: Ich würde es nicht zurückhalten, wahrscheinlich würde ich mir dieses Etwas da, das unbedingt herrschen muss, einfach schnappen und ausmerzen. Das hängt vor allem damit zusammen, dass Männer kein Gefühl haben.
Wenn Frauen genauso oberflächlich, gehässig und grausam wären wie Männer, hielte ich sie für schrecklich. Ich habe immer gedacht, alle Frauen wären wie ich, aber jetzt weiß ich, dass einige Frauen wie Männer sind und die mag ich überhaupt nicht. Andererseits gibt es aber auch Männer, die wie ich sind, und die ich wirklich gerne habe.

Deutlich wird, dass die Innere Matriarchin entschiedene Ansichten darüber hat, was wichtig und was unwichtig ist, und zwar ganz unabhängig vom Geschlecht. *Sie misst nicht mit zweierlei Maß wie der Innere Patriarch, der bestimmte Verhaltensweisen (wie zum Beispiel Durchsetzungsvermögen) an Männern bewundert, für Frauen aber ablehnt. Wenn die Innere Matriarchin ein bestimmtes Verhalten verurteilt, dann sowohl bei Männern als auch bei Frauen.* Sie hält fast alles, was wir traditionell als »männlich« bezeichnen, für negativ und lehnt es bei Frauen und bei Männern ab. Umgekehrt schätzt sie traditionell »weibliche« Werte und Eigenschaften, sowohl bei Männern als auch bei Frauen.

Wie sollen wir mit Männern umgehen? Die Innere Matriarchin äußert ihre Ansichten

Georges Unbewusstes gibt die Ansichten seiner Inneren Matriarchin über die Stellung des Mannes in der Welt sehr deutlich wieder. Er träumte, seine Mutter würde mit ihren Kindern im Haupthaus leben. Sie verlangte von seinem Vater, dass er in einem anderen Gebäude wohnte, außerhalb des Hauses. Dieses zweite Gebäude war niedriger als das Haupthaus und stand in einer großen, rechteckigen Grube, die knapp fünf Meter tief war. Es war ein sehr komfortables Gebäude, das Dach war mit Erde bedeckt und das Ganze sah einer Jagdhütte ähnlich. Sein Vater hatte es dort sehr gemütlich. So war in Georges Traum der Mann völlig getrennt von den Frauen und den Kindern.

Dieses Bild des ins Exil geschickten Mannes im Hinterkopf fragte ich Georges Innere Matriarchin, wie ihrer Meinung nach mit Männern umgegangen werden solle. Als sie mir darauf antwortete, war ihr Tonfall strenger und kritischer als vorher.

Innere Matriarchin: Im Grunde finde ich, dass Männer nur stören – zu Hause, in der Familie, in der Liebe und überall, wo es um Zuwendung geht. Sie müssen nicht an einen unfreundlichen Platz verbannt werden, aber ich habe es lieber, wenn sie sich nicht im Haus aufhalten. Wenn die Männer nicht im Wege stünden, wäre diese Welt ein besserer Ort.

Sidra: Gibt es bestimmte geeignete Plätze für sie?

Innere Matriarchin: Mir würde es gefallen, wenn George in einer der Gesellschaften lebte, die Jagd und Ackerbau betrieben, und wir könnten die Männer zur Jagd schicken, während wir uns um die Kinder und alle wirklich wichtigen Dinge kümmern. (*Wird sehr gönnerhaft*) Die Männer könnten abends nach Hause kommen, ihr Gesicht anmalen, tanzen und machen, was sie wollen, aber mit den wirklich wichtigen Dingen, die wir tun müssen, um für uns zu sorgen, hätten sie nichts zu tun.

Sidra: Das klingt so, als hielten Sie es für eine gute Idee, wenn die Männer beiseite treten würden, damit wir die Zivilisation erhalten können.

Innere Matriarchin: Erraten! Wenn sie nach Hause kommen, bringen sie doch nur alles durcheinander. Sie sind einfach zu hart, grausam, gefühlskalt und lieblos. Im besten Fall sind sie nicht da, im schlimmsten Fall bringen sie alles in Aufruhr. Schick sie in die Versammlungshütte und lass sie da ihren Kram machen. Ich finde das wirklich albern. Männer sind solche Flachköpfe! Wir Frauen haben so viel Tiefe.

Ich möchte darauf hinweisen, dass es die Innere Matriarchin ist, die Männer für überflüssig hält. Sie ist aber nur eine von vielen inneren Gestalten. Andere innere Personen sehen das ziemlich anders.

Die Kastration des Mannes

So wie der Innere Patriarch Frauen abwertet und ihr Selbstwertgefühl untergräbt, arbeitet die Innere Matriarchin darauf hin, dass ein Mann sich mit seiner Männlichkeit unwohl fühlt. Sämtliche Verhaltensweisen, die mit den männlichen Sexualhormonen zusammenhängen, werden heftig kritisiert. *Laut der Inneren Matriarchin muss ein Mann sich seiner natürlichen Aggressivität, seiner Sexualität, seines Territorialverhaltens oder seiner Leistungsorientiertheit schämen.* Sie versucht, ihn zu dämpfen und zu beruhigen und seine ganze Energie auf das Fühlen und die Zuwendung für andere zu lenken. Sie weist darauf hin, dass er nicht wirklich für sich sorgen kann. Glücklich ist sie nur über »brave Jungen«. Leider hat der Innere Patriarch, wie ich bereits erwähnte, für die braven Jungen dieser Welt nur Spott übrig. Das kann in unser aller Leben viel Verwirrung stiften!

Die Grausamkeit, die neben dem Mitgefühl der Matriarchin existiert, wird deutlich in dem folgenden Traum einer jungen Frau:

Ich träumte, dass ich mich mit den Frauen meiner Familie in einem großen Zimmer befand. Meine Mutter, meine Großmutter, meine Urgroßmutter und alle meine Tanten waren bei mir. Die älteren Frauen reichten ein Gefäß herum, in dem etwas lag. Jede Frau schaute gründlich in das Gefäß, wenn sie es bekam, und reichte es dann an die nächste weiter. Als ich an der Reihe war und in das Gefäß blickte, sah ich, dass die Genitalien meines Vaters darin lagen.

Diese Kastration ist meistens symbolisch und subtil. Wir erleben sie, wenn die Matriarchinnen sich über das Verhalten von Männern lustig macht. Sie reden oft über Männer, als wären diese kleine Jungen. Das hört sich ähnlich an wie bei Georges Innerer Matriarchin, als sie geringschätzig vorschlug, dass die Männer zusammen jagen gehen sollten, damit sie beschäftigt sind und nicht im Weg herumstehen. Wenn eine Gruppe von Matriarchinnen Gelegenheit hat, sich zu äußern, können Sie etwa Folgendes zu hören bekommen:

- Ich halte Frauen grundsätzlich für stärker als Männer.
- Alle Männer sind im Grunde kleine Jungen.
- Männer wissen nicht, was wirklich wichtig ist.
- Frauen wissen, was wirklich wichtig ist.
- Männer können nicht fühlen.
- Männer müssen ständig konkurrieren und sich brüsten.
- Man muss mit Männern nur umgehen können. Wenn du weisst, wie du einen Mann behandeln musst, kriegst du alles von ihm.
- Die Männer sind verantwortlich dafür, dass die Welt sich in einem so schrecklichen Zustand befindet.
- Männer kämpfen gerne. Wenn die Frauen das Sagen hätten, gäbe es keine Kriege.
- Männer denken mit ihrem Penis.
- Frauen können viel mehr aushalten als Männer. Wenn Männer Schwangerschaft und Geburt durchmachen müssten, gäbe es keine Kinder.
- Männern ist es egal, was mit anderen geschieht. Sie tun nur so, als würden sie Anteil nehmen.
- Männer haben immer nur eines im Sinn (nämlich Sex).
- Männer sind grausam.
- Männer sind von Natur aus wettbewerbsorientiert, nur Frauen können zusammenarbeiten.
- Ich bin noch nie einem Mann begegnet, der anderen Zuwendung geben kann.
- Ich traue Männern nicht. Sie nutzen einen nur aus.

Im Gegensatz zu dem Inneren Patriarchen, der ziemlich kalt, ärgerlich oder kritisch werden kann, spricht die Innere Matriarchin oft von oben herab und mit spöttischem Ton. Ihr negativer

Aspekt ist, dass sie ihr Wissen über Gefühle und Bedürfnisse benutzt, um den Mann zu manipulieren und dahin zu bringen, dass er sich völlig unfähig fühlt.

Mit einem einzigen spöttischen Blick kann die Innere Matriarchin einen Mann aus der Wärme und Nähe der Familie vertreiben. Dann fühlt er sich wie ein verlassenes Kind, das nichts richtig machen kann. Sie vermittelt ihm, dass all seine Talente, Leistungen und Stärken unwichtig und bedeutungslos sind und nichts von dem, was er erreicht, sie beeindrucken kann.

Die positiven Seiten der Matriarchin

Die Matriarchin wirkt dem Patriarchen in Frauen ausgleichend entgegen. Der Innere Patriarch bringt Frauen dazu, sich für ihre Weiblichkeit zu schämen, zu entschuldigen oder zu verteidigen. Die Matriarchin hingegen ist stolz auf Frauen. Sie hält Frauen für besser als Männer. Sie bringt Frauen und allem, das traditionellerweise mit Weiblichkeit verbunden wird, Respekt entgegen. Sie lässt sich von Männern und den traditionell männlichen Wegen nicht einschüchtern. Auf diese Weise schenkt sie Frauen Selbstachtung und räumt ihnen einen Platz in der Welt ein, so dass sie stolz auf sich und ihr Geschlecht sein können.

Wir wollen uns einmal die Äußerungen von Karens Matriarchin anhören.

> Karen wurde von einer äußerst starken Mutter aufgezogen, auf die ich sehr stolz bin. Im Grunde bin ich stolz auf ihre weiblichen Vorfahrinnen – ihre Mutter, ihre Großmutter und ihre Urgroßmutter. Vielleicht haben sie draußen in der Welt nichts bewirkt, aber sie waren alle mächtige Frauen. Sie haben die Familie zusammengehalten und ihre Männer, die im Grunde schwächer waren

als die Frauen, unterstützt, damit sie in die Welt hinausgehen und es da draußen zu etwas bringen konnten. Ich wette, wenn sie in den letzten dreißig Jahren geboren wären, dann wären sie in der Welt sehr mächtig geworden, falls sie das wirklich gewollt hätten.

Ich denke, Männer sind ohne Frauen grundsätzlich wertlos. Sie brauchen alle eine Frau, die sich um sie kümmert, denn selbst sind sie dazu nicht in der Lage, nur eine starke Frau kann das.

Ich bin der Meinung, dass eine Frau sehr wohl alleine auskommen kann. Sie hat immer Freundinnen, Freunde und Familie, sie weiß schon, wo es längs geht. Sie tut, was zu tun ist. Frauen wussten immer, wie man überlebt, sie haben die richtigen Instinkte und ein tiefes Wissen. Männer sind doch wie Kinder, habe ich Recht? Sie kennen ihre Verletzlichkeiten und ihre wunden Punkte gar nicht. Wenn sie keine Macht haben oder an der Spitze stehen, wissen sie gar nicht weiter. Frauen sind auch da noch stark, wo sie am Boden sind, und das ist für mich wahre Macht.

Wissen Sie, Frauen haben ein tiefes, geheimes Wissen, wenn sie sich das spüren lassen. Frauen sind auf die Zyklen des Lebens eingestimmt. Ihr Körper und seine Rhythmen sind etwas Besonderes. Sie haben verblüffende intuitive Gaben. Ich habe gelesen, dass sie gesünder sind, länger leben und stärkere Abwehrkräfte gegen Schmerz und Infektionen haben als Männer. Auch kommen sie über den Verlust eines Partners besser hinweg als ein Mann. Ich halte Frauen für erstaunliche Geschöpfe, total erstaunlich.

Ich erinnere sie immer wieder daran, dass Männer keinen Zugang zu den wirklich wichtigen Dingen im Leben haben. Es ist meine Aufgabe, Karen das zu sagen und ihr zu helfen, an ihr eigenes tiefes Wissen und ihre weibliche

> Macht heranzukommen. Deswegen möchte ich gerne, dass sie Bücher über Frauen liest und Frauengruppen besucht. Durch diese Aktivitäten wächst auch ihr Stolz darauf, eine Frau zu sein. Ich möchte, dass sie alles an ihrer Weiblichkeit schätzt. Es ist lächerlich herumzulaufen und sich ohnmächtig zu fühlen oder »weniger« als ein Mann! Total lächerlich.

Wir können sehen, wie diese Matriarchin Karen hilft, der Macht ihres Inneren Patriarchen ausgleichend entgegenzuwirken. Sie kann sich für Karen oder auch für jede andere Frau seinen entmutigenden Bemerkungen entgegenstellen und ihr ein echtes Gefühl von Stolz auf ihre weibliche Herkunft vermitteln. Leider geht das manchmal auf Kosten der Männer. In der Hinsicht steht die Matriarchin dem Inneren Patriarchen in nichts nach und wir können sehen, dass sie uns sowohl Geschenke bringt als auch Probleme bereitet.

Allgemein gesagt arbeitet die Matriarchin darauf hin, dass sowohl Männer als auch Frauen sehen können, wie wichtig die traditionellen weiblichen Werte im Leben sind. Die Matriarchin schützt Werte wie Gefühle, ein Zuhause, Familie und Gemeinschaft. Sie lenkt den Blick auf die Heiligkeit des Gewöhnlichen und die zyklischen Abläufe im Leben, die nicht manipuliert oder verändert werden können, ganz gleich, wie viel Wissen wir uns aneignen. Die Matriarchin schätzt das Wohlergehen der oder des Einzelnen höher als das der Gruppe. Sie gibt ihren Gefühlen und ihrer Liebe Vorrang vor allem anderen, besonders vor abstrakten Grundsätzen. Sie hat ihre eigenen Werte und möchte mit Menschen zusammen sein, die mit ihr übereinstimmen, auch wenn das bedeutet, dass sie sich aus der Welt der Männer zurückziehen muss.

Dieses Kapitel hat Ihnen ein Bild von der Matriarchin vermittelt und Ihnen gezeigt, wie diese durch ihre Eigenschaften, ihre Werte und ihre Macht für einen Ausgleich in unserer Psyche sorgen kann. Im nächsten Teil des Buches möchte ich Ihnen einige andere Möglichkeiten vorstellen, mit dem Patriarchen, der in jeder von uns lebt, kreativ zu arbeiten. Unser Ziel ist, die gegensätzlichen Kräfte, die diese beiden inneren Gestalten repräsentieren, ins Gleichgewicht zu bringen. Das eröffnet uns die Möglichkeit, uns in der Welt anders zu bewegen, dabei unser gesamtes Potential als menschliche Wesen zu achten und zuzulassen, dass Männer und Frauen gleichgestellte und sich gegenseitig würdigende Partner und Partnerinnen sind.

Teil IV

EIN NEUER WEG

Ein neuer Weg für Frauen

In meinem Traum trage ich ein großes Paket mit wichtigen »Schätzen« von Frauen bei mir. Es muss an eine Gruppe geliefert werden, in der Männer und Frauen in einer neuen Form von Partnerschaft zusammenarbeiten. Aber die Strecke ist steil und gefährlich. Es gibt keinen Weg. Beim Gehen verliere ich oft den Halt und Steine rutschen unter meinen Füßen weg. Ich muss mich mit aller Kraft bewusst auf den Augenblick konzentrieren, darauf, wie ich meine Füße bei jedem Schritt setze. Ich muss mich mit meinem Körper verbinden und mit der Erde unter mir. Wenn ich das nicht tue, werde ich meine Aufgabe nicht erfüllen können.
Bislang sind nur Männer diesen Weg gegangen und sie haben ihn sich durch Willenskraft, Grenzüberschreitungen und brutale Gewalt erobert. Sie haben zwar ihr Ziel erreicht, aber alles Weibliche auf der Strecke gelassen. Ich muss das Ziel auf andere Weise erreichen, und während ich mich abmühe, dort hinzugelangen, darf ich keine meiner weiblichen Gaben verlieren.

Sidra Stone

Wie sieht dieser neue Weg aus und wie können wir uns auf unser Ziel zu bewegen und uns dabei unsere besonderen Gaben bewahren, jede von uns ihre eigenen? Bislang haben die meisten von uns sich dabei eher auf tradionell männliche Strategien verlassen. Der Innere Patriarch hat uns geholfen, es als Frau oder als Mann in einer patriarchalischen, wettbewerbsorientierten Welt zu etwas zu bringen. Dieses Ziel können wir Frauen aber nicht erreichen, wenn wir versuchen, Pseudo-Männer zu werden oder zu beweisen, dass Frauen grundsätzlich besser sind als Männer, indem wir unser traditionell weibliches oder frauliches Wesen überbetonen. Wir kommen ihm nur näher, wenn wir uns über die Dualität von Männlichkeit und Weiblichkeit hinaus begeben und erkennen, dass wir alle menschliche Wesen sind. Jede von uns hat der Welt eine Reihe von einzigartigen Gaben zu bringen und immer, wenn wir diese Gaben nach Geschlecht, Rasse, Stamm, religiöser oder anderer Zugehörigkeit einteilen, hindern wir uns daran, sie voll zu nutzen.

Zuerst einmal müssen wir erkennen, dass der Innere Patriarch nicht unser Feind ist. Tatsächlich schützt und unterstützt er Frauen auf mancherlei Weise. In vielen Fällen sind seine Motive grundlegend positiv, selbst wenn die Art und Weise, wie er sie zum Ausdruck bringt oder umsetzt, uns negativ erscheint. Bislang habe ich mich vorwiegend auf seinen negativen Einfluss auf uns konzentriert. Ich habe gezeigt, wie unser Selbstbild und unser Verhalten durch seine oft abwertenden Botschaften beeinträchtigt werden.

Der Innere Patriarch ist genau wie jede andere Person, der wir in unserem Leben begegnen könnten. Wenn wir voller Ärger und Vorwürfe sind, wenn wir ihn abwehren, bekämpfen oder erobern wollen, richtet er sich ebenfalls gegen uns. Und er ist sehr, sehr stark! Seine Macht liegt nicht nur in dem, was er gegenwärtig beobachtet, sondern er vertritt die Werte und Urteile des Kollektivs, der Gesellschaft, in der wir leben und die ihn weitestgehend unterstützt.

Es empfiehlt sich nicht, mit dem Inneren Patriarchen zu kämpfen. Wir werden dabei nicht gewinnen. Sich seiner Macht zu beugen und seine Tochter zu werden, ist auch keine gute Idee. Wenn wir das tun, verlieren wir unsere Macht als Frau und sind nicht imstande, in der Welt, in der wir leben, unseren einzigartigen Beitrag zu leisten. Wir überlassen die Welt den Männern und werfen ihnen dann vor, wie sie aussieht.

Die Matriarchin schenkt uns vielleicht mehr Selbstwertgefühl. Wenn wir mit anderen Frauen in Gruppen zusammenkommen, mit unseren Freundinnen sprechen, uns durch die Verbundenheit mit unseren Schwestern unterstützt fühlen und verneinen, dass die Männer in unserem Leben uns etwas geben können, bekommen wir vielleicht einen Geschmack von weiblicher Überlegenheit und Macht, aber das geht auf Kosten der Männer. Unser Überlegenheitsgefühl beruht auf der Verunglimpfung unserer Väter, Söhne und Geliebten. Wir setzen die altehrwürdige Tradition des dualistischen Denkens fort, die wir bei Männern zutiefst ablehnen.

Der Innere Patriarch lebt von der Dualität. Für ihn sind Männer und Frauen grundlegend verschieden und die Männer in jeder Hinsicht überlegen. Er teilt die Welt in gut und schlecht ein. Sein Weg ist richtig und der aller anderen falsch. Männer sind grundsätzlich anständig und gut, Frauen kann man durchweg nicht trauen und wahrscheinlich sind sie sogar schlechte Menschen. Er betrachtet Männer als Schöpfer und Bewahrer einer Welt, in der Recht und Ordnung herrschen, und Frauen als Zerstörerinnen dieser Welt. Wenn wir den Inneren Patriarchen bekämpfen und ihn zum Buhmann machen, folgen wir im Grunde nur seiner Führung. Wir müssen einen neuen, einen eigenen Weg einschlagen.

Dieser Weg führt uns über die Dualität hinaus zur Einheit, einer Einheit, die die Gegensätze beinhaltet. Wenn wir in der Dualität leben, gibt es »mich« und »die da« – in diesem Fall Frau und Mann oder Matriarchin und Patriarch. Über die Gegensätze hinausgehen heißt, dass wir uns auf ein »Wir« und damit auf eine umfassendere Definition der Menschheit zu bewegen. In diesem Teil des Buches werden wir diesen neuen Weg verfolgen.

Die ersten Schritte auf diesem Pfad bringen uns zu der Erkenntnis, dass der Innere Patriarch uns keinesfalls immer schlecht rät. Das Kapitel über *Die positiven Aspekte des Inneren Patriarchen* macht uns mit den Beiträgen und Motivationen bekannt, die für uns eine Hilfe sein können. Wir sehen, wie wir Frauen von seiner Sorge um uns etwas lernen und seine Gaben für uns nutzen können. Am wichtigsten aber ist, dass wir mit dem Betrachten seiner positiven Seiten von der gegnerischen Seite zur Zusammenarbeit mit ihm überwechseln. Wir beginnen, über die Dualität hinauszugehen und uns zu überlegen, wie wir in unserem Leben zwischen den Gegensätzen stehen können, in diesem Fall, einen Arm um den Inneren Patriarchen und den anderen um die Innere Matriarchin geschlungen. Dann sind diese beiden nicht länger Autoritäten, deren Anordnungen wir Folge leisten müssen, sondern werden zu Verbündeten und Ratgebern.

Der nächste Schritt auf dem Weg besteht darin, die Gegensätze zu überdenken. Es ist klar, dass der Innere Patriarch und die Innere Matriarchin konträre Weltanschauungen vertreten, aber es gibt auch noch andere Stimmen in Frauen, die die Stimme des Inneren Patriarchen ergänzen. Im Kapitel *Die Macht des Inneren Patriarchen ausgleichen* werden wir uns diesen Stimmen zuwenden. Je klarer wir diese Gegensätze benennen können, desto leichter fällt es uns, der Macht des Inneren Patriarchen ausgleichend entgegenzuwirken und uns über das dualistische Universum, in dem er lebt, hinaus zu begeben.

Wenn wir diese Dualität hinter uns lassen, betreten wir ein völlig neues Reich, das Reich des »Bewussten Ich«. Im Kapitel *Jenseits der Dualität: Das Reich des Bewussten Ich* werde ich mich diesem Thema zuwenden und ausführen, welch wichtige Rolle dieses Bewusste Ich in dem Prozess spielt, den Inneren Patriarchen von einem Feind in einen Verbündeten umzuwandeln.

Und schließlich brauchen wir, um dieses neue Reich zu betreten, völlig neue Fähigkeiten. Darum geht es im Kapitel *Ihr Königreich in Besitz nehmen – Ihr Energiefeld handhaben.* Diese Fähigkeiten sind nicht geschlechtsspezifisch und beruhen nicht auf besonderen körperlichen oder geistigen Talenten. Weder

Männer noch Frauen bringen hierfür besondere Anlagen mit und die traditionelle Erziehung ignoriert diese Fertigkeiten. Auch auf diesem Gebiet haben Hal und ich zusammgengearbeitet und viele der Informationen in diesem Kapitel stammen direkt aus Hals kreativer Arbeit zu diesem Thema. Das alles mit bedenkend können wir jetzt den neuen Weg einschlagen.

Die positiven Aspekte des Inneren Patriarchen

Eine tüchtige Frau – wer findet sie? Weit über Korallen geht ihr Wert. Auf sie verlässt sich das Herz ihres Gatten und an Gewinn fehlt es ihm nicht. Sie erweist ihm Gutes und nichts Böses alle Tage ihres Lebens. Sie steht auf, wenn es noch Nacht ist, und gibt Speise ihrem Haus und das Gebührende ihren Mägden. Ihre Hand öffnet sie dem Elenden und ihre Hände streckt sie dem Armen hin. Kraft und Hoheit ist ihr Gewand und sie lacht des künftigen Tages. Ihren Mund öffnet sie mit Weisheit, und freundliche Weisung ist auf ihrer Zunge. Sie beobachtet das Treiben ihres Hauses und Brot der Faulheit isst sie nicht. Ihre Söhne erheben sich und preisen sie glücklich, ihr Mann erhebt sich und lobt sie: »Viele tüchtige Frauen gibt es, doch du überragst sie alle.« Trug ist die Anmut und nichtig die Schönheit, eine Frau, die Jahwe fürchtet, die soll man rühmen. Gebt ihr vom Ertrag ihrer Hände, und rühmen mögen sie in den Toren ihre Werke.

Sprüche 31, 10-31: Lob der tüchtigen Frau

Bei unseren Überlegungen zum Inneren Patriarchen haben wir meistens betont, dass er Frauen schwächt. Da er der Ansicht ist, dass sie Männern von ihren natürlichen Anlagen her unterlegen sind und ihnen keine Hoffnung auf Erfolg in der Welt macht, fühlen Frauen sich oft entmutigt, die Schritte zu unternehmen, die sie tun müssen, um ihr ganzes Potential zu verwirklichen.

Das äußere Patriarchat jedoch hat Frauen in mancher Hinsicht auch unterstützt und geschützt. Wenn wir mit diesen fördernden Aspekten unseres Inneren Patriarchen in Berührung kommen, kann uns das helfen, unsere eigenen Grenzen zu wahren und, wo notwendig, zu verteidigen.

Interessant ist auch, dass Frauen nur in der westlichen Welt, wo das Patriarchat (von dem hier die Rede ist) so stark ist, die Unterstützung und Sicherheit erhalten haben, die sie brauchten, um diesen Themen überhaupt nachgehen zu können. *Die Möglichkeit, die patriarchalischen Werte in Frage zu stellen, verdanken wir zumindest teilweise dem Schutz, den diese Werte selbst darstellen.*

Der Innere Patriarch stellt die Regeln auf

Dieser Schutz wird uns durch eben die Regeln und Werte geboten, die wir jetzt neu überdenken. Der Innere Patriarch und auch das äußere Patriarchat betrachten sich als diejenigen, die die Regeln für unsere Zivilisation aufstellen. Sie haben in vielen Lebensbereichen Ordnung ins Chaos gebracht. Sie haben dafür gesorgt, dass diese Ordnung erhalten bleibt und ihre Regeln befolgt werden. Diese Regeln haben die äußeren Strukturen geschaffen, in denen wir leben.

Es ist wichtig zu begreifen, dass Regeln nicht hauptsächlich dazu da sind, Macht auszuüben und andere zu kontrollieren. Regeln können für Ordnung, Zuverlässigkeit und Sicherheit sorgen. Wenn wir über diesen Aspekt des Inneren Patriarchen nachdenken, müssen wir uns daran erinnern, dass Regeln Ausdruck einer Übereinkunft sind, die viele Menschen betreffen. So ist es zum Beispiel notwendig, dass alle Autofahrer auf derselben Straßenseite fahren und anhalten, wenn die Ampel rot zeigt. Auch die verfassungsmäßige Regierung ist im günstigsten Falle Ausdruck einer allgemein akzeptierten Reihe von Werten, die in Form von Regeln formuliert und als solche verteidigt werden.

Als Hüter der traditionellen Regeln der Gesellschaft haben unsere Inneren Patriarchen Ordnung, Sicherheit, Schutz, Zuverlässigkeit und Kontrolle zum Ziel. Wenn an ihren Regeln festgehalten wird, sollte die Gesellschaft funktionieren, wie sie immer funktioniert hat, und wir alle kennen unseren Platz. Unsere Inneren Patriarchen werden extrem ängstlich, wenn jemand ihre Regeln in Frage stellt. Sie befürchten wirklich, dass die Welt ins Chaos fällt, wenn die Regeln nicht befolgt werden. Sie trauen Menschen nicht, die von außen auferlegte Regeln missachten, sie wissen, dass Menschen zum Bösen fähig sind.

Eine Frau hat das Recht auf Unterstützung und Schutz

Der positive Aspekt des Inneren Patriarchen ist, dass er die traditionelle Rolle der Frau im Leben achtet und davon ausgeht, dass Frauen ein Recht auf Bewunderung, Unterstützung und Schutz haben, wenn sie ihren Verpflichtungen nachkommen. Er verlangt von Frauen nicht, dass sie in die Welt hinausgehen und mit den Männern konkurrieren. Ihm ist es angenehmer, sie bleiben zu Hause und werden gut versorgt. Er macht sich große Sorgen um ihre Sicherheit in einer Männerwelt. Er weiß um ihre körperliche und emotionale Verletzlichkeit und die Gefahren und Schwierigkeiten im Leben. Er möchte sichergehen, dass sie sich dem Leben nicht allein stellen müssen, denn er befürchtet, dass sie dazu nicht imstande sind.

Deswegen, so argumentiert er, findet eine Frau am besten einen Ehemann. Tatsächlich ist es sehr interessant, den Inneren Patriarchen über die Partnerwahl von Frauen reden zu hören. Grundsätzlich wünscht der Innere Patriarch uns Frauen starke

Männer, die uns in der Welt beschützen. Er hat wenig Nachsicht mit Männern, denen es an männlicher Stärke fehlt. Er ist nicht im Geringsten am Gefühlsleben und der Verletzlichkeit von Männern interessiert. Er will wissen, dass sie imstande sind, uns zu versorgen. Vielleicht nehmen wir seine Wünsche in dieser Hinsicht so wahr, dass wir uns instinktiv zu starken Männern hingezogen fühlen, selbst wenn wir dafür den Preis zahlen, dass die Männer in unserem Leben nicht mit ihren Gefühlen in Kontakt sind.

Unser Innerer Patriarch kann erst dann zur Ruhe kommen, wenn es in unserem Leben einen starken äußeren Mann gibt, vorzugsweise einen, der genügend patriarchalische Macht hat, um seine Pflichten und Sorgen zu übernehmen. Eine der Schwierigkeiten heutzutage ist, dass Frauen die Tendenz haben, sich bei Männern nach Eigenschaften umzusehen, die nicht als traditionell männlich gelten. Das macht ihrem Inneren Patriarchen sehr zu schaffen. *Dieser Widerspruch zwischen den Wünschen der Frau und denen ihres Inneren Patriarchen kann äußerst verwirrend für Männer sein.* Einerseits werden Einfühlungsvermögen und Verständnis von ihnen gefordert, verhalten sie sich aber entsprechend, lehnt die Frau sie ab. Sie wissen nicht mehr, was Frauen eigentlich wollen. Ich habe im Kapitel *Der Innere Patriarch und Beziehungen* auf diesen Punkt bereits kurz hingewiesen. Wir wollen uns jetzt einmal anschauen, wie sich dieses Thema in Alexandras Leben zeigt.

Alexandra war eine berufstätige Frau mit klaren Wünschen an eine Beziehung. Sie hatte selbst viel an sich gearbeitet und war sich ziemlich sicher, dass sie einen Mann wollte, der anders war als ihr Vater. Ihr Mann sollte in Kontakt mit seinen Gefühlen sein und auf ihre eingehen können. Sie wollte einen wirklichen Partner im Leben. Als sie Greg begegnete, schien er perfekt zu ihr zu passen. Greg war feinfühlig und respektvoll. Sie konnten stundenlang miteinander reden und sich ihre Gefühle und Ideen mitteilen. Sie sahen alles mit den gleichen Augen. Greg konnte sogar mit ihr weinen.

Aber etwas schien Alexandra zu stören. Sie war sehr verwirrt. Auch wenn Greg alles zu verkörpern schien, was sie von einem Mann wünschte, musste sie feststellen, dass sie genau das kritisierte, was sie von ihm wollte. Als wir mit ihrem Inneren Patriarchen sprachen, entdeckten wir, wo das Problem lag. Er hatte zu Gregs Gefühlen und seiner Fähigkeit zu weinen Folgendes zu sagen:

> *Sidra:* Was sagen Sie, wenn Alexandras Partner aufgebracht ist?
> *Innerer Patriarch:* Ich frage sie, was sie falsch gemacht hat, und gebe ihr zu verstehen, dass sie besser schnell etwas unternimmt, um die Sache in Ordnung zu bringen. Wenn er weint, zum Beispiel, sage ich ihr, dass sie etwas falsch gemacht haben muss.
> *Sidra:* Wie empfinden Sie es, wenn er weint?
> *Innerer Patriarch:* Es gefällt mir nicht. Es ist mir unangenehm. Wenn ihr Vater sich beklagte, hat er niemals geweint. Er war ernst und durch nichts zu erschüttern. Er hat sich nur beklagt, wenn bei der Arbeit etwas nicht klappte. Man hat ihn nie weinen sehen. Das blieb ihrer Mutter überlassen.

Erstens müssen wir uns daran erinnern, wie die Regeln des Inneren Patriarchen aussehen. Wenn ein Mann unglücklich ist, hat die Frau daran Schuld und sollte das sofort in Ordnung bringen. Unsere Gefühle einer Freundin mitteilen, ihre Traurigkeit akzeptieren und mitempfinden, schön und gut, aber mit unserem Mann ist das etwas völlig anderes. Wir können nicht einfach dasitzen und seine Traurigkeit zulassen, wir müssen etwas unternehmen, damit es ihm besser geht. Wenn ein Mann traurig ist, muss seine Frau versagt haben. Wenn Ihr Mann traurig ist, sind Sie irgendwie nicht richtig mit ihm umgegangen.

Zweitens hatte Alexandras Innerer Patriarch überhaupt keinen Respekt vor Greg. Er wünschte sich für Alexandra einen *richtigen* Mann, einen, der seine Macht zu gebrauchen weiß, der sich von seinen Gefühlen nicht übermäßig beeinflussen lässt und der, falls notwendig, auch hart sein kann. Ihr Innerer Patriarch hielt Greg für unfähig für die anstehende Aufgabe, nämlich Alexandra zu beschützen. Natürlich kam diese Doppelbotschaft bei Greg an und machte ihm ziemlich zu schaffen.

Als Alexandra sah, aus welcher Quelle ihre Ambivalenz stammte, konnte sie sich mit ihrem Inneren Patriarchen und seinen Einwänden direkt auseinander setzen. Greg und sie konnten mit den positiven Absichten in Berührung kommen, die ihre Inneren Patriarchen beide vertraten, und daran arbeiten, liebevoll aufeinander zuzugehen und ihre Beziehung zu erhalten.

Der Innere Patriarch ist wie ein Vater, der sich um das Wohlergehen seiner Tochter sorgt. Er kann nicht zur Ruhe kommen, solange er sie nicht in Sicherheit weiß. Wenn er nach einem »richtigen Mann« Ausschau hält, jemandem, den er für fähig hält, sie angemessen zu versorgen, versucht er sie nach bestem Vermögen zu schützen und ihre Zukunft abzusichern. In dem Augenblick, in dem er sieht, dass die Frau wirklich beschützt ist und in Sicherheit lebt, ob auf sich gestellt oder in einer Beziehung, kann der Innere Patriarch sich entspannen. Dieser Teil seiner Aufgabe ist erledigt. Von jetzt an ist er eher ein Ratgeber als ein Vater und bildet eine ständige positive Quelle von Anregung und Unterstützung.

Sexueller Schutz

Der Innere Patriarch übernimmt die Verantwortung dafür, Frauen sowohl vor ihrer eigenen Sexualität als auch der von anderen zu schützen. Der Grund dafür liegt in seiner geradezu panischen Angst vor Sexualität, besonders vor der von Frauen. Er befürchtet, dass Frauen, wenn sie sich selbst überlassen bleiben, hemmungslos promiskuitiv werden und völlig außer Kontrolle geraten. Er fürchtet sich auch vor den Auswirkungen, die ungezügelte Sexualität – oder auch nur Sinnlichkeit – von Frauen auf Männer haben könnte. Er hat Angst, dass Männer durch Frauen ihre Kontrolle verlieren könnten.

Wenn die Sinnlichkeit eines jungen Mädchens sich zu zeigen beginnt, fängt ihr Innerer Patriarch an, Kontrolle auszuüben. Er achtet auf die Gefahren, denen sie zu Hause ausgesetzt ist. Er fürchtet ihre natürliche Sinnlichkeit. Er lässt nur sehr bedingt zu, dass sie flirtet, und äußert sich kritisch oder sogar abfällig über ihre Sexualität. Er lässt sie wissen, dass ihre Sinnlichkeit gefährlich ist und ihr nur Kummer bereitet, wenn sie sie voll zum Audruck bringt. Vielleicht redet er ihr sogar ein, dass ihre Sinnlichkeit wirklich ekelhaft ist und verleugnet werden sollte.

Wenn der Innere Patriarch in den frühen Jahren einer Fau seine Macht antritt, was meistens im Alter von fünf oder sechs Jahren der Fall ist, wird seine Besorgnis über die Sinnlichkeit und Sexualität des jungen Mädchens durch bestimmte familiäre Umstände besonders verstärkt: (1) In Familien, in denen der Vater Drogen nimmt und seine Impulse nicht kontrollieren kann, ist es oft der Innere Patriarch der Tochter, der sie vor möglichen sexuellen Belästigungen schützt. (2) In Familien, in denen die Beziehung zwischen dem Ehemann und seiner Frau unbefriedigend ist und der Vater seine primären Gefühle von Liebe und Nähe auf seine Tochter übertragen hat, spürt der Innere Patriarch der Tochter oft eine mögliche Gefahr. Deswegen beginnt er ihre Sinnlichkeit schon früh zu dämpfen, um die unschuldige, liebevolle Verbindung zum Vater zu schützen und eine mögliche sexuelle Verwicklung zu verhindern. (3) Im dritten Falle herrschen in der Familie äußerst strenge moralische Verbote in Bezug auf Sexualität und der Innere Patriarch der Tochter greift diese auf und verstärkt sie, damit die Tochter für ihre Familie akzeptabel bleibt.

Leider sieht der Preis für diesen Schutz häufig so aus, dass die Sexualität des Mädchens verneint wird. Jolie zum Beispiel fühlte sich mit ihrer Sexualität extrem unwohl, als sie anfing, mit uns zu arbeiten. Sie war übergewichtig und höchst unvorteilhaft gekleidet. Sie tat, was sie konnte, um jede Möglichkeit auszuschließen, andere sexuell zu provozieren. Als ich mit ihrem Inneren Patriarchen darüber sprach, bestätigte er, wie wichtig es sei, Jolies Sexualität herunterzuspielen. Er sprach lang und breit darüber, wie abstoßend er die Sexualität von Frauen fand und dass andere Männer das genauso sähen.

Als wir über die Gründe für seine kritische und kontrollierende Haltung sprachen, wies Jolies Innerer Patriarch schnell darauf hin, dass ihr Vater getrunken habe und ihr etwas zu sehr zugeneigt gewesen sei, während er seine Frau nicht besonders gern mochte. Jolies Innerer Patriarch hatte das Gefühl, dass es sehr wichtig war, ihre Sexualität zu verdrängen. Andernfalls, da war er sich sicher, wäre Jolie für ihren Vater eine zu große Versuchung gewesen, so dass er womöglich die Inzestgrenze überschritten und sich ihr sexuell genähert hätte. Auf diese Weise wurden sowohl Jolie als auch ihr Vater von ihrem Inneren Patriarchen beschützt.

Lotties Innerer Patriarch war über ihre Sexualität ähnlich besorgt. Er musste etwas gegen ihre sexuellen Gefühle unternehmen, um Lottie vor ihrem Vater zu schützen. Wie er es formulierte, musste er »die Farbe abwaschen von dem lebhaften kleinen Mädchen, das Lottie gewesen war, denn dieses kleine Mädchen war viel zu lebhaft, so lebhaft, dass ihr Vater sie tatsächlich missbrauchte.« Als die Farbe erst einmal herunter war, war Lottie sicher vor ihrem Vater. Sie tat sich nur mit kleinen Jungen, nicht mit Mädchen, zusammen und spielte und verhielt sich auch wie ein Junge. Lebhaft war sie jetzt nur noch, wenn sie allein war. Um sie zu schützen, hatte ihr Innerer Patriarch sie gezwungen, ihre Aphrodite-Natur aufzugeben. Er flößte ihr soviel Scham wegen ihrer Sexualität ein, dass es das Schlimmste von der Welt war, wenn jemand ihr sagte, sie sei schön oder sexy. Das war ihr furchtbar peinlich und sie begann dann immer zu weinen. Auch wenn uns diese Methode hart vorkommt, tat Lotties Innerer Patriarch sein Möglichstes, um sie vor großem Schaden zu bewahren.

Dies ist ein guter Zeitpunkt, um den Inneren Patriarchen die Verdienste zuzuschreiben, die sie sich um die Wahrung des Inzesttabus in dieser Gesellschaft erworben haben! Für die Kontrolle des sexuellen Verhaltens eines Vaters angesichts einer Tochter, die in seiner Umgebung zur Frau heranwächst, eines weiblichen Wesens, das er von Geburt an geliebt hat, ist an erster Stelle der Patriarch des Mannes verantwortlich.

Beziehungen als etwas Heiliges

Wenn wir nostalgisch an die »gute alte Zeit« denken, in der die meisten Ehen ein Leben lang hielten, die Familie als etwas Heiliges galt und unser Land nicht unter einer fast fünfzigprozentigen Scheidungsrate litt, können wir an den Inneren Patriarchen ruhig ein Wort des Dankes richten. *Der Innere Patriarch ist unermüdlich, wenn es darum geht, Beziehungen zu fördern und zu schützen.* Tatsächlich weiß er ziemlich genau, was eine gute Beziehung ausmacht, auch wenn er die Verantwortlichkeiten nach Geschlechtszugehörigkeit verteilt. Der Innere Patriarch betrachtet Beziehungen als wichtigsten Aufgabenbereich von Frauen. Für ihn ist die Ehe etwas wirklich Heiliges und er weist Frauen an, alles in ihrer Macht Stehende zu tun, um sie zu erhalten. Lebendig und wohlauf in unserem Inneren, ist er ein treuer Verteidiger der Familie und lässt keinerlei Entschuldigung dafür gelten, dass sie zerbricht.

Der Innere Patriarch hat jedoch sehr konservative Ansichten, wenn es um die Frage geht, wie Beziehungen geschützt werden sollen. Für ihn heißt weibliches Verhalten in einer Beziehung

Empfänglichkeit, Zurückhaltung, Gefühl, Intuition, Zuwendung, Schwäche und Abhängigkeit. Dafür darf eine Frau erwarten, dass sie beschützt und versorgt wird. Als er nach seinen Regeln für weibliches Verhalten dem Mann gegenüber befragt wurde, drückte Noras Innerer Patriarch sich folgendermaßen aus:

Innerer Patriarch: Ich wünschte, sie würde ihrer Mutter mehr ähneln. Die wusste sich nämlich einem Mann gegenüber zu verhalten. Sie war immer für ihn da und brachte ihm Interesse entgegen. Wenn Noras Vater abends nach Hause kam, setzte er sich in der Küche in seinen Sessel und erzählte, wie hart sein Tag gewesen war. Ihre Mutter war dann voller Anteilnahme für ihn. Das war genau richtig. Aber Nora ist nicht wie ihre Mutter, sie weiß nicht, wie sie einem Mann Zuwendung geben kann. Ihr Geben ist kalt und beziehungslos. Sie weiß nicht, wie eine Frau sich zu verhalten hat. Ihre Mutter wusste das. Sie blieb mit ihrem Mann verheiratet. Nora ist so selbstsüchtig, dass jeder Mann sie über kurz oder lang verlassen wird. Sie ist von ihrem Mann weggegangen und hat ihren Kinder nicht wieder gut zu machenden Schaden zugefügt. Das werde ich ihr niemals verzeihen.
Sidra: Haben die Kinder Probleme?
Innerer Patriarch: Nicht auf den ersten Blick, aber auf den zweiten bestimmt. Sie werden niemals darüber hinwegkommen, und das ist alles ihre Schuld.

Auch wenn Noras Innerer Patriarch, oberflächlich betrachtet, sehr hart mit ihr umgeht und sie wirklich heruntermacht, sollten wir seine positiven Absichten und den nützlichen Inhalt seiner Botschaften nicht aus den Augen verlieren. Er möchte, dass sie sich um ihren Mann kümmert, damit ihr Mann sie versorgt. Der Innere Patriarch ist eine der Stimmen in Nora, die wünscht, dass sie sich liebevoller verhält und anderen Menschen mehr Zuwendung und Unterstützung gibt. Gewiss hat der Hang zur Selbstaufopferung in der Vergangenheit bei Frauen überhand genommen! Trotzdem sind dies im Rahmen eines Familiensystems wertvolle Eigenschaften, die helfen sicherzustellen, dass die Familienmitglieder die emotionale Wärme und Unterstützung bekommen, die sie brauchen.

Vielleicht fällt Ihnen auf, dass der Innere Patriarch von Frauen sehr viel erwartet, aber das gleiche gilt auch in Bezug auf Männer. Von Männern fordert der Innere Patriarch Stärke, Aggression, Durchsetzungsvermögen, Verantwortung für die Finanzen, für die Sicherheit und Stabilität von anderen, Objektivität und die Fähigkeit, Gefühle zu ignorieren. Wenn ein Mann diese Eigenschaften vorweisen kann, folgert der Innere Patriarch daraus, dass die Beziehung und die Familie angemessen geschützt sind.

Wenn Männer und Frauen sich gegenseitig brauchen

Interessant ist, dass diese eindeutige Festlegung von Verhaltensregeln nach klar getrennten Rollen für Männer und Frauen die Grundlage dafür schafft, dass Männer und Frauen sich zueinander hingezogen fühlen. Sie ergänzen sich und sind voneinander abhängig. Wenn sie diese Regeln befolgen, brauchen Männer und Frauen sich gegenseitig, um ganz zu sein. Keiner von beiden kommt gut alleine zurecht.

Zu Beginn dieses Buches war von der Beziehung zwischen primären und verdrängten inneren Personen die Rede. Primäre innere Personen entwickeln sich, um uns in der Welt zu schützen. Sie sind die Bausteine für unsere Persönlichkeit. Sie machen uns zu dem Menschen, der wir sind. Die verdrängten inneren Personen stellen die konträren Stimmen dar, die Stimmen, die wir ablehnen. Wenn wir unser Leben auf der Grundlage unserer primären inneren Personen leben, gehen uns die positiven Aspekte unserer verdrängten inneren Gestalten verloren.

Wir fühlen uns unwiderstehlich zu Menschen hingezogen, die diese verdrängten Personen für uns leben, als würden wir Wege suchen, etwas Mysteriöses, uns verloren Gegangenes zurückzugewinnen. Wir lieben sie, wir überschätzen sie und wir verurteilen sie. Im Prozess unseres Wachsens müssen wir einige Aspekte unserer verdrängten inneren Personen verkörpern, um ganz zu werden. Ich schlage hier nicht vor, dass wir unser Leben von unseren verdrängten inneren Personen in die Hand nehmen lassen. Um Gottes Willen, nein! Dann hätten wir ebenso wenig Entscheidungsfreiheit, wie wenn wir uns mit unseren primären inneren Stimmen identifizieren. Nein, wir müssen nicht zu unseren verdrängten inneren Gestalten werden und als Frauen zum Beispiel den Inneren Patriarchen stürzen und zum Mann werden, aber wir brauchen mehr Ausgewogenheit und Entscheidungsfreiheit. Ich werde später noch ausführen, wie wir dort hingelangen und durch unser Verhalten auch die Männer in unserem Leben befreien können.

Kehren wir jetzt wieder zum Inneren Patriarchen zurück, der Beziehungen zwischen Männern und Frauen soviel Wichtigkeit beimisst. Dadurch, dass er so viel Wert darauf legt, die Rollen klar zu trennen, wird sofort eine Reihe von verdrängten inneren Personen auf den Plan gerufen, die Männer und Frauen anziehend füreinander machen, so dass sie automatisch zusammenkommen, um sich zu ergänzen. Als Frauen finden wir unsere verdrängte Männlichkeit in den Männern in unserem Leben. Das gleiche gilt umgekehrt für Männer. Die verdrängte innere Person hat für uns oft eine unwiderstehliche Anziehungskraft. Sie löst das starke, früher oft so schwärmerisch geäußerte Gefühl aus, »meiner besseren Hälfte« zu begegnen.

Männer brauchen ihre Patriarchen

In dem Maße, wie die Frauenbewegung an Einfluss und Macht gewonnen hat, haben immer mehr Männer zu hören bekommen, dass das Patriarchat und männliche Werte zerstörerisch sind. Aus Angst davor, »Macker« zu werden, habe viele Männer eine Reihe von eher traditionellen weiblichen primären Stimmen verinnerlicht. Sie sind ihrer Inneren Matriarchin gefolgt und haben ihren eigenen Patriarchen verdrängt. Das kann zum ernsthaften Problem werden, denn sowohl Männer als auch Frauen brauchen die Stärken des Patriarchen. Außerdem kann die Frau, die ihren eigenen Inneren Patriarchen verdrängt hat, ihn nicht in dem Mann finden, der den Patriarchen in sich ebenfalls verleugnet.

Der folgende Text ist ein Auszug aus einer Voice-Dialogue-Sitzung mit Bert, der seinen Patriarchen tatsächlich verdrängt hat. Bert hat in einer spirituellen Gruppe gelebt, die das äußere Patriarchat ablehnte, und daraufhin seinen Patriarchen und dessen Forderungen systematisch beiseite geschoben. Ohne die Kraft und Anleitung seines Patriarchen, der ihm früher gezeigt hat, wie er als Mann leben kann, ist Bert ängstlich, unsicher und ziellos geworden.

> *Sidra:* Erzählen Sie mir, wie Bert sich Ihrer Meinung nach in Beziehungen verhalten sollte.
> *Berts Patriarch* (*der im Augenblick eine verdrängte innere Person ist*): Er sollte einfach Mann sein! Ich schäme mich für ihn, weil er so schnell weint. Er hat bereits sämtliche Tränen, die er in Beziehungen weinen sollte, in den ersten Monaten dieser Beziehung vergossen. Es ist mir peinlich, wenn er weint. Ich habe mich zwar verändert und glaube durchaus, dass Männer Gefühle haben können, aber er sollte sich von ihnen nicht beherrschen lassen. Er ist zu weich, er fühlt zu viel. Er trauert noch immer um seinen Ashram und seine letzte Beziehung.

Seine Frau wird ihn verlassen, wenn er damit nicht aufhört. Er ist ständig am Fühlen und am Verarbeiten von Gefühlen.
Sidra: Wenn er eine Frau wäre, wäre es dann in Ordnung, dass er diese Verluste noch immer betrauert?
Patriarch: Ja, bei Frauen kann man davon ausgehen, dass sie länger trauern und stärker fühlen, aber er sollte längst darüber hinweg sein. Er hat kein Rückgrat. Ein Mann muss stark sein.
Sidra: Sie besitzen offensichtlich Stärke.
Patriarch: Ich bestimmt. Ein richtiger Mann sollte ein eisernes Rückgrat haben, um sich allem stellen zu können, womit das Leben ihn konfrontiert. Ganz gleich, was geschieht, er sollte stark bleiben. Dieser Junge ist ein Schwächling! Ständig am Fühlen und Jammern.
Sidra: Was ist mit seiner Arbeit? Er muss noch viel erledigen, bevor er in die Ferien geht. Was sollte er Ihrer Meinung nach anders machen?
Patriarch: Ich finde, er sollte Prioritäten setzen und sich daran auch halten. Er sollte sich konzentrieren. Er ist zu sehr damit beschäftigt zu fühlen und sich treiben zu lassen. Ich glaube an Disziplin. (*Spricht mit wirklicher Macht und Objektivität*) Ich möchte, dass er alles durchsieht, um zu wissen, was verpatzt wird, wenn er es fünf Wochen liegen lässt. Ich möchte, dass er sich um diese Dinge kümmert. Was er nicht mehr erledigen kann, sollte er mitnehmen, so dass nichts versäumt wird, während er weg ist. Er kann diese Sachen im Urlaub fertig stellen. Den Rest kann er meinetwegen liegen lassen. Er denkt, er muss alles zu Ende bringen. Das stimmt aber einfach nicht. Er hat zu viel Angst, etwas liegen zu lassen. Wie ich bereits sagte, ist er viel zu emotional geworden.
Im Augenblick ist er zum Beispiel nervös und möchte all seine Disketten sichern. Das hat er in den letzten sechs

> Jahren getan und möchte das auch jetzt, wo er bald in Urlaub geht. Das ist aber überhaupt nicht der richtige Zeitpunkt. Meiner Meinung nach sind alle wichtigen Dinge in den letzten Tagen kopiert worden. Jetzt sollte er diese Kopien aus dem Haus schaffen und an einem sicheren Ort verstauen. Das ist alles, worüber er sich Gedanken machen muss.

Dies ist lediglich ein Auszug aus einer längeren Sitzung, in der der Innere Patriarch Bert zahlreiche Ratschläge für eine bessere Organisation seines Leben und seiner Arbeit gab. Am Ende der Sitzung war Bert klar geworden, dass er tatsächlich das Kind mit dem Bade ausgeschüttet hatte. Er brauchte die Zielgerichtetheit und Objektivität seines Patriarchen.

Zu seiner großen Erleichterung und, wie ich hinzufügen möchte, auch zu der seiner Frau gewann Bert seinen Patriarchen wieder für sich zurück. Das half ihm, sein Leben in den Griff zu bekommen, seine Angst zu beruhigen sowie entspannter zu leben und mehr Autorität zu haben. Bert wurde nicht zu seinem Patriarchen, er gewann ihn einfach für sich zurück und benutzte ihn als Ratgeber, dessen Vorschläge er annehmen oder zurückweisen konnte. Wenn wir den Inneren Patriarchen in unserem Leben als »Ratgeber« anstellen, können wir uns seine Ansichten anhören und das Pro und Contra seiner Vorschläge abwägen, ohne uns ihnen blind zu fügen oder, was das andere Extrem wäre, uns ängstlich oder unfähig zu fühlen, weil wir ihn zurückweisen oder gegen ihn ankämpfen.

Auch Frauen brauchen ihren Inneren Patriarchen

Ein interessanter Aspekt der Erforschung unserer inneren Welten ist, dass wir dabei immer wieder überrascht werden. Wir können nie wissen, was uns wirklich erwartet. *Für mich war es eine*

Überraschung zu entdecken, dass der Innere Patriarch oft Recht hat, wenn er über Männer spricht. Schließlich ist auch er ein Mann. Das gleiche gilt, wenn er uns sagt, dass wir Frauen unseren Inneren Patriarchen brauchen, damit er uns hilft, unsere Beziehungen zu pflegen und zu erhalten.

Zum ersten Mal kam mir diese Erkenntnis, als ich mit Corinne über Beziehungen sprach, einer Frau, die bislang mit Männern nicht viel Glück gehabt hatte. In diesem Bereich ihres Lebens schien nichts zu klappen. Sie hatte gute Freunde, aber keinen Geliebten. Während wir darüber redeten, fiel mir auf, dass Corinnes Mutter es sorgfältig vermieden hatte, ihrer Tochter die Lektionen beizubringen, die ihre Mutter ihr über Männer und Beziehungen vermittelt hatte.

Corinnes Mutter wollte, dass ihre Tochter nur freie und gleichberechtigte Beziehungen zu Männern und Frauen einging. Die Frauen in ihrer Familie waren immer Opfer autoritärer Männer gewesen und Corinnes Mutter wollte nicht, dass diese Tradition fortgesetzt würde. Sie hatte über dieses Thema sowohl durch persönliche Erfahrungen als auch durch das Studium der Geschichte viel gelernt und achtete sorgfältig darauf, Corinne keine »alten patriarchalischen Werte« beizubringen. Tatsächlich verhinderte ihr Lebensstil, dass Corinne von diesen Werten auch nur etwas hörte.

Das hatte erstaunliche Wirkungen. Corinne wusste nicht, wie sie sich mit einem Mann verhalten sollte. Sie hatte keine Ahnung, was es hieß, weiblich zu sein. Sie identifizierte sich mit selbständigen, gleichberechtigten Frauen und hatte den Inneren Patriarchen völlig verdrängt. Er war noch nicht einmal Thema in ihrem Leben. Corinne litt darunter sehr. Sie konnte sehen, dass andere Frauen imstande waren, auf Männer anziehend zu wirken und stabile Beziehungen mit ihnen einzugehen, aber sie wusste nicht, wie sie das anfingen.

Corinne fehlten die grundlegendsten Informationen, die uns der Innere Patriarch als männlicher Ratgeber liefert. Das heißt nicht, dass sie sich durchgängig nach seinen Anweisungen hätte richten oder zum Opfer werden müssen. *Aber da ihr dieses Grundwissen fehlte, konnte sie keine informierte Entscheidung über ihr Verhalten treffen!* Außerdem müssen wir, wie das Sprichwort sagt, die Regeln kennen, bevor wir sie brechen können.

Seit meiner ersten Sitzung mit Corinne sind mir zahlreiche andere Frauen begegnet, die keinen Zugang zu ihrem Inneren Patriarchen haben. Sie alle hatten ähnliche Schwierigkeiten in ihren Beziehungen zu Männern.

Machtmissbrauch

Bislang habe ich über die Unterstützung gesprochen, die der Innere Patriarch uns für unser persönliches Leben zukommen lassen möchte. Jetzt wollen wir diese Perspektive etwas erweitern. Eines der Anliegen des Inneren Patriarchen ist das Thema Machtmissbrauch. Bei unserem patriarchalischen Rechtssystem geht es um eine weitgehend gerechte Machtverteilung und damit um den Ausgleich von Macht.

Da der Innere Patriarch sensibel für dieses Thema ist, wird er einer Frau (oder in diesem Fall sogar einem Mann) Einhalt gebieten, sowie er das Gefühl hat, dass sie ihre Position ausnutzt. Auch wenn er, wie wir im Kapitel *Der Innere Patriarch und Macht* gesehen haben, auf weibliche Macht mit übertriebenen Bedenken reagiert, sind seine Warnungen in manchen Situationen angemessen. Aber auch hier sollten wir wieder darauf achten, dass wir das Kind nicht mit dem Bade ausschütten.

In den letzten dreißig Jahren mussten wir Frauen uns unsere Macht erobern, ohne groß darüber nachdenken zu können, ob wir dabei zu weit gingen. Wir lebten in einem System, in dem wir grundsätzlich missachtet sowie total beherrscht wurden und keinerlei Rechte, Macht oder Kontrolle über unser Leben hatten.

Wir mussten zu Kriegerinnen werden, um Macht für uns zu gewinnen, und sie Menschen abringen, die oft in keinster Weise bereit waren, sie uns zu überlassen. Ein totaler Bewusstseinswandel war erforderlich. Dies war nicht die Zeit, sich über Gerechtigkeit, Mäßigung oder Machtausgleich Gedanken zu machen. Die führenden Frauen dieser Bewegung, die uns halfen, diese enorme Strecke zurückzulegen, verdienen unsere Anerkennung. Wir müssen immer noch wach für Ungleichheiten oder das erneute Auftauchen der alten Strukturen sein.

Trotzdem sind wir weit genug gelangt, um einen ausgewogeneren Standpunkt einzunehmen. In der Vergangenheit mussten wir ständig auf der Hut sein und reagieren. Jetzt können wir anfangen, über Ausgleich und Gerechtigkeit nachzudenken. Wir können es uns leisten, uns neben unseren eigenen auch mit konträren Ansichten auseinanderzusetzen. Wenn wir ständig Recht haben und die Oberhand behalten müssen, gehen wir das Risiko ein, ungerecht zu handeln und aus dem Gleichgewicht zu geraten. Vielleicht provozieren wir damit sogar unnötig den Neid und Ärger von anderen. *Der positive Aspekt der Regeln, die unser Innerer Patriarch in Bezug auf Gerechtigkeit und das wache Beobachten von Machtmissbrauch aufstellt, besteht darin, dass sie uns Frauen vor dem Neid und dem autoritären Verhalten anderer schützen können.*

Das Wohl der Gruppe ist wichtiger als das des Einzelnen

Der Innere Patriarch ist eine der inneren Stimmen, die sich um das Wohlergehen der Gruppe sorgt und dieses höher bewertet als das des Einzelnen. So wird die Gruppe geschützt und ihr Überleben gesichert. Er hat Angst, dass Frauen, wenn sie sich selbst überlassen sind, diese Regeln der Zivilisation missachten und sich keine entsprechende Disziplin auferlegen.

Aufgrund dieser Fähigkeit, eine unpersönliche Haltung einzunehmen, kann der Innere Patriarch die möglichen Gefahren einer emotionalen Reaktion in bestimmten Situationen voraussehen. Wenn zum Beispiel ein Mensch in Gefahr ist, seine Rettung aber die ganze Gruppe gefährden würde, kann der Innere Patriarch die Entscheidung fällen, die Person aufzugeben, die Hilfe braucht. Ohne seine Anweisungen und seine Unterstützung ignoriert eine Frau wahrscheinlich das Wohlergehen der Gruppe, wenn ein Mensch, den sie liebt, bedroht ist.

Der Innere Patriarch kann uns auch bei der schwierigen Entscheidung helfen, Grenzen zu setzen, ganz gleich, ob es dabei um das Beschneiden der Sträucher im Garten geht, um unangemessenes oder gefährliches Verhalten bei Kindern oder um unser Finanzbudget. Seine Objektivität wird nicht durch Emotionen beeinflusst. Natürlich muss seine Sachlichkeit durch emotionale Erwägungen ausgeglichen werden, aber ohne seine unschätzbaren Eingebungen gingen wir das Risiko ein, einseitige Entscheidungen zu treffen.

Wir haben uns jetzt einige der positiven Seiten des Inneren Patriarchen angeschaut und Sie können selbst überlegen, welche Sie sich bewahren möchten. Als nächstes wollen wir uns der Frage widmen, wie wir seinem negativem Einfluss auf uns Frauen ausgleichend entgegenwirken können.

Die Macht des Inneren Patriarchen ausgleichen

Je klarer wir die Gegensätze formulieren können, desto leichter fällt es uns, die Macht des Inneren Patriarchen auszugleichen und uns über das dualistische Universum hinaus zu begeben, in dem er lebt.

Es gibt außer der Matriarchin noch eine ganze Reihe von anderen inneren Personen, die dem Inneren Patriarchen ausgleichend entgegenwirken. Sie alle haben Frauen etwas Wichtiges zu sagen, auch wenn sie für uns ganz unterschiedliche Rollen spielen. Wenn wir uns unsere Macht als Frauen aneigenen wollen, müssen wir lernen, zwischen Gegensätzen zu stehen, zwischen der Autorität der inneren Stimmen, die tradtionell männliche Eigenschaften und Werte vertreten (wie der Innere Patriarch), und denen, die den traditionell weiblichen Qualitäten Ausdruck verleihen. Das bedeutet, wir müssen uns die Gaben unseres Inneren Patriarchen aneignen und sie bewusst nutzen, während wir uns gleichzeitig die traditionell weiblichen Eigenschaften bewahren und mit diesen so respektvoll umgehen, wie sie es verdienen.

An erster Stelle stehen hier die inneren Personen, die wir als traditionell weibliche betrachten. Sie ergänzen den Inneren Patriarchen und unterstützen ihn. Sie bewundern seine traditionell männlichen Qualitäten und wenn sie mit einem Mann zusammenkommen, der diese Eigenschaften besitzt, sind sie glücklich und fühlen sich vollständig. Diese innere Person wird verkörpert von Melanie, der feinen Dame, Gegenspielerin von Scarlett O'Hara, der mächtigen und unabhängigen Heldin in *Vom Winde verweht.* Sie besaß sämtliche traditionellen Vorzüge des Weiblichen und heiratete den traditonellen Mann, Ashley. Beide passten perfekt zusammen, denn jeder von ihnen hatte die eine Hälfte der Fähigkeiten, die wir für dieses Leben brauchen. Sie ergänzten sich.

An zweiter Stelle stehen die weniger kultivierten inneren Personen, die wir als natürliche oder wilde Frauen bezeichnen könnten. Die Zigeunerinnen, die Wandererinnen und die wilden Wölfinnen gehören dazu und auch die Stadtstreicherinnen. Clarissa Pinkola-Estes hat sie uns in ihrem Buch *Die Wolfsfrau* vorgestellt. Es gibt noch eine weitere Gruppe. Das sind die halbwüchsigen Jungen und Mädchen, die Personen, die noch nicht gezähmt oder zivilisiert sind. All diese inneren Stimmen legen Wert darauf, frei zu sein von den Regeln, die das weibliche Verhalten in akzeptable Bahnen lenken sollen, vor allem von denen, die Heirat und häusliches Leben betreffen. Diese Personen haben das Bedürfnis, unabhängig zu sein und ihren kreativen Impulsen nachzugeben. Sie folgen ihren Instinkten und Leidenschaften.

Bei der dritten Gruppierung geht es um die Machtpersonen. Dazu gehört auch die Matriarchin, die in einem der vorigen Kapitel vorgestellt wurde. Die anderen Machtpersonen stellen sich *nicht* gegen den Inneren Patriarchen, sondern besitzen ähnliche Eigenschaften und Fähigkeiten wie er. Viele militante Feministinnen nutzen diese inneren Machtpersonen unter Ausschluss der traditionell weiblichen Stimmen. Diese Gestalten neutralisieren die Macht des Inneren Patriarchen und ermöglichen Frauen, sich in der Welt der Männer mit großer Autorität zu bewegen. Wir wollen uns all diese inneren Personen jetzt einmal näher ansehen.

Die traditionell weiblichen inneren Personen

Die traditionell weiblichen inneren Personen ergänzen den Inneren Patriarchen. Sie lieben seine Macht und sind glücklich darüber, dass er das Sagen hat, solange er auch die Verantwortung trägt. Sie kümmern sich liebend gern um Haus und Herd. Sie mögen den Mann, der in der Welt stark dasteht, umsorgen ihn als Gegenleistung mit Freuden und bringen Sanftheit und Frieden in sein Leben. Sie fühlen sich mit diesen Eigenschaften aber den Männern nicht überlegen, wie die Matriarchin. Sie spotten in ihrer Abwesenheit nicht über Männer. Sie sind mit dieser Ordnung der Welt völlig einverstanden und stolz darauf, die weibliche Rolle zu spielen. In den fünfziger Jahren wurde die Entwicklung dieser inneren Personen stark gefördert und in einigen der Hauptreligionen sind sie immer noch vorherrschend.

Diese inneren Personen stellen ein grundlegendes Paradoxon dar. Einerseits vertreten sie traditionell weibliche Eigenschaften und Werte und werden von dem Inneren Patriarchen aus dem Schattenreich eindringlich dazu ermutigt. Wie sehr der Innere Patriarch diese Stimmen als primäre für Frauen aber auch unterstützt, er bringt ihnen keinen Respekt entgegen. Wie geht das vor sich?

Wenden wir uns noch einmal Melanie aus *Vom Winde verweht* zu als Beispiel für eine Frau, in der diese traditionell weiblichen primären inneren Stimmen präsent sind. Sie ist die ideale Gefährtin/Ehefrau für ihren Mann und der Archetyp der liebevoll nährenden Mutter für alle, die sie kennen. Ihre innere Aphrodite widmet sich ganz der Beziehung zu ihrem Mann. Sie ist fürsorglich, zugewandt, empfindsam, zart, verständnisvoll und vertrauenswürdig. Sie opfert sich für andere auf, unterstützt die Menschen, die sie liebt, und ist total darauf angewiesen, außerhalb ihrer vier Wände von anderen beschützt zu werden. Ihr Innerer Patriarch unterstützt sie bei alledem, er ist glücklich mit Melanie als einer wirklich weiblichen Frau, die ihre Mission im Leben erfüllt. Ihre primären inneren Personen sind die richtigen; sie ist eine gute Frau und lebt in einer Beziehung mit einem Mann, der sie über alles liebt.

Ihr Innerer Patriarch jedoch, der Schattenkönig, besitzt ihre ganze verleugnete Macht. Er hat die Stärken, die ihr fehlen. Er ist verdrängt worden, was bedeutet, dass er in ihrem Unbewussten lebt. Sie weiß nicht, dass er da ist und im Schatten wirkt, dass er ihr die grundlegenden Regeln für ihr Leben diktiert und sie in ihrer Abhängigkeit und Unschuld bestärkt. Doch obwohl sie seinen Anweisungen folgt, schätzt Melanies Innerer Patriarch sie nicht als ein vollständiges, unabhängiges menschliches Wesen. Er weiß, dass sie trotz all ihrer weiblichen Stärken in der Welt nicht überleben kann. Sie muss versorgt werden. Der Innere Patriarch bringt Menschen, die nicht auf eigenen Beinen stehen können, Geringschätzung entgegen.

Wir wollen uns diese primären inneren Personen einmal näher anschauen. Die erste von ihnen würde ich als Gefährtin oder Frau des Patriarchen bezeichnen; vielleicht ist sie wie die Matriarchin, bevor diese desillusioniert, verbittert und ärgerlich wurde. Diese Gefährtin/Ehefrau betont, wie wichtig Beziehungen sind, und ist bereit, viel dafür zu opfern. Ihr macht es nichts aus, abhängig zu sein und von anderen zu nehmen. Ihr Ideal ist eine Beziehung zwischen Gleichen, zu der jeder seinen unschätzbaren Beitrag leistet. Mit ihrer Fähigkeit, abhängig zu sein und ihrem Wunsch nach Gleichheit in einer Beziehung, ist sie das Gegenteil vom Inneren Patriarchen. Er verachtet Abhängigkeit und ist, was Beziehungen betrifft, grundsätzlich mehr an Dominanz als an Gleichberechtigung interessiert.

Die Gefährtin/Ehefrau spricht fast wie eine Heilige. Ihre Stimme ist sanft, freundlich und melodisch. Damit ist sie wieder das genaue Gegenteil vom Inneren Patriarchen, der mit starker, mächtiger und gebieterischer Stimme spricht. *Die Gefährtin/Ehefrau vertritt das Zusammenkommen der Gegensätze und die Überwindung der Dualität zur Einheit.* Das ist für sie kein abstraktes Prinzip, sondern etwas ganz Persönliches, das beim Zusammenkommen von Mann und Frau tatsächlich passiert. Wie Cornelias Gefährtin/Ehefrau mit leiser, ehrfürchtiger Stimme sagt:

> Vor langer, langer Zeit waren der Patriarch und ich einmal verheiratet. Wir waren sehr glücklich zusammen. Aber dann wurden wir durch irgendetwas getrennt. Wir wurden in zwei unterschiedliche Hälften gespalten. Wir wurden in verschiedene Teile der Welt geschickt und begannen, einander zu hassen. Ich wurde zur ärgerlichen Matriarchin, aber ich habe ihn schrecklich vermisst. Ich möchte wieder mit ihm zusammenkommen. Zusammen sind wir ganz, getrennt sind wir unglücklich.
>
> Ich liebe es, wenn er (der Patriarch) mich versorgt. Ich liebe es auch, wenn er sich um die finanziellen Angelegenheiten kümmert. Ich hasse es, mich damit befassen zu müssen. Wenn er mir das abnimmt, muss ich mich um die Welt nicht kümmern und kann ihm geben, was er braucht. Ich kann seine andere Hälfte sein. Ich kann ihm beibringen, gefühlvoll und sanft zu sein, und wenn er es ist, bin ich überglücklich! Eines Tages, wenn ich mit dem Patriarchen wieder zusammenkomme, werden wir zurückgehen, über die Grenzen der Zeit hinaus zu dem Ort, wo wir eins waren. So sollte es sein.

Die nährende Mutter ist die zweite traditionell weibliche innere Person, die den Inneren Patriarchen wunderbar ergänzt. Sie spielt »Mutter« für seinen »Vater«. Sie kämpft nicht um ihre Gleichberechtigung, tatsächlich ist sie an Macht überhaupt nicht interessiert. Sie verspürt keinerlei Wunsch, auf dem gleichen Gebiet zu konkurrieren wie der Mann. Sie nährt und umsorgt Menschen, während der Mann in ihrem Leben diese beschützt. Sie ist glücklich, wenn sie sich für das Wohlergehen anderer aufopfern kann. Tatsächlich würde sie das Wort Selbstaufopferung gar nicht benutzen. Ihre größte Freude ist es, sich den Menschen zuzuwenden, die sie liebt.

Die nährende Mutter hat fast etwas Heiliges. Sie wird vom Inneren Patriarchen unterstützt, aber im Grunde schätzt er sie nicht. Sie hat keine »Lohnarbeit« vorzuweisen, für die man eine bestimmte Summe veranschlagen könnte. Sie stellt kein greifbares Produkt her, das sich verkaufen lässt. Vielleicht preist man in einer patriarchalischen Gesellschaft ihre Gaben, aber auf dem Marktplatz haben sie keinen Wert. Eine Frau, die mit dieser nährenden Mutter als primärer innerer Person identifiziert ist und die als Mutter nur für andere da ist oder sich in anderer Form für sie aufopfert, kann in der Welt nicht auf eigenen Beinen stehen. Ihr Innerer Patriarch respektiert sie nicht und sieht ihre Sicherheit gefährdet, da sie nicht dafür sorgen kann, dass ihre eigenen Bedürfnisse (seien es körperliche, finanzielle oder emotionale) angemessen befriedigt werden. Heutzutage würden wir sie zutreffend als Co-Abhängige bezeichnen. Wenn wir jedoch das, was sie zu unserer Lebensqualität und der von anderen in unserer Umgebung beiträgt, nur abwerten, verlieren wir viel.

Nolas nährende Mutter hatte etwas von der Jungfrau Maria an sich. Sie war so voller Verständnis, Liebe, Mitgefühl und einer stillen Freude, dass sie geradezu strahlte. Ich musste an Quan Yin, die chinesische Göttin der Gnade und des Mitgefühls, denken. Alle, die zu ihr kamen, fühlten sich gesegnet von der Warmherzigkeit dieses Wesens. Diese nährende Mutter hatte eine große Stärke, obwohl sie im Grunde sehr sanft war. Sie schilderte ihr letztes Weihnachtsfest mit folgenden Worten:

> Ich hatte einfach eine wunderbare Zeit. Die Kinder waren in den Ferien alle zu Hause. Unsere engsten Freunde kamen zu Besuch und wohnten bei uns. Ich war so glücklich. Ich schmückte das Haus und den Baum. Ich wählte die Geschenke für alle sorgfältig aus und packte sie ein. Ich fühlte mich so wohl dabei. Ich konnte

mir die Freude jedes Einzelnen beim Auspacken meiner Geschenke vorstellen.

Dann kochte ich stundenlang und buk köstliche Dinge, Kuchen und Kekse. Ich bereitete einige Mahlzeiten vor und fror sie ein. Als dann alle da waren, kochte ich noch etwas Anderes. Das Haus roch so gut. Und da ich so sorgfältig geplant hatte, hatte ich viel Zeit für jeden. Es stimmt, viel Schlaf habe ich nicht bekommen, aber ich glaube, das waren die schönsten Ferien meines ganzen Lebens.

Es muss wohl kaum erwähnt werden, dass diese nährende Mutter den Inneren Patriarchen sehr glücklich macht, und wenn er glücklich ist und der Frau seine Anerkennung gibt, kann auch sie sich gut fühlen. Sie »weiß«, dass sie das Richtige tut, weil sie belohnt wird. Sie kann sich entspannen. *Anders als der Innere Patriarch jedoch hat die nährende Mutter nicht das Gefühl, dass Macht das Wichtigste im Leben ist. Sie glaubt, dass Liebe und die Fürsorge für andere noch wichtiger sind.* Wenn eine Frau also diese Werte der eigenen Weltanschauung einverleibt, und der Innere Patriarch ihr Wertesystem nicht mehr allein bestimmt, wird in ihrer Psyche ein Gleichgewicht hergestellt. Wie Sie an der folgenden Geschichte sehen können, gibt es auch noch andere kreative Wege, wie die nährende Mutter und der Innere Patriarch zusammenkommen können.

Es heißt, dass die schönsten Lieder der Erde nur von Kindern gehört werden können. Das sind die Lieder, die die Mütter, die nährenden Mütter, singen. Diese Melodien entspringen der Unmittelbarkeit eines liebenden Herzens und der Tiefe der Seele, wo wir uns gegenseitig erkennen und schätzen.

Wenn die innere Stimme oder der Archetyp der nährenden Mutter mehr Anerkennung findet, können auch die Männer der Welt Zugang zu ihr gewinnen. Da Männern traditionell weibliche Berufe wie die Beaufsichtigung und Erziehung von Kindern offen stehen, können auch sie diese schöne und tiefe archetypische Erfahrung machen.

Ein bekannter Cellist, Julian Lloyd Webber, erzählte ein bewegendes persönliches Erlebnis mit dieser archetypischen weiblichen inneren Person (auch wenn er diese Begriffe nicht gebrauchte). Er schilderte, wie er einmal Cello übte, während seine kleine Tochter neben ihm in einer Wiege schlief. Beim Spielen beobachtete er sie im Schlaf, und während er sie betrachtete, geschah etwas in ihm. Man könnte sagen, dass seine archetypische nährende Mutter in ihm erwachte. Julian hatte zuvor nie selbst Musik komponiert, aber ein faszinierend schönes Lied entstand in ihm, ein Lied der Seele. Er hörte auf zu spielen und schrieb es auf. Er war so gefangen genommen von dieser Wiegenmusik, diesem Schlaflied, dass er anfing, nach anderen Liedern in dieser Art zu forschen. Er oder seine nährende Mutter fanden, dass sie etwas ganz Besonderes hatten. Er sammelte die schönsten und brachte sie als CD heraus. Dies ist wirklich ein wunderbares Beispiel dafür, wie die besten Gaben des Inneren Patriarchen (Forschung, Disziplin, Wissen, ein verkäufliches Produkt herstellen) mit dem Geschenk der liebevollen, uneigennützigen Kreativität der nährenden Mutter vereint werden.

Dieses Bild von Julian Lloyd Webber, wie er Cello spielend einfach still mit seiner kleinen Tochter zusammen ist, führt uns zur Beschreibung der dritten traditionell weiblichen inneren Person. Diese bezeichnen Hal und ich als »seiende« innere Person im Gegensatz zu den »tätigen« Gestalten, die der Innere Patriarch so sehr schätzt. Wie die nährende Mutter bringt auch diese seiende innere Person nicht viel hervor, was wir als praktisch oder nützlich betrachten würden. Sie weiß aber sich zu entspannen, im Augenblick zu sein und Gedanken, Gefühle und Eindrücke aus der Tiefe unseres Wesens aufsteigen zu lassen.

Diese »seiende« innere Person wurde von einigen als »rezeptive Frau« bezeichnet. Ihre Eigenschaften stehen in scharfem Gegensatz zu den traditionell männlichen Werten des Machens, Leistens und Produzierens, die den Inneren Patriarchen dieser Welt so wichtig sind. Wenn sie am Wirken ist, können wir uns auf einer tiefen, stillen Ebene mit anderen verbinden. Die Zeit steht still und der Augenblick scheint sich auszudehnen und magisch zu werden. Wir haben keinerlei Bedürfnis, andere mit unserem Witz, unserer Weisheit oder unseren Leistungen zu beeindrucken und sind auch von ihren besten Eigenschaften nicht besonders beeindruckt. Stattdessen sind wir einfach zwei menschliche Wesen, die es genießen zusammen zu sein.

In einer patriarchalischen Gesellschaft wie der unsrigen wird diese seiende innere Person zugunsten von Leistung verdrängt und ich habe das Gefühl, dass wir alle, sowohl Männer als auch Frauen, ein großes Bedürfnis danach haben, diesen verlorenen Anteil unseres Erbes zurückzugewinnen. Wenn ich mich umschaue, stelle ich fest, dass das Leben in den letzten Jahrzehnten beträchtlich an Geschwindigkeit gewonnen hat und es immer weniger Raum dafür gibt, einfach da zu sein. Die Menschen sind ständig beschäftigt und unsere Inneren Patriarchen befürchten, dass uns, wenn wir auch nur einen Augenblick innehalten, alle anderen überholen und wir unseren Platz in der Welt verlieren.

Unser Innerer Patriarch steht für die Werte der patriarchalischen Welt, in der wir leben. Er bewundert deren Errungenschaften, die in der Tat absolut erstaunlich sind. Hier ist nicht der Raum, diese Leistungen im Detail zu würdigen, aber sie sind phantastisch und haben unsere Lebensqualität beträchtlich verbessert. Außerdem können wir heute Arbeiten, die früher Wochen, Monate oder Jahre dauerten, in kürzester Zeit und mit einem Minimum an Aufwand erledigen.

Andererseits jedoch ist die durchschnittliche Arbeitswoche der Amerikaner immer länger geworden und Phänomene wie Freizeit oder ruhige Wochenenden sind fast ganz verschwunden. Vor Jahren hatten die Geschäfte abends und am Wochenende noch geschlossen. Bestimmte Dinge konnte man nachts oder sonntags einfach nicht tun, es war also einfacher abzuschalten oder einfach zu »sein« statt zu »tun«. Heute können wir 24 Stunden am Tag und sieben Tage die Woche einkaufen, arbeiten, lernen oder mit anderen kommunizieren. Es gibt keine äußeren Begrenzungen. Unser Zugang zu Informationen und die Möglichkeit zu kommunzieren sind über Computer, Faxgeräte, E-Mail, kabellose Telefone und Fernbedienungen jederzeit gegeben.

Es gibt keinen Grund, nicht produktiv zu sein. Das heißt, unser Innerer Patriarch (und auch die äußeren) sehen nicht ein, warum wir uns nicht ständig nützlich machen. Und wieder sind es die traditionell weiblichen inneren Personen, wie die Ehefrau/Gefährtin, die nährende Mutter und die seiende – und auch die Innere Matriarchin –, die das Leben anders betrachten. Sie vertreten völlig andere Werte, die einer einseitigen Sicht des Lebens entgegenwirken können.

Wir wollen uns jetzt der letzten dieser traditionell weiblichen inneren Gestalten zuwenden, Aphrodite. Auch sie ergänzt den Inneren Patriarchen. Sie schätzt Eigenschaften wie Anziehungskraft, Sinnlichkeit, weiblichen Charme und die Liebe. Sie wertet Sinnlichkeit nicht ab und misstraut romantischer Anziehung nicht, sondern räumt ihnen den ersten Platz im Leben ein. Sie widmet sich ganz der Liebe und der Schönheit. Wenn eine Frau Zugang zu dieser inneren Person hat, wirkt sie anziehend auf Männer und hat eine ganz eigene Macht.

Eine Frau, die mit ihrer aphroditischen Natur wirklich vertraut ist, hat ihr Geburtsrecht zurückgewonnen. Sie kann sich als Frau genießen. Sie fühlt sich wohl in ihrem Körper und hat Freude an den sinnlichen Genüssen des Lebens. Sie wirkt anziehend auf andere und genießt das. Sie ist nicht reumütig. Wenn sie aber einen starken Inneren Patriarchen hat, wird sie aufgefordert, ihre Aphrodite zu mäßigen und vor allem in den Dienst ihrer Ehe oder eheähnlichen Beziehung zu stellen.

Wenn diese traditionell weiblichen inneren Gestalten die Persönlichkeit einer Frau bestimmen, ist ihr Innerer Patriarch meistens sehr stark und weitgehend unbewusst. Er setzt sich in ihren Beziehungen für den Mann und dessen Bedürfnisse ein und hält sie eher in einer untergeordneten Position.

Wenn eine Frau jedoch außer zu diesen traditionell weiblichen inneren Personen auch Zugang zu der Macht und Objektivität ihres Inneren Patriarchen hat, steht sie zwischen den Gegensätzen. Die Macht des Inneren Patriarchen steht ihr von innen her zur Verfügung. Sie kann diese Macht bewusst einsetzen und ist nicht darauf angewiesen, sie bei dem äußeren Mann in ihrem Leben zu finden. Ihre Beziehungen mit Männern sind gleichberechtigter und deswegen auch erfüllender. Sie kann die Gegensätze von Weiblichkeit und traditioneller männlicher Macht ausbalancieren, da sie die Dinge richtig sieht und im Leben eine Wahl hat. Sie geht über die Gegensätze hinaus.

Die Natürliche Frau

Die Natürliche Frau in uns besitzt die Instinkte, die unser natürliches Lebensgefühl ausmachen. Sie kann unsere Stimmungen und Reaktionen, unsere Leidenschaften und unsere Bedürfnisse wahrnehmen. Sie ist nicht gezähmt. Sie würde gar nicht erst den Versuch machen, die Bedürfnisse anderer Menschen wichtiger zu nehmen als ihre eigenen oder sich anpassen zu wollen. Viele Frauen sehen diese innere Gestalt auch als Tier – meistens aus der Familie der Raubkatzen, wie eine Löwin, einen weiblichen Panther oder Jaguar. In jüngster Zeit betrachten immer mehr Frauen die Wölfin als Vertreterin dieser unabhängigen, ungezähmten Energie.

Überraschenderweise wird diese Natürlichkeit manchmal in Frauen nicht von einer weiblichen inneren Person vertreten, sondern von einem heranwachsenden Jungen von etwa neun oder zehn Jahren. Diese Jungen sind noch frei von gesellschaftlichen Zwängen oder Anforderungen. Eine solche innere Person wurde einmal als »rotzfrecher kleiner Bengel« beschrieben. Dieser zehnjährige Junge war total schamlos, angstfrei und sehr lebendig. Er stand liebend gern im Mittelpunkt der Aufmerksamkeit und wollte, dass alle ihn sehen und hören. Er war in seinem Verhalten niemals schüchtern oder befangen. Der Innere Patriarch ist es, der von kleinen Mädchen fordert, ihre Lebendigkeit und Heftigkeit aufzugeben. So werden Mädchen befangen und schüchtern in Bezug auf ihre natürlichen Instinkte und besonders ihre Sexualität.

Die Natürliche Frau hält sich nicht an diese Regeln. Der Innere Patriarch fürchtet sie. Er vertritt Regeln und mahnt zur Selbstbeherrschung. Wir als Frauen können uns sowohl die Wünsche der Natürlichen Frau als auch die Ängste des Patriarchen in uns anhören und über die Dualität dieser beiden konkurrierenden Weltanschauungen hinausgehen, indem wir sie zu einer neuen Ganzheit zusammenbringen, die sowohl die Bedürfnisse als auch die Bedenken dieser beiden inneren Personen berücksichtigt.

Carla, deren Innerer Patriarch im zweiten Kapitel zur Sprache kam, war auf der Suche nach dieser Art von Natürlichkeit. Sie verspürte das Bedürfnis nach einer Kraft oder inneren Stimme, die einen Ausgleich zu den traditionellen und ziemlich beschränkten Lebensanschauungen ihres Inneren Patriarchen herstellte. Schließlich fand sie eine Zigeunerin, die eindeutig zu diesen Natürlichen Frauen gehörte. Diese innere Person beugte sich den Wünschen anderer nicht und ließ sich von den üblichen Erwartungen an die Ehefrau und Mutter nicht gängeln.

Den Weg dorthin fand Carla durch Voice Dialogue, das heißt, indem sie sich direkt an diese inneren Personen wandte. So lernten wir Carlas Inneren Patriarchen und seine Überzeugungen überhaupt kennen. Als er sich in der Form äußerte, wie ich es im zweiten Kapitel zitiert habe, saß er auf seinem eigenen Stuhl, den Carla für ihn vorgesehen hatte. Sie hatte sich dorthin gesetzt, damit der Patriarch seinen Raum einnehmen und seine Individualität entfalten konnte. Nachdem ihr Innerer Patriarch seine Ausführungen beendet hatte, stand Carla auf und kehrte zu ihrem ursprünglichen Stuhl zurück, dem Sitz ihres Bewussten Ich. Dies ist der Teil von ihr, der sich über die Dualität hinaus begeben und die Gegensätze umarmen kann. Aber bevor sie dazu imstande ist, muss sie wissen, welche innere Person auf der anderern Seite lebt. Carla begab sich dann zu einem Stuhl, der dem des Inneren Patriarchen gegenüberstand, und wartete, welche Gegenkraft sich zeigen und äußern würde. Wie sich herausstellte, war das in ihrem Fall eine Zigeunerin.

Diese innere Zigeunerin sprühte nur so vor Leben. Als sie sprach, wurde Carlas Körper lebendig. Die Zigeunerin wollte nicht, dass Carla einen BH trug, sie liebte das freie und sinnliche Körpergefühl, das Carla ohne BH hatte. Sie trug gern leuchtende Farben und lange, baumelnde Ohrringe. Sie war gern auf dem Land und wollte, dass Carla sich entspannte, in ihrer Therapie Neues ausprobierte, Spaß hatte und sich ein gutes Leben machte. Die Zigeunerin sagte, sie mache sich wirklich Sorgen um Carla, weil diese so angespannt und unzufrieden sei. Wenn Carla so weitermachte, würde sie zugrundgehen wie ein Baby, das nicht gedeiht, weil es nicht im Arm gehalten wird.

Die innere Zigeunerin sagte, dass sie in den Ferien zum Vorschein kommen dürfe, weil der Innere Patriarch kein Interesse an Ferien habe. Ferien gehörten für ihn nicht zum wirklichen Leben. Die Zigeunerin wies auch darauf hin, dass sie es war, die sich ursprünglich mit der zigeunerischen Seite von Carlas Mann zusammengetan und ihre Liebesgeschichte angefangen habe. (Früheren Gesprächen mit dem Inneren Patriarchen über sein Bedürfnis, für eine Frau einen Mann zu finden, können Sie entnehmen, dass er dabei mit Freuden die inneren Stimmen einsetzt, die sich als nützlich erweisen. Wenn sie ihren Zweck dann erst einmal erfüllt haben, wie Carlas Zigeunerin, werden sie wieder weggesperrt, um keinen Schaden anzurichten.) Jetzt, wo der Innere Patriarch Carlas Leben in die Hand genommen hatte, konnten sich ihre Zigeunerin und der Zigeuner ihres Mannes offensichtlich überhaupt nicht mehr begegnen.

Deutlich wird, dass diese Zigeunerin mit ihrer natürlichen Lebensbegeisterung viel Spannung und Freude in Carlas Leben bringen könnte. Sie würde einen guten Ausgleich zur Regentschaft des Inneren Patriarchen bilden. Es wäre jedoch außerordentlich wichtig, dass Carla sich in ihrem Leben über das dualistische System hinaus begibt und die Bedürfnisse beider innerer Personen einbezieht. Nur das Bewusste Ich, über das Sie im nächsten Kapitel mehr erfahren werden, ist dazu imstande.

Wie ich bereits sagte, können wir mit diesen sich ausgleichenden Inneren Personen nicht nur durch Voice Dialogue Kontakt aufnehmen. Maya, eine Freundin von mir, erzählte mir eine wunderbare und tief greifende Erfahrung, bei der ihre Natürliche Frau spontan zum Ausdruck kam. Maya ist eine Frau mit einem starken Inneren Patriarchen, der im Schatten wirkt und ihr Regeln diktiert, die sie befolgen muss. Gewöhnlich hat er ihr Verhalten völlig unter Kontrolle und sorgt dafür, dass sie sich angepasst und wohlerzogen verhält.

Vor kurzem besuchte Maya einen Wochenend-Workshop mit einer Frauengruppe. Jeden Abend tanzten die Frauen nach schöner Musik. Aber das Tanzen war nicht besonders aufregend. Die Stimmung der Frauen war gedämpft und kontrolliert. Wie Maya sagte: »Ich weiß, wie ich mich fühlte, und ich nehme an, den anderen ging es ziemlich ähnlich. Jedenfalls sahen sie so aus. Ich war sehr befangen. Ich hatte Angst, mich beim Tanzen gehen zu lassen und zu viel Raum einzunehmen. Ich wollte die anderen auf keinen Fall provozieren, denn es waren auch lesbische Frauen darunter, die hätten denken können, dass ich mit ihnen flirte. Es war kein besonders erfreuliches Erlebnis.«

»Am dritten Abend dann«, fuhr Maya fort, »geschah etwas sehr Interessantes. Eine der Frauen zog ihre Bluse aus und begann zu tanzen. Eine andere folgte ihrem Beispiel, dann noch eine. Die Gruppenleiterin zog sich ganz aus und tanzte nackt. Auch wir anderen zogen uns jetzt aus und es schien, als ob wir mit den Kleidern auch alle Hemmungen fallen ließen. Wir tanzten und tanzten! Wir bewegten uns völlig frei und wunderschön. Wir hatten keine Angst, uns beim Tanzen anzustoßen. Ich habe noch nie Frauen gesehen, die sich so fließend und wunderbar bewegten. Ich staunte nur so!

Es waren alte und junge Frauen da. Die älteste war 75 und die jüngste 17. Es gab Frauen mit zwei Brüsten, Frauen mit einer Brust und Frauen völlig ohne Brüste. Manche Frauen hatten Narben, andere nicht. Einige waren mit Männern zusammen, andere waren lesbisch. Alle strahlten. Eine so erstaunliche, wunderbare Freiheit und Natürlichkeit hatte ich noch niemals erlebt.

Das Interessanteste an diesem Abend war, dass es einfach nur um Sinnlichkeit und Bewegung ging. Unser Tanz hatte nichts Sexuelles oder Verführerisches, obwohl keine von uns Kleider trug. Wir alle fühlten uns in unserem Körper völlig wohl und normal. Keine versuchte, etwas Besonderes zu sein oder irgendetwas zu kontrollieren. Wir waren einfach mit der Musik und mit uns. Es gab keine Scham und Befangenheit.«

Die Natürliche Frau ist sich ihres Körpers bewusst und fühlt sich wohl damit. Sie nimmt ihre Emotionen wahr und hat keine Schwierigkeiten, sich von ihnen leiten zu lassen. Falls notwendig, kann sie auch heftig werden. Viele Frauen benutzen eine Art Totemtier als Brücke zu dieser natürlichen Frau. Überlegen Sie einmal, welches Tier Sie ansprechen würde. Eine Jaguarfrau, die durch den Dschungel schleicht, bereit zum Angriff? Ein Adler, der hoch oben am Himmel segelt, stark, alles überblickend und frei von weltlichen Verpflichtungen? Ein Falke, der sich vom Wind tragen lässt und das Auf und Ab der Luftströme genießt? Oder ein Delphin, der mit den Wellen spielt, beweglich und fühlend, verbunden mit allem, was ihn umgibt? Vielleicht ist es auch eine Katze, die in jedem Augenblick weiß, was ihr gut tut, was sie braucht und wo sie den besten Schlafplatz in der Sonne findet.

Wenn Sie gerne lesen, führt der beste Weg, um Ihre eigene natürliche, instinktive, seelenvolle und ungezähmte Frau ausfindig zu machen, über das Buch *Die Wolfsfrau* von Clarissa Pinkola-Estes. Ihre Geschichten und Lehren sind aufregend und voller Zauber, provozieren neue Gedanken und regen die Seele an zu wachsen. Sie hat Frauen mit ihrem Buch ein unschätzbares Geschenk gemacht.

Die machtvollen inneren Personen – Die Gaben des Inneren Patriarchen integrieren

Die machtvollen inneren Personen, die Frauen helfen, zum Inneren Patriarchen einen Ausgleich herzustellen, sind weltlicher ausgerichtet. Der Innere Patriarch ist immer präsent. Wenn wir keinen bewussten Zugang zu seiner Macht haben, beherrscht er uns vom Unbewussten aus. Und wenn der Innere Patriarch unser Leben vom Unbewussten aus bestimmt, schwächt er uns. Wollen wir also seiner Macht ausgleichend entgegenwirken, müssen wir von ihm lernen und direkten Zugang zu seinen Kräften gewinnen. Die grundlegenden Lektionen, die wir von ihm lernen müssen, betreffen die Fähigkeit, in dieser Welt für uns zu sorgen und auf uns zu achten.

Die erste Lektion beinhaltet den Schritt, die Verantwortung für uns zu übernehmen, vor allem in finanzieller Hinsicht. Fragen Sie Ihren Inneren Patriarchen, er kennt sich aus auf diesem Gebiet. Er macht sich viele Sorgen um Ihre finanzielle Sicherheit. Das ist einer der Gründe dafür, dass er so eifrig darauf bedacht ist, einen Ehemann an Ihrer Seite zu wissen. Er hofft, dass der Mann in Ihrem Leben Sie versorgt, sowohl jetzt als auch in Zukunft. Wenn Sie in Bezug auf diese Fragen keinen Zugang zu Ihrem eigenen Inneren Patriarchen haben, sollten Sie sich die äußeren Patriarchen ansehen und von den Männern in Ihrem Leben lernen, die wissen, wie finanzielle Angelegenheiten geregelt werden.

Ihr Innerer Patriarch (oder ein äußerer) kann Ihnen helfen, wirtschaftlich unabhängig und damit ein selbstständigeres Individuum zu werden. Wahrscheinlich fängt er damit an, indem er Sie gründlich über Ihre finanzielle Situation befragt. Er möchte, dass Sie über Ihre augenblickliche finanzielle Lage informiert sind und entsprechende Pläne für die Zukunft haben. Wenn Sie auf diese Fragen keine Antwort haben, wird er darauf bestehen, dass Sie sich entsprechend informieren. Wissen Sie über Ihr Einkommen, Ihre Sparrücklagen, Investitionen, den Wert Ihres Hauses oder Ihrer Wohnung, Kredite und jährliche Ausgaben Bescheid? Reicht Ihr Einkommen? Sollten Sie mehr verdienen? Wenn Sie sich diese Informationen verschafft haben, können Sie ihm erlauben, einen objektiven Blick darauf zu werfen. Er kann Ihnen helfen, Ihre Situation einzuschätzen. Sind Sie ausreichend informiert oder gibt es etwas, wo Sie nicht hindenken möchten? Behält Ihr Mann – sollten Sie verheiratet sein – diese Art von Informationen für sich? Wie können Sie sich Zugang dazu verschaffen?

Welche Vorkehrungen sind für die Krankenversicherung, Lebensversicherung, Hausversicherung oder Autoversicherung getroffen worden? Wie planen Sie Sonderausgaben (für Urlaub, die Ausbildung der Kinder, den Kauf eines Hauses oder Ihren Ruhestand) ein? Was passiert, wenn er oder Sie nicht arbeiten können? Ihr Innerer Patriarch kann Sie direkt beraten oder an andere kompetente Berater verweisen.

Wenn Sie sich in diesem Bereich sachkundig machen und die Verantwortung für Ihre finanzielle Situation übernehmen, haben Sie eine Kompetenz, die Ihr Innerer Patriarch respektieren kann. Haben Sie Sicherheit und Gewissheit in diesem Bereich gewonnen, kann er sich zurücklehnen und Ihnen die Unterstützung geben, die Sie brauchen. Er macht sich dann keine Sorgen mehr um Sie und stellt Ihre Kompetenz in diesem Bereich nicht mehr in Frage.

Bei der zweiten Lektion, die Sie von Ihrem Inneren Patriarchen zu lernen haben, geht es darum, dass Sie Autorität entwickeln. Hören Sie ihm zu und nutzen Sie seine Kraft, wo es angemessen ist. Der Innere Patriarch weiß, was er weiß. Er spricht mit Überzeugung. Er fragt andere nicht um Erlaubnis. Er sagt, was er sagen will und kümmert sich nicht um die Meinung anderer. Ihre Fähigkeit, diese Autorität auszustrahlen, beruhigt ihn. Je mehr Sie sich zu dieser Autorität bekennen, umso leichter wird es Ihnen fallen, entsprechend aufzutreten, aber dazu brauchen Sie wahrscheinlich Zeit und Übung. Auf diesem Wege jedoch können Sie anfangen, die Kräfte Ihres Inneren Patriarchen zu integrieren und ihn bewusst für sich zu nutzen. Seine Macht steht Ihnen dann zur Verfügung, statt Ihnen Kraft zu nehmen.

Sie werden sich selbst die Erlaubnis zu diesem Schritt geben müssen. Ihr Innerer Patriarch hat Ihnen Ihr ganzes Leben lang erzählt, dass Sie als Frau nicht berechtigt sind, Autorität zu haben. Vielleicht brauchen Sie Hilfe von außen, um diese Macht für sich in Anspruch zu nehmen. Manchmal reicht es schon, wenn ein anderer Mensch uns sagt, dass es in Ordnung ist, energisch und bestimmt aufzutreten. Andere Frauen brauchen hier mehr Unterstützung. Sie müssen Ihren eigenen Weg finden. Das kann bedeuten, dass Sie mit Ihren eigenen inneren Quellen von Autorität in Kontakt kommen müssen, indem Sie zum Beispiel zu diesem Thema Tagebuch schreiben, auf Phantasiereisen gehen, Ihre Träume anschauen oder entsprechende Vorträge und Workshops besuchen.

Bei der dritten Lektion geht es um die Themen Sachlichkeit, emotionale Ansprechbarkeit, das Setzen von Grenzen und damit um die Fähigkeit, unpersönlich zu sein. Frauen sind dazu erzogen worden, persönlich auf andere einzugehen, das heißt im Wesentlichen, keine Grenzen zu haben: offen, gefühlvoll, warmherzig und emotional für andere da sein. Der Innere Patriarch ist völlig anders, und wir Frauen haben eine wichtige Lektion von ihm zu lernen. Wir möchten nicht ständig unpersönlich und sachlich durchs Leben gehen und trotzdem müssen wir diese Lektion, die auch das Thema Macht betrifft, unbedingt lernen. Wir brauchen die Fähigkeit, wo notwendig auch unpersönlich zu sein.

Der Innere Patriarch weiß, wie man unpersönlich, kühl und objektiv sein kann. Er ist ein Meister im Setzen von Grenzen. Er kann eine Situation einschätzen und sich mit Menschen unpersönlich und sachlich austauschen. Er kann andere Personen mit der gleichen leidenschaftslosen Objektivität betrachten, mit der er vielleicht an ein technisches Problem herangeht. Er verwickelt sich nicht in Gefühle und kann auf diese kühle, sachliche Weise für andere ziemlich präsent und zugänglich sein. Das bedeutet nicht, dass er zwangsläufig kalt, distanziert oder verschlossen ist. Es heißt einfach, dass er Grenzen hat; er ist nicht ständig emotional ansprechbar.

Es ist außerordentlich wichtig, dass wir lernen, in entsprechenden Situationen unpersönlich zu sein. Wenn Sie diese Lektion von Ihrem Inneren Patriarchen oder in entsprechenden Kursen, Workshops oder in der Therapie lernen, werden Sie feststellen, dass Sie sich von anderen sanft lösen sowie kühler werden und damit aufhören können, ständig auf die Bedürfnisse und Gefühle der anderen zu reagieren. Im Kapitel *Ihr Königreich in Besitz nehmen – Ihr Energiefeld handhaben* werde ich darüber noch im Einzelnen sprechen und Ihnen zeigen, wie Sie energetische Grenzen setzen können, die Ihnen helfen, unpersönlich und sachlich zu sein, wenn Sie es wünschen.

Die vierte Lektion wendet sich an die Themen Zielgerichtetheit und Disziplin. Der Innere Patriarch weiß genau, wie er sich auf eine Arbeit konzentrieren kann, die er tun will. Er kann sich so weit disziplinieren, dass er sein Vorhaben zu Ende bringt, ohne sich ablenken zu lassen. *Er lässt nicht zu, dass die Bedürfnisse oder Forderungen anderer ihm in die Quere kommen.* Was für ihn wichtig ist, hat oberste Priorität. Seine Sache ist wichtig. Er hat den natürlichen Impuls, seine Vorhaben zu schützen, und bemüht sich eifrig um konkrete Ergebnisse. Wenn Sie als Frau seiner Forderung an Sie, den Mann und den Kindern in Ihrem Leben den ersten Platz einzuräumen, widerstehen und ihre eigene Arbeit verfolgen, integrieren Sie nicht nur die Energien des Inneren

Patriarchen und nutzen sie bewusst, sondern werden allmählich auch seinen widerwilligen Respekt und seine Unterstützung gewinnen.

Die letzte Lektion ist die des gerechten Kriegers. Der Innere Patriarch ist ein Krieger. Er beginnt Krieg, wenn er das Gefühl hat, dass seine Regentschaft oder sein Königreich bedroht ist. Die Frauen, die die feministische Revolution der letzten dreißig Jahre anführten, waren keine Töchter, sondern kriegerische Amazonen. Sie haben diesen Aspekt des Inneren Patriarchen integriert, um das äußere Patriarchat erfolgreich zu schlagen. Jede Frau muss einen gewissen Zugang zu ihrer eigenen kriegerischen Energie haben, um auf diese Weise die Macht des Inneren Patriarchen zu integrieren und ihr eigenes Königreich zu verteidigen. Sonst bleibt diese Verteidigung dem Inneren Patriarchen überlassen, der sie nur auf seine Weise übernehmen kann.

Die Göttinnen oder archetypischen inneren Personen

Die Mythologie liefert uns mit ihren heiligen Bildern des Weiblichen viele Beispiele für archetypische Personen, die die Macht des Inneren Patriarchen ausgleichen. Jede Kultur hat ihre eigenen Mythen; Sie können erforschen, welche Sie am direktesten ansprechen. Wenn wir über diese archetypischen Gestalten oder Göttinnen lesen, hilft uns das, ihre Energien in unserem Alltagsleben zu verkörpern. Jean Shinoda Bolen hat ein ausgezeichnetes, gut lesbares und faszinierendes Buch mit dem Titel *Göttinnen in jeder Frau*[5] geschrieben, das Sie mit den Archetypen der griechischen Mythologie bekannt macht. Diese uralten Symbole für Aspekte des Weiblichen können wir in unseren eigenen Ritualen, beim Schreiben, in der bildenden Kunst, Musik, Tanz oder der aktiven Imagination kreativ nutzen.

Es gibt mehrere griechische Göttinnen, die die traditionell weiblichen inneren Personen repräsentieren. Diese Gestalten ergänzen den Inneren Patriarchen und bilden einen Ausgleich zu ihm. Grundsätzlich stimmen sie mit seinen Werten und Anforderungen an Frauen überein und passen sich seiner Sichtweise ebenso an wie er sich ihrer. Wir könnten sie als die weiblichen Wesen bezeichnen, die wissen, wie sie mit dem Inneren Patriarchen tanzen können.

Die erste von ihnen ist Hera, die einzige verheiratete Göttin im Olymp. Ihr Ehemann ist Zeus, der Götterkönig. Sie schöpft ihre Macht aus ihrer Ehe mit dem mächtigsten aller männlichen Wesen und nicht aus ihren eigenen Fähigkeiten, Bemühungen oder Leistungen. Auf diese Weise Macht zu erlangen, ist auch das letztendliche Ziel des Inneren Patriarchen. Hera ist sehr interessiert an dieser Macht und tut alles, um sie sich zu bewahren. Sie reagiert mit heftiger Eifersucht auf jeden, der den Status quo gefährden könnte. In der Mythologie ist Hera keine besonders glückliche Frau, denn sie muss sich mit der Untreue ihres Mannes abfinden. Selbstverständlich sind ihr keine derartigen Abenteuer erlaubt. Trotzdem weiß sie um den Wert eines starken Mannes und kämpft, um ihre Macht zu verteidigen.

Dann ist da Hestia, die Göttin von Haus und Herd. Sie besitzt all die traditionell weiblichen Eigenschaften, die das Leben angenehm machen und für die Sicherheit und das Glück der Familie sorgen sollen. Hestia ist jedoch eine jungfräuliche Göttin, die beschlossen hat, sich mit keinem Mann zusammen zu tun. Sie bildet einen Ausgleich zum Inneren Patriarchen, weil sie Frauen erlaubt, sich auch ohne Männer ein Zuhause zu schaffen und ihr eigenes, weiblich ausgerichtetes Leben selbst in die Hand zu nehmen.

Aphrodite entspricht von sämtlichen Göttinnen der traditionell weiblichen inneren Person am meisten. Als Göttin der Schönheit, Anziehungskraft und Liebe ist sie der Inbegriff von weiblichem Charme, Sinnlichkeit und irdischer Herzensverbindungen. Sie ist die innere Person, die Sexualität, Sinnlichkeit und Beziehungen fördert. Aber obgleich sie weiblich ist, erwartet sie, verehrt und angebetet zu werden. Sie wehrt sich dagegen, benutzt zu werden, und wird extrem rachsüchtig, wenn sie das Gefühl hat, dass jemand sich ihr mit dieser Absicht nähert.

Für die machtvolle innere Person steht Kali, die höchste Muttergöttin Indiens in ihrem negativen Aspekt. Ihre Macht ist die Macht der Zerstörung. Sie vernichtet, was sie erschaffen hat, und liefert uns ein Entsetzen erregendes Bild von zerstörerischer weiblicher Macht, lächelnd auf den Toten tanzend und eine Kette aus menschlichen Schädeln um ihren Hals tragend oder Blut aus einem Totenkopf trinkend.

Aus den westlichen Mythen kommt Athene zu uns, eine weitaus rationalere Kriegerin. Sie entsprang in voller Größe dem Kopf ihres Vaters Zeus. Als Göttin der Weisheit, der Strategie und der Intrige ist sie eine Kriegerin. Auf Männerbeziehungen lässt sie sich nicht ein, aber sie weiß mit Männern zu reden und auf gleicher Ebene mit ihnen umzugehen. Da sie selbst große Macht besitzt, kann der Innere Patriarch sich darauf verlassen, dass sie für sich sorgen kann.

Auch Artemis verkörpert die Macht der »Natürlichen Frau«. Als jungfräuliche Göttin muss sie sich mit keinem Mann einlassen. Ihre Macht beruht auf ihrer ungezähmten Wildheit. Sie ist eine Jägerin und folgt nur den eigenen Regeln. In der Tradition ist sie die Hüterin der Tiere, der Jungfräulichkeit und gebärenden Frauen. Sie versteht es meisterhaft, Pläne zu machen und zielstrebig durchzuführen, was sie sich vornimmt. Der Innere Patriarch kann ihre kühle Sachlichkeit bewundern, auch wenn sie sich Männern in keinster Weise unterwirft. Da sie Zugang zu ihrer eigenen Macht hat und nicht unweiblich ist, kann er sich jedoch in ihrer Gegenwart entspannen.

All diese Göttinnen können Ihnen helfen, der Macht Ihres Inneren Patriarchen zielstrebig entgegenzuwirken. Wir wollen uns jetzt der Überlegung zuwenden, wer oder was Sie dabei unterstützen kann, diese Gegensätze in Ihrem Leben zu umarmen.

Jenseits der Dualität: Das Reich des Bewussten Ich

Das Bewusste Ich ist kein Ziel, das wir erreichen können, sondern ein Prozess, der gelebt werden muss. Es schenkt uns einen größeren Entscheidungsspielraum und ermöglicht uns, vielfältigere Richtungen einzuschlagen.

In diesem Kapitel geht es um die Erforschung einer neuen Dimension des Bewusstseins, um das Reich des Bewussten Ich. Ich werde mich mit der Frage beschäftigen, wir wir unser Leben auf neue Weise leben können. Dieser neue Weg beinhaltet, dass wir unser Leben auf der Grundlage eines bewussten Ich statt nach den Anweisungen einer oder mehrerer primärer innerer Personen ausrichten. Hal und ich haben uns für den Begriff »Bewusstes Ich« entschieden, um auf den Teil der Psyche zu verweisen, der Entscheidungen trifft, denn auch die traditionelle Bezeichnung dieser Funktion lautete durchgängig »Ich«. Wir möchten an die Arbeit der Menschen anknüpfen, die wir als unsere Vorgänger betrachten, und sehen keinen Grund dafür, dieses Wort aufzugeben. Wir finden es auch nicht notwendig, uns vom »Ich« oder »Ego« freizumachen, wie viele spirituelle Traditionen es lehren. Vielmehr gehen wir davon aus, dass dieses ursprüngliche Ich in dem neuen Bewussten Ich enthalten ist.

Was ist das Bewusste Ich?

Wenn Menschen vom Ich sprechen, meinen sie in den meisten Fällen die primären inneren Personen, die unser Leben und unsere Art zu denken bestimmen. Diese inneren Personen sind aber nicht, wer wir wirklich sind, auch wenn wir das glauben mögen. Am Anfang dieses Buches habe ich diese primären inneren Gestalten beschrieben. Sie sind die dominanten Stimmen, die uns und unser Leben beherrschen. Sie bestimmen, wer wir sind, was wir wahrnehmen, wie wir die Welt beurteilen, wie wir denken und was wir tun. Deswegen bilden sie auch unser »agierendes Ich»; sie sind die vollziehenden Kräfte (oder das Führungskomitee) unserer Psyche. Meistens denken wir nicht groß darüber nach, wie das funktioniert. Wir gehen einfach durch das Leben und vertrauen den Wahrnehmungen, die das agierende Ich von der Welt hat, als würde unsere Art und Weise, unsere Umgebung zu empfinden, zu sehen und gedanklich zu verarbeiten, dem entsprechen, wie die Dinge wirklich sind.

Wir alle werden in unserem Leben von diesen hoch entwickelten primären inneren Personen beherrscht. Manchmal sind sie sehr kompetent und führen uns zu Erfolg und Glück; dann wieder sind sie fehl am Platz und bringen uns Schmerz oder ständige Frustrations- und Versagensgefühle ein. Die meisten primären inneren Person bewähren sich in einigen Lebensbereichen sehr gut, in anderen jedoch weniger.

Wenn ich zum Beispiel ein hart arbeitender Mensch bin und meine primären inneren Personen sind die Antreiberin (die sehr viel arbeiten kann) und die Perfektionistin (die weiss, wie man die Dinge richtig macht), bin ich wahrscheinlich beruflich sehr erfolgreich. Es wird mir jedoch schwer fallen, mich zu entspannen und an mir und anderen Freude zu haben. Jedes Mal, wenn ich meinen Mann, meine Kinder oder meine Freundinnen und Freunde ansehe, muss ich daran denken, was sie Produktives tun oder wie sie an sich arbeiten könnten. Ich kann nicht einfach loslassen und mich an ihnen so freuen, wie sie in diesem Augenblick sind.

Mein Bewusstes Ich ist eine neue Art von Ich. Es ist sich dieser primären inneren Personen bewusst, ist aber weder mit ihnen identifiziert, noch lässt es sich von ihnen beherrschen. Mein Bewusstes Ich schöpft die Vorteile aus, die meine Antreiberin und meine Perfektionistin zu bieten haben, weiß aber, dass es im Leben noch mehr gibt als das, was diesen beiden wichtig ist.

Heißt das, ich habe bislang alles falsch gemacht?

Nein. Absolut nicht. Nichts ist verkehrt daran, das Leben auf der Grundlage dieser primären inneren Personen zu gestalten. Tatsächlich verdienen sie unseren herzlichen Dank, denn es sind die inneren Personen, die der Welt um uns herum einen Sinn verliehen und uns beschützt haben. Sie existieren in jedem von uns und bestimmen das Leben fast aller Menschen. Die meisten von uns sind sich dieser Tatsache jedoch nicht bewusst und wir denken, wir könnten uns frei entscheiden und würden unser Leben bewusst in die Hand nehmen.

An diesem Punkt kommt das Konzept des Bewussten Ich ins Spiel. *Wenn mein Bewusstes Ich erwacht, löse ich mich von meinen primären inneren Personen und werde mir ganz konkret der Tatsache bewusst, dass sie es sind, nicht ich, die mein Leben bestimmt haben.* Mein Bewusstes Ich beginnt diese Vollzugsgewalt zu übernehmen und, da es zwischen den Gegensätzen steht, die Entscheidungen für mein Leben zu treffen. Das bedeutet nicht, dass mein Leben bis jetzt eine einzige Reihe von Fehlschlägen war.

Jenseits der Dualität

Wenn mein Bewusstes Ich erwacht ist, nehme ich wahr, wie meine Antreiberin auch dann auf das Gaspedal des Fahrzeugs meiner Psyche tritt, wenn dieses vor einer Ampel hält und der Motor stillsteht. Während ich auf der Veranda sitze und mit Hal zusammen den Sonnenuntergang genieße, werde ich mir der Tatsache bewusst, dass diese Antreiberin mir ins Ohr flüstert: »Wie kannst du hier einfach herumsitzen? Auf deinem Schreibtisch wartet ein ganzer Stapel Briefe darauf, beantwortet zu werden.«

An diesem Punkt bin ich von meinem ursprünglich agierenden Ich, das heißt, meiner Antreiberin, zu einem »Bewussten Ich« übergegangen. Mein Bewusstes Ich kombiniert das Erleben der Antreiberin und ihrer ungeduldigen Forderungen mit einer »bewussten Wahrnehmung« dieser inneren Person. Deswegen nennen wir dieses neue Ich, das zu den inneren Stimmen (in diesem Fall der Antreiberin) Abstand hat, ihre Informationen und Erfahrungen aber erleben und nutzen kann, das Bewusste Ich.

Nach unserer Definition besteht das Bewusstsein aus drei Teilen: dem Bewussten Ich, der reinen Wahrnehmung oder dem Zeugen und dem Erleben der inneren Personen. Von den inneren Personen wissen Sie bereits. Die reine Wahrnehmung entspricht dem Zustand eines Zeugen, der unbeteiligten Beobachtung, Einsicht oder Meditation (den Zustand, auf den viele spirituell Suchende aus sind). Das Bewusste Ich bewegt sich durch das Leben, indem es die Informationen aus all diesen Quellen nutzt, um zu Entscheidungen zu gelangen.

Lassen Sie uns jetzt auf die Veranda und zu meiner gehetzten Antreiberin zurückkehren. Wenn mein neu erwachtes Bewusstes Ich am Werke ist, weiß es um die Antreiberin und kann ihre Besorgnis spüren, ohne sich damit zu identifizieren. Mit anderen Worten, es hat nicht das Gefühl, dass den Forderungen meiner Antreiberin entsprochen werden muss; ihre Sicht der Welt ist in dieser Situation nicht zwangsläufig die einzig richtige. Deswegen kann ich mir die unbeantworteten Briefe in dem Wissen anschauen, dass es Personen in mir gibt, die völlig anders empfinden als meine Antreiberin. An diesem Punkt kann ich an einige der ausgleichenden inneren Gestalten aus dem vorigen Kapitel denken. Vielleicht ist es Zeit für die Ehefrau/Gefährtin, die Seiende oder Aphrodite. Sie alle würden mir sagen, dass es wichtiger ist, mit meinem Mann den Sonnenuntergang zu betrachten, als die Briefe auf meinem Schreibtisch zu beantworten.

Wessen Sichtweise ist die richtige? Alle sind richtig. Soll ich die Briefe schreiben oder nicht? Was wäre das Richtige? Das »Richtige« gibt es nicht. An diesem Punkt habe ich Gelegenheit, mich über die Dualität hinaus in das Reich des Bewussten Ich zu begeben. Ich stehe in dem Wissen zwischen diesen beiden gegensätzlichen Sichtweisen, dass beide ihre Gültigkeit haben, und kann bewusst entscheiden, wie ich mich verhalten will. Meine Antreiberin macht mir eine Reihe von Vorschlägen, meine anderen inneren Personen geben mir andere Anweisungen. Ich bin im Konflikt, aber ich weiß, dass es eine Möglichkeit gibt, mich über diese Dualität hinaus zu begeben und eine Entscheidung zu treffen, die auf diesen Gegensätzen beruht.

Ein Bewusstes Ich ist erstaunlich kreativ. Es kann beide Seiten berücksichtigen und neue Lösungen für Probleme finden, die bislang unlösbar zu sein schienen. Es ist auch in der Lage, das Problem nicht auf der Grundlage von Entweder-oder-Vorschlägen anzugehen, sondern umfassender zu betrachten; wie ein Mensch, der sich mehrere Empfehlungen anhört und dann zu einer Lösung gelangt, die eine Synthese aller Vorschläge darstellt, ohne einem genau zu entsprechen. Es führt uns über das dualistische Denken hinaus.

Manchmal kann es Probleme sofort lösen oder Entscheidungen für bestimmte Situationen, wie zum Beispiel mein Dilemma auf der Veranda, gleich treffen. In diesem Fall kann ich mir zum Beispiel einen Moment Zeit nehmen, um zu überlegen, dass ich

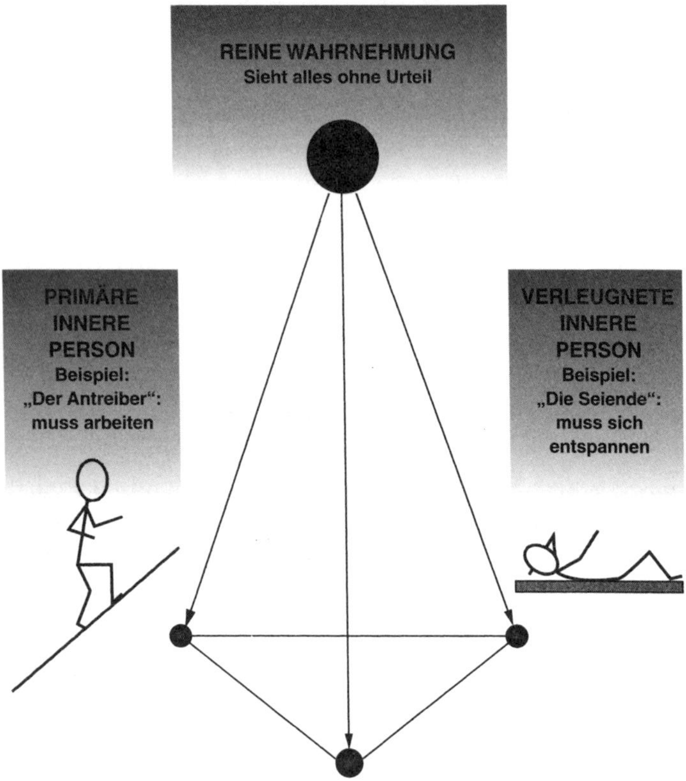

DAS BEWUSSTE ICH
Steht zwischen den Gegensätzen.
Umfasst die primären inneren Personen,
die verleugneten inneren Personen,
reine Wahrnehmung

JENSEITS DER DUALITÄT
Eine stabile Position

die Briefe später am Abend oder am nächsten Tag beantworten werde, so dass meine Antreiberin sich entspannen kann, weil sie weiß, dass ich ihr Anliegen ernst nehme. Dann kann auch ich mich entspannen und meine Zeit auf der Veranda weiter genießen. Diese Lösung ist ziemlich einfach und direkt.

Was ist, wenn beim Abwägen beider Seiten deutlich wird, dass die Briefe unbedingt jetzt beantwortet werden müssen, ich aber auch den Kontakt mit meiner »Seienden« (die einfach dasitzen und sein kann, statt tun zu müsen) und mit Hal brauche? Um mit dieser Herausforderung fertig zu werden, muss ich mich über das dualistische Denken und die Dualität hinaus begeben.

Glücklicherweise existiert das Bewusste Ich in einem Reich jenseits der Dualität und kann Gegensätze in einem ganz konkreten Sinne in sich aufnehmen. Unsere individuellen inneren Personen sind dazu nicht imstande. Meine Antreiberin kann keinen Kontakt mit Hal eingehen, das ist nicht ihr Aufgabenbereich. Sie ist am emotionalen Austausch mit anderen nicht beteiligt; sie ist eine Arbeiterin und ziemlich stolz auf diese Tatsache. Meine Seiende hingegen kann keine Briefe schreiben, sie bringt es nicht fertig, konzentriert zu arbeiten. Wenn wir jetzt noch einmal auf die Veranda zurückkehren, was könnte mein Bewusstes Ich tun, um diese scheinbar unvereinbaren Widersprüche zu umfassen? Wie könnte das aussehen oder bessser, wie würde sich das anfühlen?

Mein Bewusstes Ich würde sich Zeit nehmen, um ein liebevolles Sein mit Hal oder eine energetische Verbindung mit meinem Mann herzustellen. Diese Verbindung kann ich (oder richtiger gesagt, mein Bewusstes Ich) auch beibehalten, wenn ich nebenan Briefe schreibe. Diese Form von Kontakt gehen wir manchmal automatisch ein, wenn wir uns verlieben oder Kinder haben. Wir können uns in einem anderen Raum, Gebäude oder sogar in einer anderen Stadt oder einem anderen Land aufhalten und verlieren unsere grundlegende Verbundenheit mit ihnen nicht.

Ich kann diesen energetischen Kontakt mit Hal bei gleichzeitiger Erledigung von Aufgaben nur aufrechterhalten, wenn ich jenseits der Dualität agiere; das heißt in diesem Beispiel, wenn mein Bewusstes Ich die Briefe schreibt und nicht meine Antreiberin. Wenn diese die Briefe beantwortet, bin ich mit niemandem verbunden, ich »mache« einfach. Der Trick besteht also darin, die Verbindung zu den verschiedenen inneren Personen zu wahren, und die Gegensätze, während ich arbeite, auszugleichen.

Die Gegensätze ausgleichen – Auf zwei Beinen gehen

Stellen Sie sich einmal vor, ich würde versuchen, nur mit einem Bein durch das Leben zu gehen. Betrachten Sie meine Antreiberin als mein rechtes Bein. Ich könnte versuchen, nur auf diesem durch das Leben zu hüpfen. Meine Seiende hingegen wäre mein linkes Bein. Ich könnte meine Antreiberin aufgeben und versuchen, mich nur mit meiner Seienden durch das Leben zu bewegen. In diesem Falle würde ich auf meinem linken Bein hüpfen. Ganz gleich, welches Bein ich nehme, auf jedem fühle ich mich unsicher und kann leicht umgestoßen werden oder umkippen. *Mein Bewusstes Ich bewegt sich zwischen den Gegensätzen durch das Leben und benutzt beide Beine.* So bin ich standfester und mehr im Gleichgewicht. Ich kann rauhes Gelände durchqueren, ohne die Balance zu verlieren, und andere können mich nicht so leicht umstoßen.

Wie könnte ich auf zwei Beinen gehen, während ich arbeite? Wie könnte mein Bewusstes Ich für diese Gegensätze wach bleiben und weiter in Kontakt damit sein? Ich könnte, um bei diesem Beispiel zu bleiben, Musik spielen lassen und/oder Räucherstäbchen anzünden, um die Briefe in einem entspannteren Zustand zu schreiben. So wird bei dieser Aufgabe auch meine

Seiende berücksichtigt und verhindert, dass meine Antreiberin die Sache an sich reißt (was sie auf jeden Fall versuchen würde). Andererseits könnte ich mich durch den Räucherduft und die Musik völlig in meine Seiende verlieren. Wenn das geschieht, hüpfe ich nicht mehr auf meinem rechten Bein, sondern nur noch auf meinem linken Bein durchs Leben. Ich benutze immer noch nicht beide Beine. Wenn meine Seiende die Regie übernimmt, verliere ich die Verbindung zu meiner Antreiberin und kann überhaupt nicht mehr schreiben. Mein Bewusstes Ich umfasst die Gegensätze, es benutzt beide Beine und kann all diese Verbindungen gleichzeitig halten. Manchmal geschieht das mühelos, dann wieder ist dieser Prozess äußerst anstrengend.

Der Innere Patriarch betritt den Schauplatz – Die dualistische Sicht

Der Innere Patriarch ist dualistisch ausgerichtet und hat wenig Geduld mit dieser Art von Denken. *Aus patriarchalischer Sicht gilt grundsätzlich: Man kann die Dinge richtig oder falsch machen.* Entweder meine Antreiberin hat Recht oder nicht. Wenn sie im Recht war, warum sollte ich mich dann um ein Bewusstes Ich bemühen? Am besten wäre, einfach so weiterzumachen wie früher. Dann kann ich bestimmt viel erreichen. Wenn meine Antreiberin hingegen Unrecht hatte, sollte ich einfach mein Verhalten ändern und die Tatsache akzeptieren, dass ich in den letzten 59 Jahren den falschen Weg gegangen bin. Ich muss jedoch zugeben, dass diese Vorstellung sowohl für meine Antreiberin als auch für meinen Inneren Patriarchen höchst beunruhigend ist. Keiner von beiden macht gerne Fehler. Leider sind bei ihrem dualistischen Denken Fehler unvermeidbar.

Der Innere Patriarch spielt bei unseren Versuchen, unser Bewusstes Ich zu erwecken und zwischen den Gegensätzen zu stehen, noch eine weitere Rolle. Er vertritt eine Reihe von Regeln und Werten, die uns beeinflussen, ob wir darum wissen oder nicht. Wie könnte das aussehen?

Lassen Sie uns noch einmal zu der Veranda bei Sonnenuntergang und meinem Konflikt zurückkehren. Wenn wir die Situation genau betrachten, können wir noch einen weiteren Mitspieler in meinem kleinen Drama entdecken. Dieser jedoch agiert im Schatten. Mein Innerer Patriarch, der von meinem Unbewussten aus wirkt, könnte mit meiner Antreiberin einer Meinung sein. Schließlich schätzt auch er greifbare Resultate bei der Arbeit und hat wenig Geduld, wenn es um Entspannung und Genuss geht, außer natürlich, wenn ich mich von einer Krankheit erhole. Er würde das Gleichgewicht zerstören und mich losschicken, Briefe zu beantworten, so dass ich, bildlich gesprochen, auf meinem rechten Bein hüpfte.

Mein Innerer Patriarch könnte aber auch den entgegengesetzten Standpunkt vertreten, sich mit meiner Seienden verbünden und mir sagen, ich solle mich unbedingt um meinen Mann kümmern. In diesem Fall würde er mir einen Vortrag darüber halten, wie wichtig meine Beziehung ist und mich drängen, mich zu entspannen, still zu sitzen, Hal meine Aufmerksamkeit zu schenken und meine Briefe zu vergessen. Das wäre für meine Antreiberin natürlich sehr schwer, aber ich würde wohl trotzdem nachgeben, weil der Innere Patriarch sehr überzeugend ist. Dann hüpfe ich (bildlich gesprochen) auf meinem linken Fuß; ich bleibe auf der Veranda sitzen und vergesse meine Briefe. Nachdem ich mich dann einige Zeit im Sinne meines Inneren Patriarchen um die Beziehung gekümmert habe, würde dieser mich jedoch in keinster Weise dafür anerkennen. Die Briefe lägen immer noch unbeantwortet da. Kein Wunder, dass diese Inneren Patriarchen uns rasend machen können! Manchmal haben wir wirklich keine Chance, ganz gleich, was wir tun.

Wenn ich vom Inneren Patriarchen und seinen Werten nichts weiß, hat mein Bewusstes Ich keinen Zugang zu diesen Informationen und ich kann sie in meinen Entscheidungsprozess nicht einbeziehen. Wenn ich jedoch meine Hausaufgaben gemacht habe und meinen Inneren Patriarchen und seine Werte kenne, kann mein Bewusstes Ich dieses Wissen in seine Datenbank aufnehmen und auch mit diesen Informationen arbeiten. Es kann mühelos Entscheidungen treffen, die weniger negative Auswirkungen haben. Was aber, wenn ich von diesem Inneren Patriarchen überhaupt keine Vorstellung habe?

Der Schattenkönig – Wenn der Innere Patriarch vom Unbewussten aus agiert

Lassen Sie uns noch einmal auf die Veranda zurückkehren. Diesmal sieht die Szene anders aus. Es ist früher Abend und Hal und ich sitzen still zusammen und beobachten die Rehe, die aus unserem kleinen Teich trinken. Wir ruhen uns friedlich aus, nachdem wir zusammen im Garten gearbeitet haben. Unsere Seienden genießen das Leben. Eine Weile bleiben wir so sitzen. Dann stelle ich fest, dass ich allmählich Lust bekomme, mich anderen Dingen zuzuwenden. Aber ich bleibe sitzen.

Ich habe den ganzen Tag nicht geschrieben, weil ich das Gefühl hatte, eine Pause machen zu müssen, hatte aber am Tag zuvor sehr viel Freude am Schreiben. Während wir still da sitzen, fange ich an, an dieses Buch zu denken. Mir kommt eine Idee. Sie ist gut, und ich würde sie gern aufschreiben, solange sie mir noch ganz gegenwärtig ist. Aber bei dem Gedanken, unser reizendes Zwischenspiel zu beenden, bekomme ich leichte Schuldgefühle, also bleibe ich auf meinen Platz sitzen. Inzwischen bin ich etwas unruhig geworden, aber ich bewege mich immer noch nicht vom Fleck. Ich scheine auf etwas zu warten, weiß aber nicht, worauf.

Warum rühre ich mich nicht von der Stelle? Was hält mich hier fest? In meinem Unbewussten geschieht etwas, das meiner

Wahrnehmung entgeht. Eine primäre innere Person ist am Werke, aber diese Person arbeitet unbewusst in mir, anders als meine Antreiberin, die auch zu meinen primären inneren Personen gehört, mir aber bewusst ist. Ich weiß immer, was meine Antreiberin sagt. Sie ist mir in jedem Augenblick zugänglich; sie äußert sich freimütig. Ich höre mich selbst oft ihre Lieblingsformulierungen benutzen: »Nur die eine Minute noch.« Oder: »Ich fühle mich viel besser, wenn ich das eben noch zu Ende bringe.«

Mit dem Inneren Patriarchen ist das anders. Zu seinen Gedanken habe ich nicht so leicht Zugang. Wenn ich mich in diesem Augenblick auf ihn einstimmen könnte, würde ich ihn etwa sagen hören: »Du kannst doch deinen Mann nicht in so einem schönen Augenblick allein da sitzen lassen. Nur wegen deiner eigenen Interessen. Das ist egoistisch, so verhält sich eine gute Ehefrau nicht. Sie wartet, bis ihr Mann bereit ist weiterzumachen. Sie lässt ihn das Tempo vorgeben.« Dies sind einige seiner Regeln für Beziehungen. Aber ich bin mir seiner Anwesenheit in diesem Augenblick nicht bewusst. Mein Innerer Patriarch arbeitet unbewusst und ich bin die gute Tochter, die seine Regeln befolgt. Ich klebe an meinem Stuhl fest, bis Hal beschließt zu gehen.

Wenn diese Verzögerung lange genug dauert, kann es gut sein, dass ich mich von einer braven in eine böse Tochter verwandle. Obwohl ich sitzen bleibe, werde ich allmählich ärgerlich auf Hal, weil er mir nicht erlaubt aufzustehen und mich ans Schreiben zu machen. Ich kann sogar das Gefühl haben, dass er mich bewusst davon abhält, die Arbeit zu tun, die ich gerne machen möchte. Ich kann solange sitzen bleiben, bis ich wirklich wütend werde und rebelliere. Dann verlasse ich die Veranda, völlig aufgebracht über seine Rücksichtslosigkeit. Leider weiß Hal von alldem gar nichts. Es spielt sich lediglich in mir ab. Dieser Dialog findet im Wesentlichen zwischen mir und meinem (unbewussten) Patriarchen statt.

Aber nehmen wir einmal an, ich weiß von meinem Inneren Patriarchen und nehme wahr, wie er meine Gedanken beherrscht. Ich habe mich ein Stück weit von ihm gelöst und agiere von einem Bewussten Ich aus. Ich weiß, dass irgendetwas vor sich geht und wahrscheinlich mein Innerer Patriarch im Spiel ist, da ich mich wie eine Tochter statt wie eine erwachsene Frau verhalte. Ich spüre, dass ich eine Regel befolge und frage mich, wie diese lautet. Ich stimme mich auf den Inneren Patriarchen ein und entdecke seine Anweisung: »Eine gute Ehefrau wartet, bis ihr Mann bereit ist weiterzumachen. Sie lässt ihn das Tempo vorgeben.«

Mein Bewusstes Ich kann diese Gegensätze umfassen. Es kann sowohl die Forderung des Inneren Patriarchen, mich meiner Beziehung zu widmen, als auch mein Bedürfnis zu schreiben vertreten. Es kann sich frei bewegen und die Realität überprüfen, statt den Interpretationen meines Inneren Patriarchen zu folgen. Mein Bewusstes Ich kann in Kontakt mit einem anderen Menschen (wie zu Hal) und desssen Wünschen bleiben und trotzdem eigenständig entscheiden, wie der nächste Schritt aussehen soll.

Es gibt noch einen anderen, ganz praktischen Aspekt, wenn es darum geht, mir meinen Inneren Patriarchen bewusst zu machen und sein Wirken aus dem Schatten meines Unbewussten ins Licht des Bewusstseins zu bringen. Ich kann Hal fragen, wie er die Situation empfindet, statt automatisch von der Version auszugehen, die mir mein Innerer Patriarch von Hals Innenleben gibt. Vielleicht möchte Hal gerne, dass wir noch eine Weile zusammenbleiben. Wenn das stimmt, muss ich seinen Wunsch gegen meine Bedürfnisse abwägen. Es kann aber auch sein, dass Hal, weil er meine Gefühle nicht verletzen will, wartet, bis ich die Veranda verlasse. Dann haben wir es beide dem anderen überlassen, den ersten Schritt zu tun. Vielleicht hat er es aber auch wirklich gern, wenn ich an meinem Computer arbeite und würde sich wohler fühlen, wenn ich eine Weile schreibe. Es ist sogar möglich, dass es ihm egal ist, was ich gerade tue. Natürlich kann ich das nur erfahren, wenn ich nachfrage.

Wie Sie sehen können, gewinnen wir mehr Informationen, Flexibilität und Ausgewogenheit, wenn wir über die dualistische Sicht der Welt hinausgehen. Ich komme in einem ganz konkreten Sinne mehr auf den Boden und werde stabiler. Wenn ich in meinem Leben am dualistischen Denken festhalte, kann ich zwischen den Gegensätzen hin- und hergeschleudert werden wie auf einer Wippe. Ist das ganze Gewicht auf meiner Seite und meine primären inneren Personen haben die Führung, kann ich sie als mein Gegenüber oben halten. Wenn es mir gelingt, mich auf die andere Seite zu setzen und meinen verdrängten inneren Personen mehr Gewicht zu verleihen, können sie mich in die Luft hochschleudern und dort oben festhalten. Ich verliere meine ganze Macht. Das heißt, ich habe mich grundlegend mit einer Seite der Wippe (vielleicht der Vorstellung, uneigennützig zu sein) identifiziert und die andere Seite (an mich zu denken) abgewertet.

Dieses Bild macht uns sehr gut deutlich, wie ich von einer Seite zur anderen gekippt werden kann. Aber man kann eine Wippe auch anders benutzen. Haben Sie jemals in der Mitte einer leeren Wippe gestanden, einen Fuß auf jeder Seite? Es ist ein großartiges Gefühl, genau auf dem Punkt zu stehen, wo sich Bewegung und Balance treffen. Wenn Sie sich auf beiden Seiten gleich sicher fühlen, können Sie auf minimale Veränderungen reagieren und sich ganz nach Belieben zwischen den Gegensätzen hin und her bewegen.

Wie sieht dieses Hin und Her zwischen den Gegensätzen aus, wenn ich mich mit einem Menschen austausche, dessen primäre innere Person zu meiner konträr eingestellt ist? Nehmen wir zum Beispiel an, ich bin monogam und Sie sind es nicht. Sie sagen mir, dass Sie diese Lebenseinstellung blödsinnig finden. Wenn ich dualistisch denke, hat meine primäre innere Person und nicht mein Bewusstes Ich diese Entscheidung getroffen. Ich hüpfe auf einem Bein, meinem »monogamen« Bein. Ich kann Ihrer Meinung über mich zustimmen und mich dumm fühlen oder ablehnen, was Sie vertreten, Sie für beschränkt halten und mich dabei ganz selbstgerecht fühlen. In keiner der beiden Positionen bin ich besonders stabil. Ihre Äußerung hat mich aus dem Gleichgewicht gebracht. Wir können nicht länger Freundinnen sein, die sich gegenseitig respektieren.

Aber wenn mein Bewusstes Ich agiert, weiß ich um die Sehnsüchte meiner Aphrodite ebenso wie um die Warnungen meines Inneren Patriarchen. Ich bewege mich durchs Leben, indem ich um beide Gestalten einen Arm lege. Ich habe mich mit diesem Konflikt bereits innerlich auseinandergesetzt, deswegen erstaunt mich Ihre Reaktion auf meine Lebenseinstellung nicht. Ihre Bemerkung, es sei blödsinnig, monogam zu leben, bringt mich nicht aus dem Gleichgewicht. Ich weiß, dass es einen Teil in mir gibt, der total mit Ihnen übereinstimmt, trotzdem habe ich mich für diesen Weg entschieden. Ich gehe auf zwei Beinen durchs Leben und hüpfe nicht auf einem; ich balanciere auf der Mitte der Wippe. Mein Gleichgewicht ist nicht in Gefahr, und ich verspüre keinerlei Bedürfnis, Sie abzuwerten, um meine Position halten zu können.

Das Bewusste Ich ermöglicht es mir, auf dem Grat zwischen Chaos und Form zu gehen und mein Gleichgewicht zu halten. Michael Crichton beschreibt diese Gratwanderung in seinem Buch *Vergessene Welt*[6] wunderschön:

»... Komplexe Systeme scheinen nach einer Balance zwischen dem Bedürfnis nach Ordnung und dem Gebot der Veränderung zu suchen. Komplexe Systeme tendieren offensichtlich dazu, sich an einem Ort anzusiedeln, den wir ›am Rande des Chaos‹ nennen. Wir stellen uns den Rand des Chaos als einen Ort vor, wo genügend Innovation passiert, um ein lebendiges System am Leben zu halten, und genügend Stabilität vorhanden ist, um zu verhindern, dass es in Anarchie verfällt. In dieser Zone von Konflikt und Umwälzung liegen das Alte und das Neue ständig

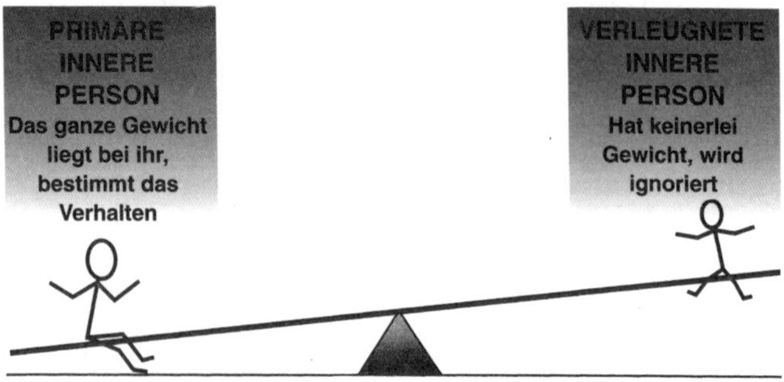

DUALITÄT = KEIN BEWUSSTES ICH
Viel Auf und Ab

BEWUSSTES ICH

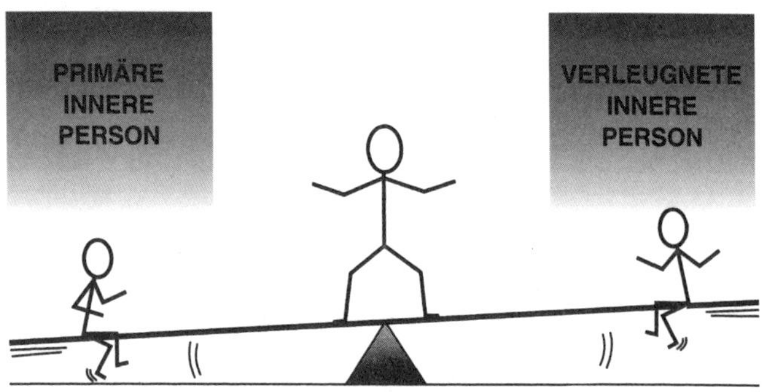

JENSEITS DER DUALITÄT
Ein bewusstes Ich lebt mit Gegensätzen

miteinander im Krieg. Den Punkt der Balance zu finden muss eine heikle Angelegenheit sein. Wenn ein lebendiges System zu nahe an das Chaos herantreibt, riskiert es zu zerfallen und sich aufzulösen; entfernt es sich aber zu sehr vom Rand, wird es rigide und erstarrt zum Totalitarismus. Beide Zustände führen zu seiner Auslöschung. Zu viel Veränderung ist ebenso destruktiv wie zu wenig. Nur am Rande des Chaos können komplexe Systeme gedeihen.«

Dieses Reich des Bewussten Ich ist eher kinetisch als statisch beschaffen, es ist ständig in Bewegung. Es berücksichtigt die Bedenken des Inneren Patriarchen und schlägt damit neue und aufregende Wege ein. Das Bewusste Ich ist kein Ziel, das wir erreichen können, sondern ein Prozess, der gelebt werden muss. Es schenkt uns einen größeren Entscheidungsspielraum und ermöglicht uns, vielfältigere Richtungen einzuschlagen. Wir denken nicht mehr auf der Ebene von »entweder – oder«, sondern in Begriffen von »und«. Wir können uns wie Tänzerinnen oder Jongleure durch das Leben bewegen, die mit Energien spielen – und genau das ist das Thema des nächsten Kapitels.

Ihr Königreich in Besitz nehmen – Ihr Energiefeld handhaben

Seit Jahrtausenden hat man uns Frauen beigebracht, für alle Welt da zu sein und auf andere persönlich einzugehen und sie zu akzeptieren. Wir sind dazu erzogen worden, uns offen durch das Leben zu bewegen und uns mit den Menschen zu verbinden, die für uns wichtig sind.

Im letzten Kapitel habe ich gezeigt, wie das Bewusste Ich uns einen neuen Weg eröffnet, durch das Leben zu gehen. Wenn wir diese Veränderungen erst einmal angehen und anfangen, über das mechanistische und dualistische Erleben hinaus zu gehen und uns für die Welt entsprechend zu öffnen, sehen wir das Leben anders. Wir beginnen uns nach neuen Theorien umzuschauen, die uns erklären, wie die Welt funktioniert, und entwickeln neue Fähigkeiten, die unsere alten ergänzen. Wie in der Chaostheorie zum Beispiel schauen wir uns die Wiederholungsmuster an, die in chaotischen und scheinbar zusammenhanglosen Situationen existieren. Wir gehen über das simple Schema von Ursache und Wirkung oder das kausale Denken hinaus und ergänzen es um die Idee der Synchronizität (oder des Zufalls), wo zwei Ereignisse, die nicht unbedingt ursächlich miteinander zusammenhängen, trotzdem einen Bezug haben. Zeit, Raum und Energie sind nicht so deutlich voneinander unterschieden, wie es bislang der Fall zu sein schien.

In diesem Kapitel möchte ich mich gern den Fähigkeiten zuwenden, die Sie brauchen, um Ihr eigenes Energiefeld handhaben zu können. Diese Fähigkeiten sind eine weitere Möglichkeit, Ihre Autorität zurückzugewinnen und sie vor störenden äußeren Beeinflussungen zu schützen. Der Innere Patriarch konzentriert sich auf äußerlich auferlegte Regeln und Anforderungen, weil er der persönlichen Kontrolle von inneren Impulsen nicht vertraut. Das ist manchmal auch erforderlich, bringt Frauen aber tendenziell dazu, die Herrschaft über sich selbst abzugeben. Wenn Sie die Kontrolle über Ihre Energien und Ihr Energiefeld übernehmen, wird der Innere Patriarch bestätigt (weil Sie die Verantwortung für sich tragen), und zugleich wird seine Macht eingeschränkt (weil er nicht mehr gebraucht wird, um Sie wie bislang zu schützen).

Was sind die Energiefelder des Körpers?

Das Wissen um die Energiefelder des Körpers ist uralt. Seit Jahrtausenden konzentrieren sich die traditionellen chinesischen Ärzte auf diese Energiesysteme im Körper. Für sie fließt diese Körperenergie oder das »Chi« in bestimmten Bahnen, die sie als »Energiemeridiane« bezeichnen, ein ähnlicher Vorgang wie unser Blutkreislauf oder der Weg der Nervenimpulse durch das Nervensystem. Diese Ärzte arbeiten mit dem Chi, balancieren die Meridiane aus und behandeln Blockierungen mit Akupunktur und anderen heilenden Methoden und Techniken, die auf diesem Energiemodell beruhen. Wenn das Chi erst wieder ungehindert fließt, kann der Körper sein natürliches Gleichgewicht zurück gewinnen und damit gesunden. Unser Energiefeld ist jedoch nicht begrenzt auf unseren physischen Körper.

Wenn ich von unserem Energiefeld spreche, beziehe ich mich auf die Kräfte, die sich über den physischen Körper hinaus erstrecken und die im Allgemeinen für das bloße Auge nicht sichtbar sind. Unseren physischen Körper sehen wir, weil seine Energien in einer Frequenz vibrieren, die unsere Augen wahrnehmen können. Auf ähnliche Weise können wir die Farben Rot und Blau im sichtbaren Spektrum wahrnehmen; die Vibrationsfrequenz dieser Farben kann von dem Mechanismus ausgemacht werden, der in unseren Augen arbeitet. Der Teil unseres Energiefeldes, der über den Körper hinausgeht, ist jedoch anders beschaffen, nämlich ähnlich wie infrarotes oder ultraviolettes Licht oder wie Röntgenstrahlen. Die meisten von uns können ihn mit bloßem Auge nicht sehen, trotzdem existieren diese vibrierenden Energien und Sie können sie körperlich spüren.

Manche Menschen können diese feinstoffliche Energie im Umfeld des Körpers wahrnehmen und mit einigen jüngst entwickelten Instrumenten kann man Aufnahmen davon machen. Aber auch wenn wir nichts von diesen Energiefeldern wissen, machen wir unsere Erfahrungen damit. Wir spüren die Wärme eines Menschen, dessen Energiefeld unseres berührt, oder die Kälte einer Person, die sich von uns zurückgezogen hat. Vielleicht haben wir keine Worte dafür, aber die Empfindungen sind uns wohl bekannt.

Ich bin sicher, dass Sie schon einmal erlebt haben, wie sich jemand in Ihr Energiefeld drängt und Ihnen das unangenehm ist. Sie haben das Gefühl, dass die andere Person Ihnen zu nahe kommt. Sie fühlen sich unwohl und möchten, dass der andere von ihnen abrückt. Manchmal ist dieser Mensch Ihnen noch nicht einmal körperlich nahe, sondern steht am anderen Ende des Raumes, trotzdem fühlen Sie sich bedrängt. Das bedeutet, dass der andere sein Energiefeld ausgedehnt hat, bis es tatsächlich Ihres berührt oder in es eindringt. Er kann das bewusst tun oder sich überhaupt nicht darüber im Klaren sein, wie zudringlich er sich verhält.

Dann wieder können Sie genau die entgegengesetzte Erfahrung machen: Jemand spricht zu Ihnen und Sie fühlen sich einsam, als wäre überhaupt niemand anwesend. Das heißt, dass die andere Person mit ihren Energien gar nicht bei Ihnen ist, sondern anderswo. So kann zum Beispiel jemand zu Ihnen sagen: »Ich liebe dich« und Sie fühlen sich deprimiert statt erfreut. Irgendetwas fehlt. Die Worte stimmen, aber die Energie nicht. Es existiert keine energetische Beziehung, die Ihnen sagt, dass dieser Mensch wirklich mit Ihnen verbunden ist und Sie tatsächlich liebt.

Es hat immer Menschen gegeben, die von diesen Energien wussten. Große Unterhaltungskünstler sind Meister ihres eigenen Energiefeldes. Wenn sie auftreten, lenken sie verschiedene Energien (oder Subpersönlichkeiten) ganz nach Bedarf nach innen und außen. Sie können ihr Energiefeld ausdehnen, so dass sie Sie noch in der hintersten Reihe eines riesigen Amphitheaters erreichen. Viele der Kampfsportarten, an erster Stelle Aikido, bringen ihren Schülern bei, diese Energien bewusst einzusetzen, um sich zu schützen oder Macht zu haben.

Hal ist bekannt für seine Pionierarbeit über die Rolle, die diese Energiefelder in unserem Leben, unseren Beziehungen und für unsere Gesundheit spielen. Die Übungen, die ich Ihnen vorstellen werde, sind eine Auswahl von denen, die er im Lauf der Jahre entwickelt hat. Mit ihrer Hilfe können Menschen lernen, das Energiefeld, das sie umgibt, bewusst zu handhaben.

Grenzen setzen

Seit Jahrtausenden hat man uns Frauen beigebracht, für alle Welt da zu sein, auf andere persönlich einzugehen und sie zu akzeptieren. Wir sind dazu erzogen worden, uns völlig offen durch das Leben zu bewegen und uns mit den Menschen zu verbinden, die für uns wichtig sind. Wie jeder weiß, heißt weiblich sein, für andere ansprechbar und verfügbar zu sein, sanft und freundlich auf andere Menschen einzugehen und energetisch mit ihnen zu verschmelzen. Den Inneren Patriarchen begeistert das. Er mag keine Frauen, die energetisch nicht ansprechbar sind.

Für uns als Frauen ist es wichtig, dass wir ein Bewusstsein von unserem Energiefeld haben und wirklich entscheiden können, ob wir es öffnen wollen oder nicht. Männern wurde beigebracht, Grenzen zu setzen, objektiv und selbstbeherrscht zu sein. Sie wissen, wie sie ihren eigenen energetischen Raum und ihre Realität definieren können. Vielleicht haben wir Frauen gelernt, bei der Arbeit selbstbeherrscht und sachlich aufzutreten, aber zu Hause und in unseren Beziehungen sind wir dazu meistens nicht imstande.

Es gibt mehrere Möglichkeiten, wie Sie diese Fähigkeit für sich entwickeln können. Nehmen Sie sich einen Moment Zeit und setzen Sie sich still hin. Stellen Sie sich vor, dass ein schimmernder Kern Ihre Wirbelsäule hinabwandert und lassen Sie diesen Kern ein goldenes Licht ausstrahlen. Spüren Sie, wie dieses Licht Sie leicht und angenehm einhüllt, nicht hart oder abwehrend. Sie sind jetzt sanft von Ihrem eigenen Energiefeld umgeben. Es hat einen äußeren Rand, schließt Sie aber nicht von anderen ab, sondern trennt Sie einfach sanft von ihnen, so dass Sie sie sehen und mit ihnen zusammen sein können, ohne mit Ihnen zu verschmelzen. Stellen Sie sich vor, Sie und die andere Person wären Farben in einem Gemälde. Diese Farben fließen nicht ineinander, werden aber auch nicht durch schroffe schwarze Konturen getrennt. Die beiden Farben sind nebeneinander gesetzt worden und jede bleibt für sich.

Eine andere Möglichkeit, sich Ihr eigenes Energiefeld zu bewahren, ist eine Frau, die das gut kann, als Vorbild zu benutzen. Sowohl Katherine Hepburn als auch Meryl Streep sind beispielhaft für diese unpersönliche, geschlossene Energie, ohne dass sie ihre Weiblichkeit verlieren. Es ist, als besäßen sie ganz selbstverständliche Grenzen, die klar zum Ausdruck bringen: »Bis hierher und nicht weiter, es sei denn, ich lade Sie ausdrücklich ein, näher zu kommen.« Das ist weder eine Herausforderung noch eine Strafe, sondern die simple Äußerung einer Tatsache.

In manchen Situationen reicht diese einfache Abgrenzung nicht aus, denn es gibt Menschen, die Energiemeister sind und die versuchen, in Ihren Raum einzudringen. Ganz gleich, ob sie das bewusst oder unbewusst tun, es ist wichtig, dass Sie die Fähigkeit und Autorität besitzen, sie nach eigenem Gutdünken wegzuschikken. Ihr physischer Körper gehört Ihnen und das gilt auch für das Energiefeld, das Sie umgibt. Dies ist Ihr Gebiet und Sie sollten letztendlich allein bestimmen, wem erlaubt ist, es zu betreten.

Für Situationen, in denen eine simple Grenze nicht ausreicht, üben Sie, Ihr Energiefeld zu verstärken. Stellen Sie sich vor, dass Sie einen Drehschalter betätigen und damit das Energiefeld, das Sie umgibt, verstärken. Sie können es so undurchdringlich machen, wie Sie wünschen. Sie können es kräftiger oder dichter machen und auch Farben hinzufügen, wenn Sie möchten.

Einen Energieschild herstellen

Und schließlich können Sie Ihr Energiefeld schützen, indem Sie es mit einem Schild umgeben, den Sie selbst entwerfen. Zunächst gestalten Sie diesen Schild mit Hilfe Ihrer Vorstellungskraft, aber Sie können ihn auch zeichnen, malen, bildhauern oder bauen, wenn Sie ihm noch zusätzliche Dimensionen verleihen möchten. Wählen Sie wieder eine Zeit, wo Sie ungestört allein sein können. Setzen Sie sich jetzt ruhig hin und nehmen Sie ein paar tiefe Atemzüge, um sich zu entspannen. Spüren Sie die Kernenergie in sich und das Sie umgebende Energiefeld. Stellen Sie sich jetzt einen Schild vor, der Ihr gesamtes Energiefeld umgibt und Sie schützt. Dieser Schild sollte eine Eiform haben und Sie vollständig einhüllen, aber so, dass Sie viel Platz haben, um Ihre Arme und Beine darin zu bewegen. Wenn Sie möchten, können Sie für Ihr Herz, Ihr Becken oder andere Körperbereiche, wo Sie sich verletzlich fühlen, einen zusätzlichen Schutz entwerfen.

Sie können Ihren Schild aus reiner Energie anfertigen oder Kristalle, Licht, Metall, Steine und Ströme von fließendem Wasser hinzunehmen. Wählen Sie nach Belieben bestimmte Farben, Gewebe oder Muster, die für Sie eine Bedeutung haben. Ihr Schild kann einfarbig, bewegt oder ruhig aussehen. Wie immer Sie ihn gestalten, er gehört Ihnen ganz allein und Sie können ihn jederzeit anfordern, wenn Sie das Gefühl haben, ihn zu brauchen. Stellen Sie ihn sich vor und spüren Sie, wie er auftaucht. Üben Sie das ein paar Mal. Stellen Sie sich Ihren Schild einfach vor und dirigieren Sie ihn auf einen anderen Menschen zu, vielleicht jemanden, der mit Ihnen im Supermarkt Schlange steht. Manche Menschen können leicht visualisieren und sich diese Abläufe bildlich vorstellen, andere sind eher kinästhetisch veranlagt und spüren sie. Wieder andere können für ihren Schild sogar Geräusche oder Aromen verwenden. Benutzen Sie alles, was Ihnen zur Verfügung steht, damit Ihr Schild so stark wie möglich wird. Es ist wichtig, dass Sie die Möglichkeit haben, ihn einzusetzen.

Wenn wir erst einmal imstande sind, uns so zu schützen, kann unser Innerer Patriarch sich noch mehr entspannen. Er kann darauf vertrauen, dass wir uns kennen und deutlich spüren, was in uns vorgeht, ganz gleich, was andere sagen. Er weiß, dass wir selbst unsere Grenzen setzen können, und muss sich nicht mehr so abmühen, um uns vor der Welt zu schützen.

Energieverbindungen

Nachdem Sie jetzt wissen, wie Sie Ihr Energiefeld von dem eines anderen Menschen lösen können, ist es an der Zeit, das Gegenteil zu lernen. Manchmal ist es sehr wichtig, dass wir eine »Energieverbindung« herstellen und unser Energiefeld mit dem eines anderen Menschen verschmelzen lassen können. *Wir betrachten diese energetische Verbindung zwischen zwei Menschen als eines der kostbarsten Elemente einer erfüllten Beziehung.* Sie schenkt uns die Art von Nähe, nach der wir uns sehnen, eine Nähe, die sich nur durch diese Form des energetischen Kontaktes einstellt.

Früher waren diese Energieverbindungen weitgehend unbewusst. Wir Frauen hatten gar keine andere Wahl als sie einzugehen. Unser Innerer Patriarch empfand unsere Beziehungen als extrem wichtig und gab uns viele Anweisungen, wie wir sie herstellen und dann am Leben erhalten sollten. Einige dieser Regeln treffen, wie ich noch einmal betonen möchte, ziemlich genau den Punkt. Sie wirken. Und so sollten wir die Regeln des Inneren Patriarchen weder in gedankenloser Rebellion und voller Ärger verwerfen, noch sie mit demütiger Unterwürfigkeit unhinterfragt befolgen. Viele dieser Regeln betreffen die energetische Verbindung mit unserem Partner.

Wie ich bereits sagte, *ist uns Frauen immer beigebracht worden zuzulassen, dass unser Energiefeld mit dem von anderen Menschen verschmilzt.* Man erwartete von uns, dass wir offen und energetisch ansprechbar sind. Es war uns nicht erlaubt, die Energien anderer Menschen von uns fernzuhalten. Bei diesen unbewussten Verbindungen verloren wir das Gefühl dafür, wo wir endeten und der andere begann. Wir spürten die Empfindungen des anderen. Wir verloren unsere Identität, verschmolzen mit anderen und flossen mit ihnen zusammen, wurden co-abhängig. Als dieser Mangel an energetischen Grenzen entdeckt wurde, hieß es, er sei pathologisch, und die Experten erzählten uns, dass solche Verbindungen in jedem Falle schädlich seien. Man empfahl uns, sie um jeden Preis zu vermeiden.

Energieverbindungen sind nichts Schlechtes, aber sie sind auch nicht immer gut. Was wir brauchen, ist die Fähigkeit, bewusst zu entscheiden, wann und wo sie für uns angemessen sind. Wenn eine Mutter sich zum Beispiel nicht energetisch mit ihrem Kleinkind verbindet, wird das Kind wahrscheinlich nicht gedeihen. Wenn wir uns energetisch nicht mit den Menschen verbinden, die wir lieben, fühlen wir uns einsam, wissen aber nicht, was uns eigentlich fehlt. Wir sehnen uns in unseren Beziehungen nach mehr, ohne genau sagen zu können, was wir vermissen.

Diese Verbundenheit ist nicht auf Liebesbeziehungen beschränkt; Sie können sie überall und jederzeit erleben. Sehr oft ist sie ein unvergesslicher Aspekt besonderer Begegnungen mit anderen Menschen, die uns ein Leben lang begleiten. Ich erinnere mich zum Beispiel daran, wie ich vor vielen Jahren, damals war ich 34 Jahre alt, in New York nach einem Mantel suchte. Ich war erst kürzlich Mutter geworden und hatte meine kleine Tochter bei mir. Die Verkäuferin war eine ganz gewöhnliche Frau, etwa 30 Jahre älter als ich, aber die Begegnung mit ihr hatte etwas ganz Besonderes. Sie sah uns beide an, sie sah uns wirklich an, und ich konnte spüren, dass sie präsent und in Kontakt mit mir war.

Wir sprachen zwar nur über den Mantel, den ich kaufen wollte, aber bei unserer Begegnung machte diese Verkäuferin mir das Geschenk ihrer selbst. Und damit schenkte sie mir auch mich. Sie war völlig da, ich konnte ihre Energie spüren, die etwas ganz Eigenes hatte. Sie strahlte Selbstbewusstsein, Verständnis, Wärme und ein wenig Wehmut aus, als würde mein Anblick sie daran erinnern, dass ein Teil ihres Lebens schon vorüber war. Eine süße Traurigkeit ging von ihr aus. Während sie sich mit mir verband, nahm ich nicht nur sie wahr, sondern auch mich und meine ganz besondere Ausstrahlung. Ich konnte spüren, wie neu es für mich war, Mutter und Psychologin zu sein, und fühlte auch die Aufregung, die mit meinem neuen Leben einherging, und eine Spur von Angst, dass all das Gute sich wie ein Traum wieder verflüchtigen könne. Wir verbanden uns energetisch miteinander, diese unbekannte Verkäuferin und ich, und in diesem Austausch gab sie mir Erlaubnis, all dies zu genießen und ihm solange zu trauen, wie es dauern würde. Das Gefühl war im Raum, dass all dies etwas Flüchtiges war, obwohl auch das niemals ausgesprochen wurde.

Diese Begegnung war so gewöhnlich und ungewöhnlich zugleich, dass ich einige Wochen später einer Nachbarin davon erzählte, als sie meinen neuen Mantel bewunderte. Diese Nachbarin war erstaunt. Sie erkannte in der Frau, die ich beschrieb, ihre geliebte, unverheiratete Tante, die bei Altman Mäntel verkaufte. Diese Tante hatte niemals Kinder gehabt, aber sämtliche Kinder in der Familie wussten, dass sie etwas Besonderes an sich hatte, und sie liebten sie. Auch wenn wir damals nicht in Begriffen wie »Energieverbindungen« dachten, hatte diese Frau die Gabe, eine solche Verbindung mit anderen menschlichen Wesen herzustellen und ihnen damit ein Gespür für sich selbst zu geben. Außerdem konnte sie ohne Worte energetisch kommunizieren. Die süße Traurigkeit, die ich gespürt hatte, kam daher, dass sie am Sterben war. Als ich mit meiner Nachbarin sprach, war diese bemerkenswerte und total gewöhnliche Frau bereits an Krebs gestorben. Ich habe mich oft gefragt, wie viele Menschen sie durch ihre Gabe der Energieverbindung verändert hat.

Wie stellen wir diese Energieverbindung her?

Energie folgt Gedanken. Wenn Sie daran denken oder visualisieren, dass Ihr Energiefeld sich bewegt, geschieht es auch. Sie müssen sich dabei jedoch entspannen. Auf diesem Gebiet kommen wir mit Anstrengung nicht weiter. Natürlich ist es am besten, sich von jemandem, der sich mit diesen Dingen auskennt, die Energiefelder des Körpers und die Energieverbindungen erläutern zu lassen. Wenn Sie jedoch einen solchen Menschen nicht kennen, können Sie auch ohne eine erfahrene Lehrerin oder einen Lehrer etwas darüber lernen. Ich werde Ihnen gleich einige Übungen vorschlagen, die Sie selbst durchführen können.

Die praktischen Übungen müssen Sie mit einem Partner oder einer Partnerin machen. Sie können sich nicht mit einem anderen

Menschen verbinden, wenn keiner anwesend ist. Es muss keine Person sein, mit der Sie eine tiefe Beziehung haben, sondern einfach ein Mensch, der für diese Ideen offen ist. Setzen Sie sich Ihrem Partner gegenüber, wobei Ihre Knie etwa 30 Zentimeter Abstand haben sollten. Ihre Körper sollten sich nicht berühren, damit Raum und Luft zwischen Ihnen ist.

Nehmen Sie ein paar tiefe Atemzüge und entspannen Sie sich. Sie wissen einfach, dass Sie auf natürliche Weise von einem Energiefeld umgeben sind. Jetzt stellen Sie sich vor (oder spüren), wie sich in der Mitte Ihres Körpers ein Kern mit Energie nach unten bewegt. Stellen Sie sich das Energiefeld vor, das von diesem Kern ausstrahlt und Sie umgibt, oder spüren Sie es. Energie folgt Gedanken. Sie werden dieses Feld jetzt mit Hilfe Ihrer Gedanken oder Ihrer Vorstellungskraft steuern und dabei ähnlich vorgehen wie beim Setzen von Grenzen, über das ich gleich sprechen werde.

Bei dieser Übung werden Sie sich mit der anderen Person abwechselnd verbinden und wieder von ihr zurückziehen. Als erstes lassen Sie zu, dass Ihr Energiefeld sich ausdehnt und mit dem der Person Ihnen gegenüber verschmilzt. Sie können dabei ruhig sprechen, falls Stille Ihnen unangenehm ist. Erlauben Sie sich, die köstliche Wärme dieser Verbindung zu spüren. Sie mögen diesen Menschen und genießen es, sich mit ihm zu verbinden.

Bitte beachten Sie: Einige Menschen empfinden diese Nähe keineswegs als warmherzig oder köstlich, ja noch nicht einmal als angenehm. Wenn Sie zu den Menschen gehören, die sich bei solchen Verbindungen wirklich unwohl fühlen, sollten Sie Ihre Energien zurückziehen und diese Übung nicht fortsetzen. Vielleicht beschließen Sie, der Frage nachzugehen, warum diese Art von Nähe Ihnen so unangenehm ist.

Wir erwarten von keinem Menschen, dass er für immer in einer engen energetischen Verbindung verbleibt, fahren Sie also jetzt mit der Übung fort und ziehen Sie sich zurück. Sie üben sich darin, frei über Ihr Energiefeld entscheiden zu können. Sie sind zu dem Schluss gekommen, dass Ihnen die Nähe und Intimität zu viel wird. Ziehen Sie Ihre Energien bewusst zurück und sammeln Sie sie um sich. Sie brauchen Ihren eigenen Raum. Schaffen Sie ihn sich. Genießen Sie ihn. Spüren Sie das energetische Vakuum zwischen sich und Ihrem Partner. Überprüfen Sie, wie sich das für Sie anfühlt.

Wenn Sie das Gefühl haben, Sie waren lange genug getrennt, lassen Sie erneut zu, dass Ihre Energien mit denen Ihres Partners zusammenfließen. Verbinden Sie sich energetisch mit Ihrem Partner. Spüren Sie die Nähe und Wärme dieses Kontaktes. Fühlt sich dieses Zusammenkommen angenehmer für Sie an oder ist Ihnen die Trennung lieber? Wechseln Sie zwischen Verbindung und Rückzug mehrmals hin und her, bis Sie ein klares Gespür für den Unterschied haben und spüren, dass Sie imstande sind, Ihr Energiefeld bewusst zu steuern.

Jetzt können Sie mit Ihrem Partner weitere Variationen dieser Übung ausprobieren und sich dabei abwechseln. Einer von Ihnen kann eine Grenze ziehen oder sich abschirmen, während der andere versucht, energetisch in seinen Raum einzudringen. Je heftiger die Energie auf Sie zukommt, desto stärker ist Ihr Widerstand. Können Sie den anderen von sich fern halten? Arbeiten Sie so lange daran, bis es Ihnen gelingt.

Versuchen Sie jetzt etwas anderes. Stellen Sie sich vor, wie sich Ihr Energiefeld ausdehnt und den Raum füllt. Erleben Sie, wie es sich anfühlt, einen ganzen Raum in Anspruch zu nehmen. Lassen Sie sich von Ihrem Partner oder Ihrer Partnerin sagen, ob und wann er oder sie das spürt. Stellen Sie sich vor, dass Sie sich wieder zurückziehen, bis Sie ganz klein sind, und lassen Sie sich erneut Rückmeldung von Ihrem Partner geben.

Ein alternatives Bild

Wieder sitzen Sie sich in etwa 30 Zentimeter Abstand gegenüber. Stellen Sie sich dicht vor Ihrer Hand einen Drehschalter vor, mit dem Sie die Energien in Ihrer unmittelbaren Nähe steuern können. Bitten Sie Ihren Partner, Ihnen Energie zu schicken und sie allmählich immer stärker werden zu lassen. Ihr Partner sollte dabei nichts Plötzliches tun, denn Sie lernen beide, das Energiefeld zwischen sich zu steuern. Wenn die Energien stärker werden, benutzen Sie Ihren Schalter, um sie herunterzudrehen, statt wegzuschieben. Wenn Sie dagegen die Intensität und/oder die Ausdehnung des Energiefelds zwischen sich und Ihrem Partner und damit Ihre Enerieverbindung verstärken wollen, drehen Sie Ihren Schalter hoch.

Jetzt kehren Sie den Ablauf um. Sie schicken dem anderen Energie und benutzen dabei Ihren Drehschalter oder einen anderen phantasierten Gegenstand, mit dem Sie arbeiten können. Mit Hilfe dieses visualisierten Drehschalters können Sie Ihre eigenen Energien steuern. Stellen Sie ihn hoch, um die Energie zu verstärken, oder drehen Sie ihn herunter, um sie abzuschwächen oder zurückzuziehen. Jedes Vorstellungsbild, mit dem Sie arbeiten können, ist hierfür geeignet. Sie können sich auch etwas Neues einfallen lassen. Ihr Partner benutzt jetzt seinen Drehschalter, um die Energien zu steuern, die Sie ihm schicken.

Geben Sie sich bei dieser Übung immer wieder Feedback; teilen Sie sich mit, was Sie erleben. Tauschen Sie sich darüber aus, wie Sie Ihre Energiefelder wahrnehmen. Wie weit dehnen sie sich aus? Sind sie stark oder schwach? Lernen Sie voneinander. Machen Sie sich allmählich vertraut mit dieser Form, die Welt zu erleben. Sie haben bereits Ihr Leben lang Erfahrungen damit gesammelt, aber solange Sie sich diese Vorgänge nicht bewusst machen, verlaufen sie unbewusst und ohne dass Sie darüber entscheiden können.

Es kann auch Spaß machen, sich hinter einen Partner zu stellen und mit diesen Energiefeldern zu spielen, um noch mehr Gespür dafür zu bekommen. Machen Sie jemandem ein Geschenk, von dem er gar nichts weiß. Wählen Sie jemanden in Ihrer Umgebung, vielleicht eine Kellnerin im Restaurant, die gehetzt aussieht, oder eine erschöpfte Verkäuferin. Stellen Sie sich vor, wie von Ihrem Herzen ein liebevoller Energiestrom zu dieser Person hinfließt und sie einhüllt. Spüren Sie die Wärme, während die Energie von Ihnen zu diesem anderen Menschen strömt. Sagen Sie nichts, erlauben Sie einfach, dass Ihre Energien zusammenfließen. Warten Sie eine Weile, um zu sehen, ob sich der Gesichtsausdruck des anderen verändert. Sie müssen einem Menschen nicht körperlich nahe sein, um dieses Experiment machen zu können.

Wenn Sie dieses Wissen über sich, Ihren Inneren Patriarchen und Ihr Energiefeld in Ihr tägliches Leben einbringen, nehmen Sie Ihre Umgebung wahrscheinlich in einem neuen Licht wahr. Beachten Sie, dass dieses ganz praktische Wissen Ihnen neue Kräfte verleiht.

Das Ziel ist die Macht über Ihr persönliches Terrain

Beim Lesen dieses Buches haben Sie erfahren, wie der Innere Patriarch, der Schattenkönig, Frauen aus dem Schatten des Unbewussten regiert. Sowie wir anfangen, das Licht des Bewusstseins in dieses Schattenreich zu bringen und zu sehen und zu hören, was dort vor sich geht, verliert der Innere Patriarch an Macht. Wir hören uns an, was er zu sagen hat, und können es einschätzen. Wir werden vertraut mit seinen Regeln und können jetzt bewusst entscheiden, ob wir sie und die damit verbundenen Ratschläge befolgen wollen. Wir können sie annehmen oder auch nicht. Wir können das Notwendige tun, um seine Sorge um unsere Sicherheit zu beschwichtigen, und haben Zugang zu inneren Personen oder Energien, die seine Macht ausgleichen.

Das Ziel ist die Macht über unser persönliches Terrain. Die Übungen in diesem Kapitel geben dieser Macht noch eine weitere Dimension. Sie versetzen uns in die Lage, unser eigenes Energiefeld zu steuern. Mit ihrer Hilfe können wir frei entscheiden, ob wir unser Energiefeld von dem eines anderen Menschen lösen oder es mit ihm verschmelzen lassen wollen.

Wenn wir unser eigenes Energiefeld beherrschen, bekommen wir Zugang zu einer völlig neuen Form von Nähe, der Nähe des Bewussten Ich. Bislang galt Nähe als das Zusammenkommen von zwei Menschen, die füreinander offen sind und ihre Energiefelder zusammenfließen lassen. Sie können keine Grenzen setzen und haben gar keine andere Wahl, als ihre Energien verschmelzen zu lassen. Sie sind sich dieses Ablaufs nicht bewusst und nehmen ihn nicht wahr, sondern machen einfach die Erfahrung dieser Form des Zusammenseins. Die Nähe des Bewussten Ich sieht anders aus, beinhaltet jedoch ebenfalls die Erfahrung des Zusammenfließens von Energien. Mit einem Bewussten Ich können wir uns zwischen den Gegensätzen frei hin und her bewegen, während wir die grundlegende energetische Verbindung zu einem anderen Menschen halten; das heißt, wir können uns entweder an einer völligen Verschmelzung der Energien erfreuen oder wir können Grenzen ziehen und uns wieder voneinander lösen.

Wenn uns diese Möglichkeiten zur Verfügung stehen und wir sie bewusst praktizieren, kann unser Innerer Patriarch sich entspannen und seine Forderung zurücknehmen, dass wir uns den Mächtigen dieser Welt unterwerfen. Wir haben die Kontrolle über unser Energiefeld selbst in die Hand genommen und sind die rechtmäßigen Regentinnen unseres eigenen Reiches. Dann verlangt der Innere Patriarch von uns nicht mehr, dass wir unsere eigene Autorität aufgeben, um von einem Mann beschützt zu werden. Der Schattenkönig hat seine Herrschaft über uns verloren.

Wenn wir uns diese Autorität erst einmal angeeignet haben und nicht länger die Töchter unseres Inneren Patriarchen sind, beginnt der Schattenkönig uns von innen mit einer starken männlichen Energie zu versorgen, auf die wir uns verlassen und die wir genießen können. Wir können Macht haben und eigenständige Individuen sein, ohne dass wir dafür unsere Fähigkeit aufgeben müssen, durch ein Bewusstes Ich Nähe herzustellen und energetische Verbindungen mit anderen Menschen einzugehen. Männer begreifen, dass wir für uns selbst sorgen können und mit ihnen zusammen sind, weil wir es wollen. Und gleichzeitig erleben sie, dass wir unsere Weiblichkeit in keinster Weise geopfert haben. Wir sind jetzt in der Lage, sowohl unseren Inneren Patriarchen als auch den Männern in unserem Leben wirkliche Partnerinnen zu sein.

Den Bann brechen

Der Innere Patriarch verhält sich wie der Zauberer im Märchen, der die erwachsene Frau in eine Tochter verwandelt. Diese Tochter wiederum verwandelt jeden Mann, dem sie begegnet, in einen Vater und schwächt damit ihre eigene Macht. Auf dem Hintergrund unserer neuen Sicht der Frau schreiben wir dieses Märchen um. Mit dem Bewussten Ich und unserer neu entdeckten weiblichen Macht können wir Frauen den Bann brechen, der uns und die Männer in unserem Leben so lange gefangen gehalten hat.

Wenn ich mir die augenblickliche Entwicklung vor Augen führe, sehe ich, dass Frauen sich bewusst wandeln und den nächsten Schritt zu einer wirklichen Partnerschaft mit Männern tun, einer Partnerschaft, die auf gegenseitigem Respekt beruht. Diese Gesellschaft wäre weder matriarchalisch noch patriarchalisch, sondern eine, in der sowohl Männer als auch Frauen und ihre verschiedenen Gaben geschätzt werden.

Wenn wir Frauen Einfluss auf die heutige Welt nehmen wollen, können wir nicht alles zerstören, was wir vorfinden. Wir müssen die Bedenken unseres Inneren Patriarchen berücksichtigen, wir müssen die Werte und Traditionen, die er uns vermittelt, abwägen, statt sie blind zu verwerfen. Wenn er erst einmal weiß, dass uns seine unterschwelligen Sorgen bewusst sind, dass wir die volle Verantwortung für uns übernehmen und kooperativ mit ihm zusammenarbeiten können, ist der Bann gebrochen. Dann wird unser Innerer Patriarch zu einem wertvollen Partner, der uns seine ganz eigene Form der inneren Unterstützung und des Schutzes bietet.

Jeder tiefer gehende Bewusstseinswandel beinhaltet, dass wir über unsere augenblickliche dualistische Einstellung zum Leben hinausgehen. In Bezug auf unsere eigene Wandlung heißt das, dass wir unsere Macht als Frauen annehmen, während wir zugleich die Werte und Gaben der patriarchalischen Tradition, die uns auf unserer Reise bis hierher gebracht haben, in uns bewahren und achten. Wir umarmen bewusst die Macht, die aus der starken Dynamik zweier gegensätzlicher innerer Personen erwächst: dem Inneren Patriarchen und der Frau mit der weiblichen Macht. So erschließt sich uns das Bild einer neuen Frau, der Frau, die wir selbst sein wollen und die wir uns auch als lebendiges Vorbild für unsere Töchter und Großtöchter wünschen.

Wenn wir uns über die Dualität hinaus begeben und die Spannung dieser Gegensätze halten, das heißt, die Spannung zwischen dem Bedürfnis nach einem vollständigen Ausdruck unserer weiblichen Macht und den Ängsten des Inneren Patriarchen, können wir den nächsten Schritt zu unserer bewussten Evolution als Frauen tun, die Macht haben. Wenn wir diese Gegensätze umarmen, lernen auch andere, es zu tun. Wenn wir diese Spannung in uns halten, können wir unsere Sicht erweitern und die Welt um uns herum mit einbeziehen, eine Welt, die zerrissen wird von einer dualistischen Einstellung zum Leben.

Der Innere Patriarch verhält sich wie der Zauberer im Märchen, der die erwachsene Frau in eine Tochter verwandelt. Diese Tochter wiederum verwandelt jeden Mann, dem sie begegnet, in einen Vater und schwächt damit ihre eigene Macht. Auf dem Hintergrund unserer neuen Sicht der Frau schreiben wir dieses Märchen um. Mit dem Bewussten Ich und unserer neu entdeckten weiblichen Macht können wir Frauen den Bann brechen, der uns und die Männer in unserem Leben so lange gefangen gehalten hat.

Wir Frauen haben in diesen letzten drei Jahrzehnten vieles in uns und unserer äußeren Umgebung verändert und werden das in Zukunft auch noch verstärkt tun. Nachdem wir uns den äußeren Patriarchen gestellt und in vielen Situationen ihre Hilfe in Anspruch genommen haben, besteht unsere Aufgabe jetzt darin, unserem Inneren Patriarchen gegenüberzutreten und seine Unterstützung anzunehmen.

Unser Innerer Patriarch wird auf die Tatsache aufmerksam gemacht, dass wir Frauen mit der notwendigen Macht, Objektivität und Fähigkeit geboren werden, in der heutigen Welt nicht nur zu überleben, sondern Ausgezeichnetes zu leisten. Er muss schließlich einsehen, dass das, was wir Frauen sowohl auf beruflichem Gebiet als auch zu Hause erreichen, ebenso wichtig ist wie die Leistungen der Männer und entsprechend gewürdigt werden sollte. Man wird die wahre Bedeutung des Gebärens und Aufziehens von Kindern für das Überleben der Menschheit schätzen lernen. Und damit werden auch die Männer von ihrem Bann befreit und lernen, ihre eigene wichtige Rolle zu würdigen.

Wenn wir uns vom Bann unseres eigenen Inneren Patriarchen, unseres Schattenkönigs, befreien, hören wir auf, seine Macht auf die Männer um uns herum zu projizieren und sie zu provozieren, sich gegen uns und unsere Ideen aufzulehnen. Auf diese Weise kann unsere Wandlung die Männer von der Tyrannei ihrer eigenen Inneren Patriarchen befreien und in ihrem eigenen Wandlungsprozess voranbringen.

Verhalten wir uns wie Töchter, können die Männer in unserem Leben uns nur als Väter begegnen. Wenn wir Männer meiden, nehmen wir ihnen die Möglichkeit, überhaupt mit uns zusammen zu sein. Begegnen wir ihnen hingegen mit der ganzen Fülle unseres Frauseins, was sowohl unsere Stärke als auch unsere Empfindsamkeit einschließt, können wir wirkliche Partner und Partnerinnen sein. Meine Vision ist, dass Männer und Frauen auf diese Weise gemeinsam und bewusst eine neue Zivilisation schaffen können, in der die traditionell weiblichen Beiträge ebenso wichtig sind wie die traditionell männlichen und wir unser Geburtsrecht als ganze menschliche Wesen uneingeschränkt zurückgewinnen.

Anmerkungen

1 Betty Friedan, *Der Weiblichkeitswahn oder die Selbstbefreiung der Frau: ein Emanzipationskonzept.* Reinbek: Rowohlt 1995

2 Ausführlicher informieren können Sie sich in unseren Büchern Sidra und Hal Stone, *Du bist viele: das 100-fache Selbst und seine Entdeckung durch die Voice-Dialogue-Methode.* München: Heyne 1995 und: *Abenteuer Liebe – Lebendige Partnerschaft.* München: Kösel 1997

3 Wenn Sie mehr über den Inneren Kritiker erfahren möchten, empfehle ich Ihnen das von mir und Hal Stone verfasste Buch *Du bist richtig. Mit der Voice-Dialogue-Methode den Inneren Kritiker zum Freund gewinnen.* München: Heyne 1995

4 Alcott, Louisa M.: *Betty und ihre Schwestern.* Reinbek: Rowohlt 1995

5 Bolen, Jean Shinoda: *Göttinnen in jeder Frau. Psychologie einer neuen Weiblichkeit.* München: Hugendubel 1995

6 Michael Crichton, *Vergessene Welt.* Roman. München: Droemer 1996

Um Informationen über Workshops, Kassetten und Veröffentlichungen von Dr. Sidra und Dr. Hal Stone zu erhalten, wenden Sie sich bitte an das

Voice Dialogue Center
Artho Stefan Wittemann
Fallmerayerstr. 36
80796 München
Tel./Fax: 089-30 85 846